JN128096

戦国日本のキリシタン布教論争

逢坂ヨリ西ノ吉利支丹寺ハ、
コンハニヤ、
逢坂ヨリ東ノ寺ハ、
フラテ派也

高橋裕史［著］

Takahashi Hirofumi

勉誠出版

目次◉戦国日本のキリシタン布教論争

序章

「コンハニヤ」と「フラテ」

鎖国下日本の江戸幕府側による、対キリシタン政策を伝える重要史料の一つに、『契利斯督記《きりすとき》』という名高い史料がある。これは、キリシタン対策に辣腕を振るった井上筑後守政重によるキリシタン関係の調書等を、井上の後任となった北条安房守氏長が編纂し、後に福山藩の太田全斎が一七九七年に、二巻本としてまとめたものである。

その『契利斯督記』の中には、キリスト教が日本の各地に宣教されて拡大して行ったことを扱った記述として、次のような一節が確認できるので引用しよう。

逢坂ヨリ西ノ吉利支丹寺ハ、コンハニヤ、逢坂ヨリ東ノ寺ハ、フラテ派也。(1)

文中に見える「コンハニヤ」とはイエズス会、延いてはイエズス会士のことを、「フラテ」とはスペイン語のfradeを、その発音のままカタカナ表記したもので、広義には托鉢修道会士のことを、狭義にはフランシスコ会士のことを意味している。つまり、「大坂」を境界線として、イエズス会とフランシスコ会を中心とする托鉢修道会との勢力分布に言及した一文なのである。

イエズス会の日本独占の崩壊

我が国にキリスト教という、在来宗教とは異質の宗教がもたらされたのは、言うまでもなく、一五四九年のことであり、それを担ったのがフランシスコ・ザビエルと、彼も創設にかかわったイエズス会であった。ザビエルは二年余しか日本には滞在しなかったが、彼の後に続いたイエズス会士たちの尽力により、イエズス会の教勢は九州から畿内地方を中心に拡大して行った。

イエズス会の日本布教が軌道に乗り、それまでとは比較にならないレベルで組織化され且つ体系化されて展開されるには、イエズス会東インド巡察師Padre Visitador de la India Oriental de la Compañía de Jésusに任命された、アレッサンドロ・ヴァリニャーノの来日を待たねばならなかった。

一五七九年に来日したヴァリニャーノは、早くもその翌年には当時の教団が抱えていた布教上の諸問題を解決するために全体協議会Consultaを開催し、また自らは『日本布教長規則 *Regimiento para el Superior de Japón.*』『セミナリオ規則 *Regimiento pera os Seminarios na Japão.*』

「マリア十五玄義図」の下段に描かれた、イグナティウス・デ・ロヨラ（向かって左）とフランシスコ・ザビエル（同右）の肖像（京都大学総合博物館蔵、出典　鹿毛敏夫編『描かれたザビエルと戦国日本』勉誠出版、2017年）

『日本人の習俗と気質に関する助言と忠告 *Advertimientos e avisos acerca dos costumes e catangues de Japão.*』などの規則を作成し、さらに二回目の来日時の一五九二年には、それまでの日本における諸会議の審議内容を参考にして『日本準管区規則集 *Regulae Viceprovinciae Japoniae*』を完成させ、日本布教初期の「量的」拡大から「質的」拡大の戦略を深化させたのだった。

ところが、豊臣政権末期の一五九三年に、マニラからフランシスコ会士のペドロ・バウティスタらが、表向き外交使節という肩書きで来日したことで、ザビエルによる日本開教から、およそ五十年に渡るイエズス会による日本布教の独占は実質的に崩壊し、本書第三章以下で論じてあるように、日本での布教権利や布教活動の有効性、対日生糸貿易や自衛を前提とした長崎の要塞化に見られる軍事活動などをめぐって、この両修道会は激しく衝突し、批判合戦を繰り広げる。

さらにこの対立抗争は、一六

アレッサンドロ・ヴァリニャーノの肖像
（出典　Wikimedia Commons）

〇二年にドミニコ会、アウグスティノ会が日本布教に参入することで激化し、豊臣政権から徳川政権へと公儀権力が移行すると、一六一二年における天領へ向けた、その翌年には全国へ向けた「禁教令」を引き起こす要因の一つとなった(2)。

豊臣政権から鎖国制成立期にかけての日本の対外関係史に大きな影響を与えた、イエズス会と、フランシスコ会を筆頭とする托鉢修道会との日本での抗争は、当然のことではあるが、戦国末以降～鎖国体制下の我が国のキリスト教史研究者の注目を惹き、古くから様々な視角によって研究が蓄積されてきた。以下、この問題に関する、国内の研究者の手になる主要な先行研究の流れを概観してみよう。

先行諸研究の論点

管見の限り、イエズス会と托鉢修道会との抗争について、本格的に言及したのは、イエズス会のイルマンとして護教書の『妙貞問答』を著わし、その後、棄教して教団を去ったファビアン不干斎であろう(3)。本書でもその一部を引用した、彼の『破提宇子《はだいうす》』（これは一六二〇年に、幕府に献上

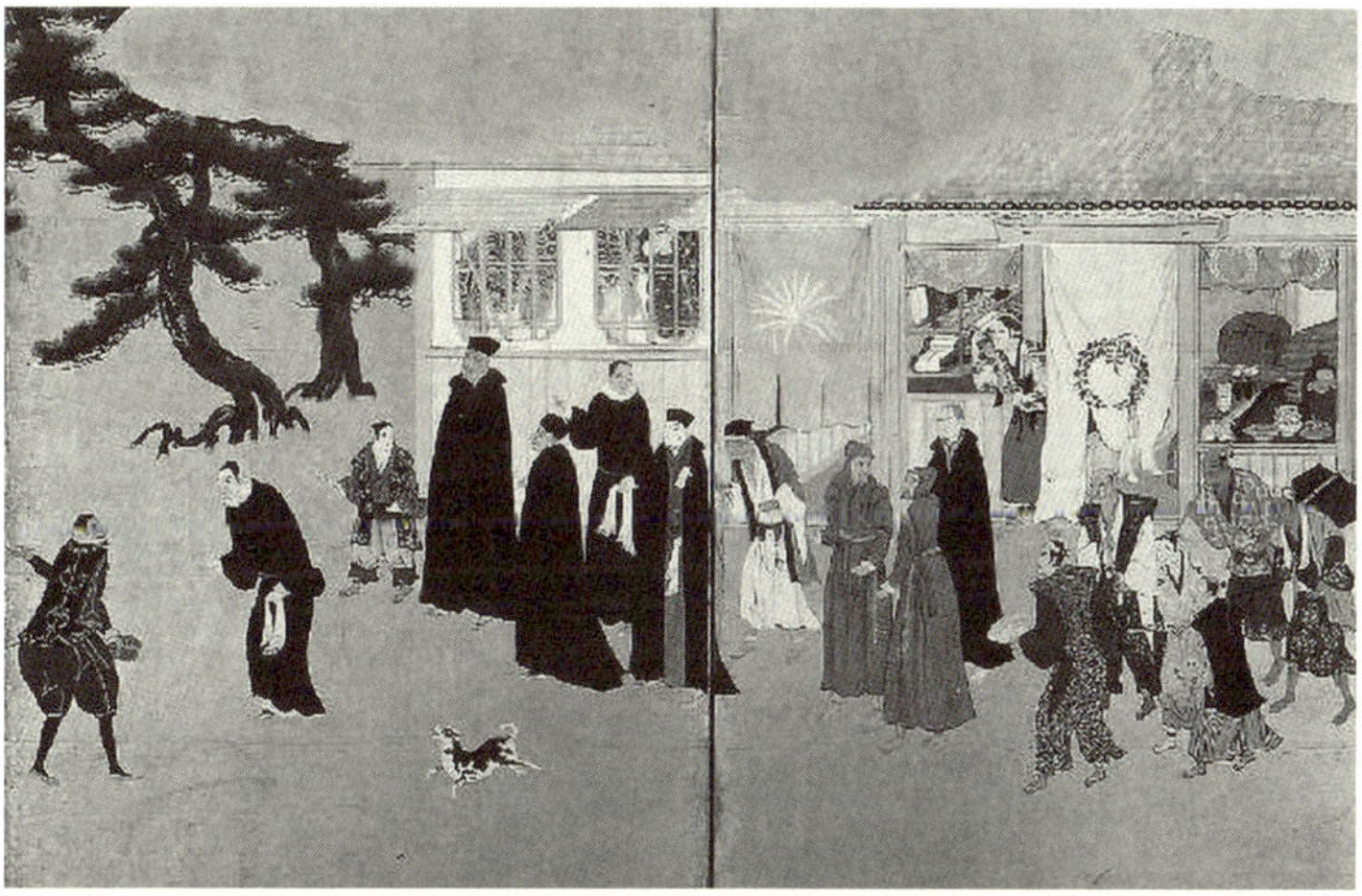

狩野内膳筆の南蛮屏風に描かれた、イエズス会士（長衣を身につけ帽子を着用）と、フランシスコ会士（頭巾のある修道服を着用）（神戸市立博物館蔵、出典『コレクションの精華――つたえたい美と歴史』神戸市立博物館、2008年）

されている）には、日本布教をめぐるイエズス会と托鉢修道会との対立抗争についての、厳しい批判が記されている[4]。しかしファビアンのケースは、研究というよりは、幕府への献上を前提に、元教団に身を置いた立場の人間から、余人には知りえない教団の実態を知らしめることを目的に作成された性格の強いものである。

一方、ヨーロッパでは、在日イエズス会士たちがローマのイエズス会本部に書き送った書簡や年度報告書などが、ドイツ語、フランス語などに翻訳のうえ出版され、カトリック教会の関係者はもとより、知識階級や上流階級の人たちの間で広く読まれた[5]。

とりわけ十九世紀フランスの日本学者として名高いレオン・パジェス Léon Pagés が著した、『一五九八年から一六五一年までの日本におけるキリスト教の歴史』は、右に記したイエズス会の刊行文献や編纂史料を基にして、豊臣政権の終末期から鎖国下における日本のキリスト教史の本格的な概説書である(6)。同書の中でも、イエズス会とフランシスコ会その他の托鉢修道会との問題は言及されている。ただし、パジェスの個人的な学的関心に規制されたためであろうか、あくまでも概説史の域を大きく超える内容ではなく、本書が扱ったような、布教方法や軍事活動などの個別の問題を掘り下げて論じてはいない。

さて、先述したファビアンの『破提宇子』は一種の特殊事例ということで措くとして、我が国の歴史学界において、ザビエルの日本開教以降〜キリスト教解禁までの本格的な学的研究は明治に入ってから開始される(7)。

明治期の研究目的は、欧米の教会関係者の編纂した史料や論著を、まずは翻訳して当時の我が国学界に紹介・導入するという形で行われた。そのため、当該テーマに関する本格的な研究は、むしろ大正期に入ってからのこととなる。その嚆矢ともいえるのが姉崎正治氏の『切支丹宗門の迫害と潜伏』(同文館、一九二五年)、『切支丹禁制の終末』(同文館、一九二六年)、『切支丹伝道の荒廃』(同文館、一九三〇年)、『切支丹迫害中の人物事蹟』(同文館、一九三〇年)、『切支丹宗教文学』(同文館、一九三二年)である。姉崎氏は一連の近世日本キリスト教史研究の一環として、フランシスコ会の日本布教問題も考察している(8)。

姉崎氏は宗教史研究者の立場から、イエズス会とフランシスコ会その他の托鉢修道会との抗争を考察したのであったが、大航海時代に始まる日欧交渉史の専門的歴史研究者の立場から、この問題に本格的に先鞭をつけたのが、岡本良知氏であった。岡本氏は「日本耶蘇会とフィリッピンの諸修道会との論争――二六聖人殉教事件の遠因として」（『キリシタン研究』第三輯、一九四八年）を公にし、サン・フェリペ号事件に端を発した秀吉による、同事件の関係者二十六名の長崎での処刑の背景に、日本布教をめぐるポルトガル＝イエズス会のラインと、スペイン＝フランシスコ会のラインでの対立抗争があった、との見解を表明された。またこのほかにも岡本氏は「ファアン・デ・ソリス事件」（『歴史地理』第八四巻第三号、一九五四年）、「十七世紀に於ける日本司教増置問題」（『史学』第二三巻第四号、一九四九年）など、対日貿易や布教を論点とした、ポルトガル＝イエズス会と、スペイン＝フランシスコ会等の托鉢修道会の確執を取り上げた論考を発表されている。(9)

岡本氏は恵まれた語学力を「武器」として、ポルトガル語、スペイン語、イタリア語等で記された関係史料を駆使した研究を多数発表され、日欧交渉史研究に新時代をもたらしたが、(10)岡本氏が研究者として活躍されていた当時、イエズス会ローマ総合古文書館 **Archivum Romanum Sociatatis Iesu** 所蔵の日本関係の手稿史料は、まだ外部へ公開されていなかった。

そうしたイエズス会史料の利用に関する制約はあったものの、語学に長けた研究者による、スペイン勢力の日本進出に関する概説的研究も世に出された。その代表的論考が佐久間正氏による「日西交渉史――日本・フィリピン・メキシコ・イスパニア」一・二（『清泉女子大学紀要』一四号、一五号）である。この論文の中でもマニラからのフランシスコ会の日本布教参入の経緯と、それが日本イエズス会に与えた波紋について、欧文史料を基にした言及がなされている。

さて、先述したイエズス会の手稿史料は一九六〇年代半ば頃より、徐々に外部への公開が行われるようになった。この第一級の手稿史料に初めて本格的にアクセスし、これまでの日本人の研究では明らかにされ得なかった、イエズス会の世俗的活動を、経済面と軍事面を中心に解明したのが、高瀬弘一郎氏である。

本書の内容に関するテーマについて記すと、高瀬氏は「フランシスコ会のグレゴリオ十三世小勅書廃止運動」上・下（『史学』第三五巻第一号、四号）を発表され、イエズス会の日本布教の独占を公認した、グレゴリウス十三世の小勅書「*Ex pastorali officio*」の交付を日本布教への参入の足枷と受けとめたフランシスコ会が、いかにして同小勅書の無効性と廃止を訴えたのか、フランシスコ会側の史料を分析しつつ明らかにされた。[11] また高瀬氏は「日本司教ペドロ・マルチンス日本退去の事情――コインブラ大学総合図書館所蔵の一史料」（『史学』第四一巻第一号、一九六八年）において、托鉢修道会との抗争問題で、日本イエズス会側の権益を強く主張して、托鉢修道会士たちから批判を浴びていた、イエズス会の日本司教マルチネスがその職を辞して、日本から撤退した問題に関する史料を紹介された。さらに「大航海時代イベリア両国の世界二分割征服論と日本」（『思想』五六八、一九七一年）を発表され、日本をめぐるポルトガル＝イエズス会とスペイン＝托鉢修道会との抗争の淵源となった、右記両国間の排他的航海領域の設定の史的経緯とその問題点を明らかにされた。[12]

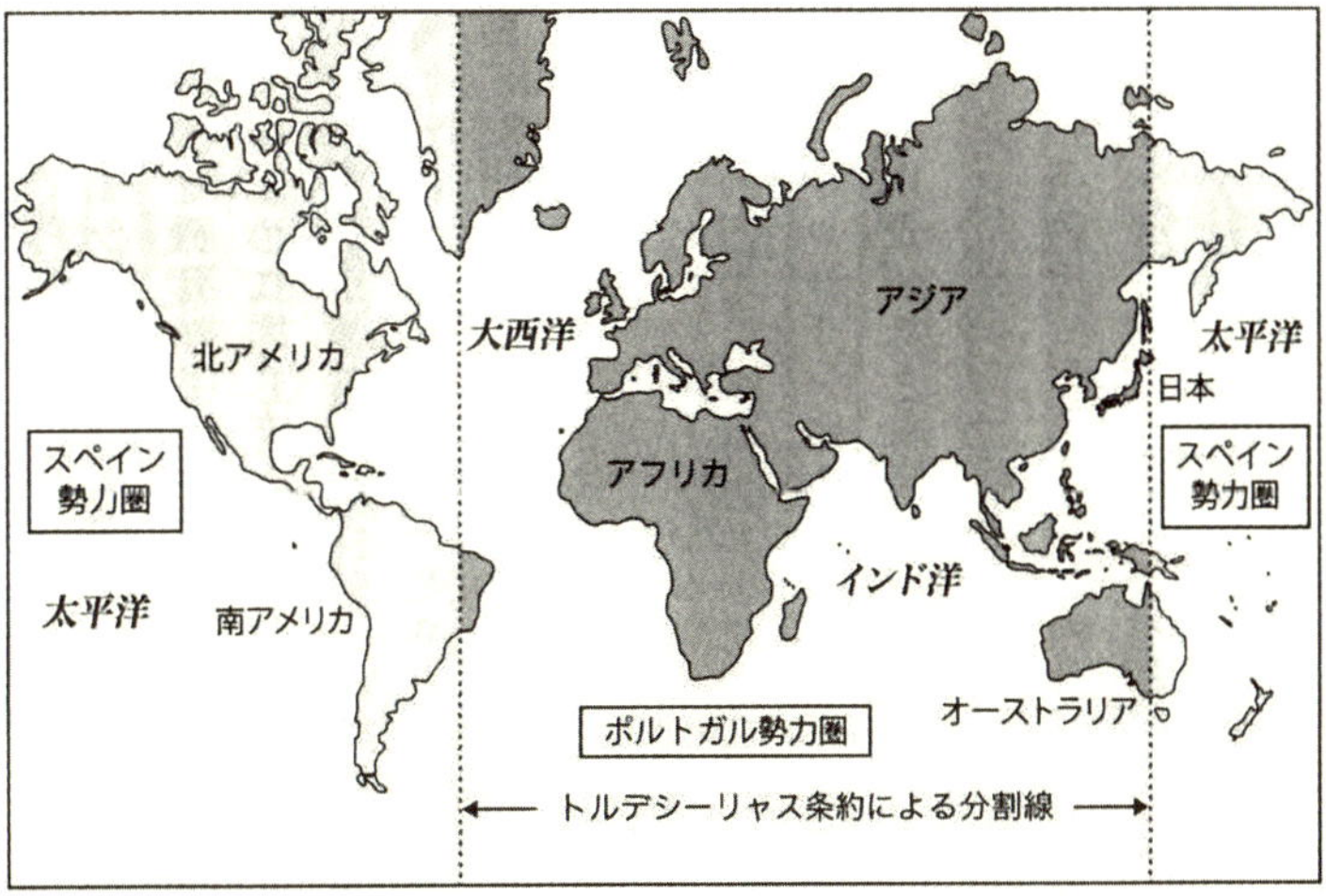

ポルトガルとスペインに二分された世界地図　トルデシーリャス条約(1494年)によって、ベルデ岬諸島の西方370レグアを通る経線を基準に、その東側はすべてポルトガル領、西側はすべてスペイン領とされた。(出典　高橋裕史『武器・十字架と戦国日本』洋泉社、2006年、102頁)

高瀬氏の一連の研究は、キリスト教の問題を含む日欧交渉史研究を、ともすれば、単なる南蛮文化史や国内史の一分野として位置づける傾向の強かった旧来の研究を、大航海時代という、世界史的分析視角から再構成したものであり、この結果、当該分野の研究をそうした文脈から遂行することは、今や常識となって久しい。

高瀬氏と同じくイエズス会史料の精緻な分析から研究をされて来られたのは五野井隆史氏である。同氏は「一フランシスコ会士の禁教・迫害の諸原因に関する概要について」(『キリシタン文化研究会会報』第一五年第三号、一九七二年)という研究で、幕府の禁教令発布の要因を在日イエズス会士による過度の政治・経済・軍事の各方面における活動にあるとする、フランシスコ会士フライ・セバスティアン・デ・サン・ペドロの報告書を紹介された。

このように、日本布教の権益を対立軸とした、イエズス会とフランシスコ会等托鉢修道会との抗争は、戦国末から近世にかけての、わけても秀吉政権による宣教師追放令から二十六聖人殉教事件、徳川政権による禁教令の発布から鎖国形成期にかけての公儀権力による対キリスト教政策は言うに及ばず、対外政策を考察するうえで「避けては通れない」重要な研究テーマといえる。だからこそ、近年でも、この問題を部分的にではあれ、概説的にではあれ、言及した研究成果も出されているのである。(13)

ただし、研究者個々人の学的関心に規定される面もあって、これらの先行研究では、抗争の基本的且つ主要な論点、すなわち、①日本をポルトガル領とするデマルカシオンの規定に対する解釈、②日本における布教方法、③活動資金調達手段としての経済活動、④教団と信者の保護を目的とした軍事活動について、総合的に且つ十分に論じられてはいない憾みがある。

本書の問題視角と概要

そこで本書では、右に記した①〜④を争点とした、イエズス会とフランシスコ会両修道会の、日本における聖俗両面に渡る自教団の諸活動の正当性と合法性、それとは反対に相手の教団の不当性や非合法性等をめぐる「対立と抗争」の諸相を、一五九〇年代を主要な時間軸として設定して取り上げる。

考察の時間軸をそこに設定したのは、本章で利用した主要史料が、一五九〇年代の前半と末に作成されたものであり、必然的にそれらの史料に記されている出来事も、一五九〇年代時点のものが多数を占めているからである。また、共通の論点をめぐって綺麗な対応関係で作成されたフランシスコ会側のイエズス会批判文書と、それに対するイエズス会側の反論文書が、やはり一五九〇年代のものであることにもよる。さらに、この両修道会の抗争は江戸時代に入っても継続されるが、その対立の争点の基本線は、一五九三年に本格化するフランシスコ会士の来日と布教を契機とした論争であり、江戸時代におけるこの問題を考察するためにも、それに先行して、本書が対象とする時期の論争を検討しなければならないと考えるからである。

対立抗争の歴史を追体験するには、両修道会の様々な史料を用いることは、歴史の研究方法や史料批判の観点からも当然のことである。しかし、実際にイエズス会側の史料にあたってみると、枝葉末節にこだわりすぎたものも多く、史料論に忠実に従ってしまうと、逆に本書が扱った問題の骨格と全体的な構図が見えない恐れがあることに気づいた。

そこで、第三章から第五章では、フランシスコ会士のフライ・サン・マルティン・デ・ラ・アセンシオンと、フライ・マルセロ・デ・リバデネイラの各報告書と、この二人に対する反論としてヴァリニャーノが執筆した『弁駁書』を中心史料として利用した。その他、ローマのイエズス会本部やポルトガル、スペイン両国王それぞれの意向や思惑、さらにローマ教皇勅書の法的効力の問題など、本書であつかったテーマに付随する解明すべき課題は山積しているが、本書では紙幅の関係、それ以上に筆者の能力に制約されて、究明すべき諸他の問題に言及できなかったことは、筆者が一番認識していることを明記し、読者諸氏のお許しを求めねばならない。以下、本書を構成している個別の論考の概要を記すことにする。

第一章では、スペイン勢力とフランシスコ会のマニラおよび日本への進出の問題を、フランシスコ会側の史料も用いて概略した。この二つの勢力の日本進出は、当時の秀吉政権の「威嚇外交」だけではなく、日本イエズス会による他修道会の来日拒否方針にも深く関わってくる問題である。その一方で、フランシスコ会がマニラ布教から日本布教へと方針を転換させた事情をはじめ、日本進出までの過程が、事実関係の複雑さもあって、その基本的な史実も租借されないまま理解されている嫌いがないでもない。このような点も考慮し、また当該分野における日本史にも資するよう、第一章では概説史的記述も多く取り入れた。

第二章では、最初に、イエズス会以外の修道会の日本布教参入問題に関する日本イエズス会の対応を、協議会での決議事項と、それに対するヴァリニャーノの裁決を基本史料として用いて考察した。次にイエズス会とフランシスコ会の抗争の大きな発端の一つとなった、日本布教の独占権に関するグレゴリウス十三世とシクストゥス五世、この両教皇の教皇勅書の規定内容について取り上げた。日本布教をめぐるイエズス会、フランシスコ会の対立問題に、グレゴリウス十三世とシクストゥス五世の教皇勅書の規定が深く関わっていたことは夙に指摘されている。しかし、ラテン語で記されていることもあってか、勅書のどの文言や規定が問題となったのか、ということについてはこれまで殆ど考察されてこなかった。当該分野における研究上の空白域を埋め合わせることも視野に、第二章ではラテン語原文も引用しつつ、この二人の教皇勅書の問題点を明らかにした。

第三章は、第二章で取り上げた、イエズス会の日本布教の独占の正当性と合法性を認めたグレゴリウス十三世の小勅書「*Ex pastorali officio*」と、イエズス会以外の修道会の日本進出への道を開いたシクストゥス五世の小勅書「*Dum ad uberes fructus*」、この二つの教皇勅書をめぐるフランシスコ会およびイエズス会双方の解釈と言い分を考察するものである。フランシスコ会側の主張として、フライ・サン・マルティン・デ・ラ・アセンシオンと、フライ・マルセロ・デ・リバデネイラの『報告書』を、イエズス会側の主張として、この二人の批判を論駁するために執筆された、ヴァリニャーノの『弁駁書』を主たる分析の史料として用いた。

第四章は、在日イエズス会士による、マカオ＝長崎間の生糸貿易を中心とした経済活動に対するアセンシオンとリバデネイラの批判と、それに対するヴァリニャーノの反論を取り上げた。修道理念を蔑ろにして、貿易に従事するイエズス会士は修道会士ではない、とするアセンシオンとリバデネイラの指摘に対し、在日イエズス会士の経済活動は、日本人信者を救済するために、いわば「隣人愛」の精神から行なわれているものであって、それは商行為ではない、と主張するヴァリニャーノ。こうした真逆の解釈を披見する彼らの姿を通して、日本布教に一貫して見られた「商教一致」の問題、大航海時代における布教と国家権力との経済的結びつき等、「古くて新しい」問題について考察した。

第五章では、日本イエズス会が、ヨーロッパとは異なる歴史、文化、価値観を有する日本および日本人の中で、福音宣布を展開して行くにあたり、現実への柔軟な対応を「文化適応戦略」という形で実践せざるを得なかったこと、それに対して日本布教の経験の浅い、いわば日本「未経験」のフランシスコ会が、いかなる立場と論理からイエズス会の適応方針に対する批判を展開し、そうした批判に対してヴァリニャーノは、どのような論拠を基にして反論したのか、という問題を論じた。アセンシオン、リバデネイラ、ヴァリニャーノの論争からは、文化適応戦略に基づく日本布教の有効性の有無の問題が、中世ヨーロッパで展開された「人効論ex opere operantis」「事効論ex opere operato」をめぐる叙任権闘争と同様の構図が、数世紀後の日本にも舞台を移して復活し、再燃された様相を看取することができよう。

第六章は、在日イエズス会士による軍事活動をめぐる論争について考察を加えたものである。ここでフランシスコ会士のアセンシオンとリバデネイラが糾弾としているのは、日本イエズス会による長崎の軍事要塞化とそのための武器の配備、軍艦の一種であるフスタ船のイエズス会による保有、そしてイエズス会日本準管区長ガスパル・コエリョの軍政問題への介入である。この批判に対してヴァリニャーノは、いずれの行為も日本を支配することが目的ではなく、あくまでも日本人信者と日本という「主の葡萄畑」を、様々な危険から守るための措置であったと反論する。

つまり、自衛のための武力の保有という観点から、ヴァリニャーノはヨーロッパの正戦思想の文脈の中に、教団の軍事活動を位置づけ、その正当性と合法性を強く訴えているのである。

第七章では、日本へのスペイン勢力の参入という事態を迎え、日本イエズス会内のスペイン人宣教師の間では、教団の方針に離反するように、スペイン勢力の日本進出を歓迎する言動が表面化したこと、それに対してポルトガル人宣教師はスペイン人同僚の、そうした姿勢を厳しく批判するなど、日本イエズス会において、内部分裂と宣教師間で一種の冷戦が現出するようになったことを取り上げた。

終章では、長崎の行政や日本司教の後継問題など、十七世紀に入ってからも日本をめぐるイエズス会と托鉢修道会の抗争が依然として継続し、幕府による全国を対象とした禁教令発布の引き金として顕在化していたこと等について言及した。

「国内史」観からの脱却

既述したところであるが、前近代の日本と西欧、キリスト教の歴史が学術的に研究され始めたのは、明治になってからのことであり、爾来、今日まで一〇〇年以上の年月が経過した。そして、この分野の研究を一挙に深化させたのが、先述したように、一群のイエズス会文書の外部への公開であって、この画期的な情報公開からも五十年が経つ。

このような経緯を経て、日欧交渉史や日本とキリスト教の歴史の研究は、護教色の強い編纂物史料ではなく、当時のイエズス会士らが残した、いわゆる手書きの古文書、すなわち「一次史料」にまで遡っての研究が、今では常識化し定着した感がある。

一方で、日本を舞台としているということからであろうか、あくまでも国内史料中心主義の傾向も、見られないでもないことが、この分野の研究の難しいところでもある。国内史料の重要性を否定するつもりは、私には毛頭ないが、それだけでは不可能な歴史事実——例えば前近代の日本からキリスト教が駆逐された要因の手掛かりを来日修道会に求め、それを修道会側の内部から探求する——を発掘し再構成するには、やはりイタリア語やスペイン語などのロマンス諸語で書かれた国外史料にも依拠せざるを得まい。

さらに付け加えると、本書が対象としている十六世紀末にもなると、日本も西欧勢力に巻き込まれ、その西欧勢力も日本に巻き込まれながら歴史を形成してゆくからには、もはや言い古されたところの「日本史」「西洋史」「東洋史」の三区分の枠組みは意味をなさなくなる。そうであるならば、いや、そうであればこそ、上述した国内史料と国外史料の問題自体も、三区分法と同じく、余り意味をなさないだろう。

本書はそのような意識と視角に立脚して執筆したものである。論じ足りない問題、論じるべき問題その他、課題が山積していることは十分に自覚している積りである。言葉の真の意味において「ささやか」な試みではあるが、本書が当該分野の研究や議論に、些少であっても貢献することができれば、著者冥利に尽きるところである。

表記について

一　本書ではイエズス会士、フランシスコ会士の語句を多用しているが、適宜、イエズス会宣教師等の語も用いてある。現状では慣用的な使い分け以上の明確な差異は無い。

二　本書ではフランシスコ会を中心として記述を行なっているが、文脈的に托鉢修道会の名称を用いたほうが分かりやすくなる場合は、托鉢修道会という語を用いている。十分、注意して記述したつもりであるが、筆者の気づかない部分で、用語の混用が原因で文意が理解しにくくなっている箇所もあることだろう。この点、読者諸氏の御寛恕を乞いたい。

三　訳出引用した史料中に見える、「……」は途中の語句や文章を省略したことを意味する。また原史料中の挿入語句は（　）で示し、高橋の挿入語句等は〔　〕で、且つ本文活字よりも若干小さめのフォントで明示してある。

注

（1）『契利斯督記』（『続々群書類聚』巻一二）六三八頁。

（2）例えば加藤栄一氏は「イエズス会士と他の三派との対立はいちだんと激化し、……幕府は次第に「禁教」への方向に転じてゆくのである。」と記されている（加藤栄一『幕藩制国家の成立と対外関係』思文閣出版、一九九八年、一二二頁）。

（3）ファビアン不干斎の生涯については、未だに不明の部分が多く、新史料の発見等に基づく研究に俟たねばならないが、現段階では井手勝美氏による研究が、ファビアン不干斎の全容を最も過不足なく明らかにしてくれている。「不干斎ハビアンの生涯」「不干斎ハビアン『妙貞問答』上巻「禅宗之事」について」「ハビアンと『妙貞問答』」の論考が、同氏の『キリシタン思想史研究序説』（ぺりかん社、一九九五年）に収められているので参照して頂きたい。

（4）海老沢有道、H・チースリク、土井忠生、大塚光信校注『日本思想体系25 キリシタン書・排耶書』（岩波書店、一九七〇年）四四三頁。

（5）在日イエズス会士が職務上の義務から作成した書簡や年度報告書等の印刷物の全貌に関しては、現在でもヨハネス・ラウレス師の次の一書を参照されるべきである。Johannes Laures, *Kirishitan Bunko*: a Manual of Books and Documents on the Early Christian Mission in Japan, Tokyo, 1957.

（6）原題は *Histoire de la Religion Chrétienne au Japon depuis 1598 jusqu'à 1651*, 2 vols., Paris, 1869, 1870. 本書の第一巻は概説で、第二巻は関係諸史料集である。このうちの第一巻のみ、岩波文庫から『日本切支丹宗門史』全三巻（クリセル神父校閲、吉田小五郎訳、一九三八年、一九四〇年）として出版され、当該時期の日本キリスト教史の研究に大きく寄与した。

（7）その間の事情や経緯については、高橋裕史「近世日本キリスト教史研究と海外史料」（高橋裕史訳注、A・ヴァリニャーノ『東インド巡察記』東洋文庫七三四、平凡社、二〇〇五年）四一二～四一七頁を参照されたい。

（8）ここで取り上げた岡本氏の三論考は、同氏の次の論集に収録されている。岡本良知著、高瀬弘一郎編『キリシタンの時代』（八木書店、一九八七年）。

（9）「切支丹史中フランシスコ会の伝道」（『宗教研究』新第五巻一号、二号、一九二八年）。

(10) その結実が岡本氏の代表作となっている『十六世紀日欧交通史の研究』(弘文荘、一九三六年) である。この重厚な研究はその後、改訂増補されて六甲書房から一九四二年に刊行されたが品切れとなり、古書店で稀に入手できるかどうか、という状態になった。こうした状況を受けて、一九七四年に原書房から復刊されるに至った。

(11) この論考は、昭和三十五年のキリシタン文化研究会で口頭発表されたものを、同年に「フランシスコ会のグレゴリオ十三世の小勅書廃止運動」として『キリシタン文化研究会会報』第四年第三号に発表されたものに、大幅に加除筆を加えられたうえで『史学』誌上に改めて発表されたものである。

(12) この論文はその後、日本学士院賞を受賞された、高瀬氏の代表作である『キリシタン時代の研究』(岩波書店、一九七七年) に採録されている。なお同書には書き下ろしの論考「大航海時代とキリシタン――宣教師の祖国意識を中心に」が収められている。この論文は、スペイン勢力の日本進出という現実に対して、教団内のスペイン国籍およびポルトガル国籍のイエズス会士の間に、それぞれの祖国意識に根ざした反目が見られたことを考察したものである。

(13) 渡辺京二『バテレンの世紀』(新潮社、二〇一七年)、平川新『戦国日本と大航海時代』(中公新書二四八一、中央公論新社、二〇一八年) など。

第一章　フランシスコ会のアジア進出と日本布教志向

本書序章の末尾でも言及したように、日本布教の権利と正当性をめぐるイエズス会とフランシスコ会の確執と抗争は、フィリピンのマニラで布教に従事していたフランシスコ会士が、豊臣政権の末期に来日したことで、机上の空論から現実問題へと、その位相を一八〇度変貌することになった。

そこで本章では、どのような経緯からフランシスコ会がフィリピンに進出し、いかなる事情から日本へと布教の矛先を向けることになったのか、この間の史的経緯を中心に概観する。

最初にスペイン勢力のフィリピン諸島（以下適宜、フィリピンと略記）進出の過程を確認しておきたい。フランシスコ会その他の托鉢修道会は、スペイン王室と結びついて海外に進出している。したがって、フィリピンにおけるこの聖俗の両者が、どのように結びつき、どのような関係を構築していたのかを知ることは、フランシスコ会の日本進出の「前史」として不可欠の確認事項だからである。

一　スペインおよびフランシスコ会の南米進出

大航海時代にあって、スペインが西回り航路での東洋進出の途上、アメリカ大陸の一部を発見し、その後、マゼラン一行がモルッカ諸島に進出したことは、改めて詳述するまでもない既知の事実である。しかし、そのモルッカ諸島は、既にポルトガルの勢力圏下に置かれていたため、当然のことながら、ポルトガルは、自国のデマルカシオンに含まれたモルッカ諸島へのスペイン勢力の進出に異を唱えざるを得なかった。

このような経緯を背景として、両国の間で結ばれたサラゴサ条約によってスペインは、ポルトガルから支払われた莫大な保証金と引き換えに、モルッカ諸島への進出を放棄し、南米に対する進出と経営に意を注ぐことになった。

一方、南米でのフランシスコ会の活動は、一五〇二年までにはキューバに布教の根拠地を確立し、教勢拡大の基盤を整えていた。そして、遅くとも一五二九年までには、アルゼンチンとパラグアイで宣教改宗活動に着手した。

フランシスコ会の南米布教の中で最大の成功を収めたのは、現在のメキシコとなる、当時のヌエバ・エスパーニャでの布教であったことは周知のところであろう(1)。ところが、十六世紀の半ばにヌエバ・エスパーニャの国力が衰退すると、同地でのフランシスコ会の布教活動も減退し、単なる「義務」的布教の域を超えなくなってしまった。

そこで、ヌエバ・エスパーニャに代わる布教「新天地」として、当時の東洋随一の「富める大国」である中国、すなわち明帝国に、白羽の矢が立てられることになった。(2)(3)

二　フィリピン布教の失敗

(一)　中国からフィリピンへ

フランシスコ会が布教活動の場を、ヌエバ・エスパーニャから中国へ転換した背景の一つとして指摘できることは、モルッカ諸島を放棄したとはいえ、スペインが保持していた「東洋」進出への強い願望と意思である。

ヌエバ・エスパーニャから中国に向かうには、太平洋を航海しなければならなかったのだが、その太平洋横断の基地としてのヌエバ・エスパーニャは、インド、マラッカ、マカオに比べて東洋諸地域との通商に際して時間もかかり、また公海上の安全面でも危険が多かった。

そのため、スペインは、中国への本格的な進出のためにも、東洋諸地域のどこかに足場を築かねばならなかった。しかし、マラッカは、ポルトガルの支配下にあったため、スペインがマラッカを足場にはできなかったことは、先述したとおりである。

そこでスペインがマラッカに代わって目をつけたのは、まだポルトガルの勢力が及んでいないフィリピンであった。フィリピン進出を決めたスペインは本格的に攻略を開始する。一五六五年には、ミゲル・ロペス・デ・レガスピがセブー島を陥落させ、自らは初代フィリピン総督に就任、一五七一年にはマニラの占拠にも成功し、ここにスペインの東洋諸地域進出の拠点が確立することになる。

フィリピンへのスペイン勢力の進出と並行して、フランシスコ会をはじめとする托鉢修道会、そしてイエズス会がマニラ布教に着手した。マニラはその当時、本格的なカトリック布教がほとんど行われていない「布教の未開拓地」だったからである。以下、マニラ開教の概略を記すことにしよう。

(二) 諸修道会のマニラ進出と布教

セブー島が攻略された一五六五年には、先にその名を挙げたフィリピン総督レガスピと共に、五人のアウグスティノ会士がマニラに上陸した。そして一五七七年にはフランシスコ会士もマニラに渡り、一五八一年には、ドミニコ会のドミンゴ・デ・サラサールが初代マニラ司教として着任した。この年には、さらにイエズス会士もマニラの土を踏み、六年後の一五八七年になると、ドミニコ会士もマニラに上陸して、遅ればせながらも布教活動に参加し始めた。

一五七九年になると、マニラには司教区が置かれ(4)、これと相前後する形で各修道会でも、自らの管轄する管区(5)を開設し始めた。すなわちアウグスティノ会は一五七二年にサン・グレゴリオ・デ・ヘスス管区を、フランシスコ会は一五九一年にサン・グレゴリオ・マグノ管区を、ドミニコ会は翌一五九二年にサン・ロザリオ管区を設けて、マニラでの教会行政や改宗した人々の司牧を行なった(6)。これらの三修道会と比べて、創設の面では後発のイエズス会も、一五九五年にマニラ準管区を設けた(7)。この結果、一六二〇年までに、信者を含む、おおよそ二〇〇万人のカトリック教会の関係者によって、堅固なカトリックの教会行政組織がフィリピンに形成されることになった(8)。

一方、この間の日本では、本能寺の変を経て秀吉が実権を握り、九州平定のために滞在していた箱崎で「宣教師追放令」を発布して、ポルトガルとイエズス会に大きな動揺を与えた。後述するように、この宣教師追放令が、フランシスコ会の日本進出の大きな契機となって作用することになるのである。

同じ頃の日本イエズス会の動きに目を転じてみると、ザビエルによる日本開教から既に四十年近くが経過していた。イエズス会東インド巡察師のアレッサンドロ・ヴァリニャーノが来日し、彼のイニシアティブの下にセミナリオやコレジオが開設され、大村純忠からは長崎を寄進されてマカオからのナウ船の定航地となるなど、イエズス会は日本布教を縦横に独占していた。

やがて江戸時代に入ると、一六一三年には幕府によって全国各地を対象に「禁教令」が布かれ、教会関係者と日本人信者が、マカオ、マニラへと「第二の」信仰生活の場を求めて日本を離れることになった。マニラがその選択地の一つとなった背景には、右に記したような、布教活動と信仰生活のインフラが、少なくとも表面的には日本よりも整っていた訳であり、そうした「霊的環境」の充実性が、日本を追われた宣教師や信者たちの「受け皿」とされたのであろう。

(三) マニラ布教の挫折

しかし、フランシスコ会のマニラ布教は、滑り出しこそ順調ではあったものの、期待するほど大きな成果を挙げられずにいた。では、何ゆえ、フランシスコ会のマニラでの布教活動は、当初の意図に反して、不振に終わったのであろうか。この問題については、十分に論じられていない部分もあるので、先行諸研究に依拠しつつ、その原因なり背景なりを記すことにする。

1 脆弱なマニラ経済の構造

まず指摘できることは、当時のマニラ経済が脆弱だったことである。この経済の脆弱性が原因で、同地での商取引から得られるスペインの経済利潤が低調に陥った。

当時のフィリピンは農産物の産出に恵まれずにいたが、それでも農民たちは各種の税を納めねばならなかったので、バナナや椰子等のみで生活していた。また悪天候に襲われたことが原因で飢饉が発生した場合には、人々の生活の困窮に拍車が駆かり、人命を危機に追いやることもあった。そのため当時のフィリピンでは、スペインに高利潤をもたらすような商取引を行ない得るほどの経済の発達が見られず、必然的に原住民側の購買力も貧弱な状態のままであった。

このように、諸修道会のカトリック布教が展開されていた頃のフィリピンは、経済の基礎構造の力が弱かったため、経済や商業の自立的発展が阻害される状態に陥っていたのである。さらに、マニラのパリアン商人の独善的な商行為が原因で物価が異常に騰貴したこと、フィリピンには香料と銀が不足していたことも、スペインとの商取引関係を構築するうえでの障壁となっていた。フィリピンの経済事情は、スペインの商業資本を満足させる段階にはなかったのである。(9)

2　スペイン人との対立

次に指摘すべきことは、支配者側のスペイン人と被支配者側の現地人とが対立していたことである。

スペイン人によるフィリピンの征服は、農業技術や土木技術を導入して土地開墾を行い、民族学者をスペインから招いて現地人の研究に当たらせたりなどしたため、新大陸に比べると、まだしも流血の惨事は少なかったと言われている。

しかし、入植したスペイン人は、悪名高いエンコミエンダ制をフィリピンにも導入して、現地人の奴隷化を始めた。そのため、初代マニラ司教のサラサールは、着任早々からこの問題を糾弾しているほどである。エンコミエンダ制の問題をきっかけとして、スペイン人と現地人は鋭く対立することになった。在地の首長たちの中には反乱を企てる者まで現れ、また一五八七年には、人頭税の徴収に関して、トンド地区の首長らが同地区のスペイン人の打倒を図ってさえいる。

スペイン人に対する現地人側からの反発と不信の感情が、スペインと結びついて活動を行なっている、フランシスコ会等の托鉢修道会にも向けられても不自然なことではないし、その可能性は十分にあったと考えられる。改宗の対象者である現地人からの信頼を失えば、所期の布教成果が得られなくとも、それは当然の帰結であろう(10)。

3 遅れたフランシスコ会の布教

第三に注目すべき点は、フランシスコ会の参入まで、マニラ布教の全般が、アウグスティノ会とドミニコ会の手で主導権を握られてしまっていたことである。

フランシスコ会がマニラに渡ってきたのは、先述したように、一五七七年のことである。アウグスティノ会はそれよりも早く、一五六五年にマニラに上陸し、同会に所属するアンドレス・デ・ウルダネタらが布教を開始し、マニラ布教は、事実上、同会の独占に近い状態を呈していた。一方のドミニコ会は、ドミニコ会に属する初代マニラ司教サラサールの肝煎りで優位に布教を進展できた。サラサールはドミニコ会士たちに、マニラのトンド地区の宗教的管轄権を全面的に与えようとした。トンド地区には中国人が大勢住んでいたため、サラサールは中国語での布教を企画するだけではなく、フアン・コーボ、ミゲル・ベナビデスらを、同地区在の中国人布教に専従させた。

こうした、マニラ布教の先駆者としてのアウグスティノ会と、サラサールの司教としての権威と権力を後ろ盾としたドミニコ会の活動が原因で、フランシスコ会もイエズス会も、マニラ布教では後塵を拝せざるを得なくなったのである。[11]

4　現地人信者の資質

第四の問題点として、フィリピンの現地人の社会と資質が挙げられる。

当時のフィリピン社会では、イスラム教徒を別にすると、民族的統一が脆弱で、政治体制も堅固ではなく、また明確でもなかったことが指摘されている。在来の宗教面においても、部族ごとに至上神が乱立された状態であったなど、キリスト教のような一神教とは対極的な様相を示していた。またフィリピンの現地人には、全般的に教育を十分受ける機会も欠如していた。

このように、宣教師の立場からすると、社会面でも宗教面でも「混沌」として「無秩序」な状況の中にあったフィリピンの現地人には、外来の宗教であるキリスト教を受容するような状態にはなかったと考えられる。別の見方をするならば、改宗の対象者としてだけではなく、改宗後の信仰の維持など「霊的指導」[12]の面においても、宣教師の想定外の困難が生じていたことは想像に難くないところであった。

5　マニラでの宣教師不足

五つ目の理由は、宣教改宗活動の主体たる宣教師の不足である。

当時のフィリピンで布教に従事していた聖職者数は、スペイン統治時代を通じて二五〇〜四〇〇人程度であったらしく、諸修道会は慢性的な宣教師不足に悩まされていた。しかもフィリピンの現地人らは、山間の農村部などにも広く散在していたため、山岳部にまで布教区域が設定されると、さらに大勢の宣教師が必要となった[13]。

こうした宣教師の絶対的な不足が、マニラ、延いてはフィリピン諸島全域での、効率的で効果的な布教を困難にしていたと考えられる。

6 司教サラサールとの対立

六つ目の理由は、マニラ司教サラサールとスペイン入植者との対立である。

既述のように、入植スペイン人はエンコミエンダ制を導入して、原地人を奴隷にしようとしていた。この現地人奴隷化問題に対してスペイン国王フェリペ二世は、一五七四年十一月七日付けで勅令を発し、在フィリピンのスペイン人入植者による現地人奴隷化行為を、全面的に禁止することを命じた。

しかし、このフェリペ二世の国王令は、スペイン本国から遠く離れたフィリピンにあっては、その遵守の有無を確認する手立ても無いまま有名無実化し、十分な実効力を持ち得なかった。ミゲル・ロペス・デ・レガスピの後継者であるギド・デ・ラベサリスは、スペイン人入植者を代表する立場から、奴隷としている現地人はフィリピン征服の際に捕虜としたもので、エンコミエンダ制によって奴隷としたものではない、と厳重に抗議するほどだった。

この抗議を受けたフェリペ二世は、マニラ総督のディエゴ・ロンキーリョに対し、先の一五七四年十一月七日付け勅令の厳守を改めて命じた。この国王令は、サラサールのマニラ赴任と共にフィリピンにもたらされた。サラサールがマニラに着任したのは一五八一年のことなので、その時点で、この国王令が発布されてから七年が経っている。当時の交通手段のことを考えれば、数年単位での時間の経過は止むを得ないとはいえ、少なくとも国王令が現地で交付されるまで、現地での奴隷化は進行していた筈である。いずれにせよ、国王令は形式的なものにならざるを得ず、その空洞化は回避不能であったと言える。

サラサールはマニラに着任すると、スペイン人入植者による現地人の奴隷化行為を厳しく非難し糾弾した。当然、スペイン人入植者たちは、司教のサラサールを猛烈に批判した。総督のロンキーリョは、奴隷問題のこじれの責任をサラサールに負わせ、挙句の果てには、フェリペ二世の勅令の遵守も放棄した。

フィリピン入植者たちの悪政の報告を受けて驚愕したフェリペ二世は、司教のサラサールに書簡を認め、スペイン人入植者への監視の目をいっそう厳格に光らせるよう指示した。

国王の命令を忠実に実行したサラサールは、これまで以上にこの問題に神経をとがらせて対応した。しかし、これが原因で、入植者たちの間でのサラサールの評判は、ますます悪くなり、両者の関係はこじれるばかりとなった。

歴史を振り返れば、奴隷問題を告発したバルトロメ・デ・ラス・カーサスと、スペイン人入植者との対立が新大陸問題では見られたが、それから数十年後のフィリピンにおいても、同種の問題に端を発した、カトリック教会側と入植者側との冷戦が再燃してしまったのである。これは、舞台と時代を変えての「第二のラス・カーサス問題」でもあった。

在マニラのカトリック教会が、スペイン人入植者と折り合いが悪いことは、後者の協力を得たうえでの布教の展開、という前提が崩れたことを意味する。(14)

7 宣教師の士気の問題

最後に指摘するのは、マニラ布教の主体者である宣教師側の問題である。

先述したように、スペイン側にとってフィリピンは、来るべき中国入国のための「足場」にすぎなかった。端的にいえば、一時的な「腰掛」ということである。一方の宣教師の側にも、東洋布教の最終目標は中国とする伝統的な考えが支配的であり(15)、また、布教が思うように進展しない現状を前に、フィリピン布教への情熱が急速に冷却し減退して行った。

山岳地帯を中心とする、布教の「未開拓地」へ教勢を拡大してゆくには、在フィリピンの宣教師の数を増大させねばならなかった。しかし現実には、既述のように、慢性的な宣教師不足が常態化していたため、その不足分は現地人に教育を施し、彼らを司祭に養成して補うことになった。ところが、現地人の資質や能力に異議が続出した結果、この計画は放棄されることになった。

総体的に布教の進展と教勢の拡大が困難なフィリピンであればこそ、固い結束と相互協力が必要であるのに、宣教師自らが布教の責務を放棄するような有様では、マニラ、延いてはフィリピンでの布教が衰退に向かったのは、当然の帰結ではなかったろうか[16]。

以上のような諸事情が背景となって、マニラを含むフィリピンでのフランシスコ会士による布教活動は、著しく困難なものになったと考えられる。たとえば、一五七八年七月二十五日付け、マニラ発、ペドロ・アルファロのスペイン国王フェリペ二世宛て書簡の中に見られる次のような一節は、フランシスコ会が直面していた問題の一端をよく伝えているので訳出しよう。

我々は未だに新参者であるので、当地の様々な事情のことを理解してはいない。とはいえ、司祭たちの欠乏は非常に深刻である。あらゆる地域で、我々は総勢でも二七人にさえ達していないからである。そのため、あれだけの数の異教徒と人々のために、また神からの御助力を得て、今後、望まれることのためにも、陛下におかれましては、〔御自身の義務を〕果たされんことを。それは、過去、我々が陛下にお願いしたところに従って、御地から我々のもとに援助者たちを来させることである[17]。

右に訳載したアルファロの書簡を読んでみると、宣教師の不足が原因で、今後の布教で得られるはずの成果が危うくなることへの「危惧」と「焦燥感」がアルファロにはあったこと、また後段の一文から明らかなように、宣教師の派遣と増員についての、フェリペ二世への直訴が未だ実現を見ていないことが判明する。

これ以外にも、たとえばマニラの華僑社会であるパリアンでの布教も、中国人の流動が激しく、また彼らのキリスト教に対する無理解もあって、宣教師の思うようには進捗していなかった。加えて司教のサラサールが強制的に断髪を行わせたことも、断髪が当時の中国社会では犯罪者の証であることを意味していたため、中国人のキリスト教からの離反に拍車を掛けることになった。(18)

三　中国布教の頓挫

(一)　フランシスコ会の中国進出

如上のように、フランシスコ会によるマニラ布教は、所期の目的を達することが困難な状況に置かれて停滞してしまったため、同会はフィリピンに代わる「新布教地」として、中国——当時は明帝国——への入国と布教を、強く志向することになった。

布教の矛先を、これまでのフィリピンから中国に向けたフランシスコ会士は、一五七九年三月十八日にマニラを出航し、同年の十一月十五日にマカオに到着した。一行はペドロ・デ・アルファロ、ファアン・バウティスタ、ペドロ・デ・ビリャロエルの面々である。(19)

ところで、托鉢修道会士による中国布教は、この時が初めてではない。最初の中国布教は十三世紀にまで遡る。その後、十四世紀にも托鉢修道会士による中国布教は行なわれた。しかし、当時のヨーロッパでは黒死病が隆盛して、各地で大勢の犠牲者が出ていたこと、モンゴル帝国が没落して明帝国が建国されるなど、中国の政治情勢が激動期にあったこと、また中央アジアではイスラム教徒がキリスト教の布教を妨害したこと、等の事情が重なったことが原因で、当時の托鉢修道会士による中国布教はことごとく失敗の憂き目にあっていた[20]。

(二) ポルトガルとイエズス会の反応

スペインと海外版図の拡大を競っていたマカオのポルトガル人は、当然のことながら、修道会士を含むスペイン勢力のマカオ進出を快く思わず、警戒心を抱くことになった。

このことを裏付ける記録を二点紹介すると、まず、先にその名を挙げたペドロ・デ・アルファロは、一五七九年十月十三日付けで広東から書簡を認め、マカオではポルトガル人がフランシスコ会士に様々な誹謗中傷を行なっているため、広東に留まっている方が身の安全を確保できる、と記している[21]。また、一五八三年六月二十日付け、ディオゴ・ロンキーリョのスペイン国王フェリペ二世宛て書簡には、在マカオのポルトガル人が、スペイン人はマカオを征服しに来たのだから十分に警戒せよ、とマカオの中国人に触れまわっている、との一節が確認される[22]。

右に記したマカオのポルトガル人と歩調を合わせるかのように、ポルトガル国王の保護を後ろ盾としていたイエズス会も、スペイン勢力と結びついたフランシスコ会のマカオ進出には難色と不快感を示した。既述のように、マニラを発ったフランシスコ会士たちが、マカオに入港したの

ローマ教皇グレゴリウス十三世の肖像
（出典　Wikimedia Commons）

は、一五七九年の十一月のことである。

しかし、イエズス会はこれより四年前の、一五七五年一月二十三日付けで発布された、ローマ教皇グレゴリウス十三世の大勅書「*Super specula militantis Ecclesiae*」を論拠にして、フランシスコ会士たちのマニラ進出が、この大勅書に真っ向から抵触する違法行為であることを主張した。

このグレゴリウス十三世の大勅書は、東半球におけるポルトガルとイエズス会の「支配領域」と「勢力圏」を内外に明示しているものであり、その論点は次のようにまとめることが可能である。(23)

(1)マカオにポルトガル国王の布教保護権下に編入されるマカオ司教区を開設する。

(2)マカオとその近隣の島々、大陸はもとより、ポルトガル国王の征服に属する中国と日本も、マカオ司教区の管轄域として組み込む。

(3)司教座聖堂参事会員などの要職その他、マカオ司教関係の収入は、ポルトガル国王の同意を得て取り決める。

(4)ポルトガル国王はマカオ司教の収入として、毎年五〇〇クルザドを負担する。

グレゴリウス十三世の大勅書は、ポルトガルとイエズス会の中国、日本における政治、経済、交易、布教等に関する権益と特権を明確化したうえで保障したものである。国際法の概念が未発達の状況にあった、当時のヨーロッパ世界にあって、ローマ教皇の発布する教皇令は、国際法と同等の効力を持つと考えられ位置づけられていた(24)。

かくて、司教区の設置されたマカオが、ポルトガルの排他的支配権下に組み込まれ、同国の布教保護権の対象となった修道会、すなわちイエズス会の布教対象地となったことが、グレゴリウス十三世の発布した「*Super specula militantis Ecclesiae*」によって、国際法的に明文化され内外に対して公式に宣言されたのである。

したがって、イエズス会の立場からすると、スペイン国王の布教保護権下にあったフランシスコ会のマカオ進出と布教は、グレゴリウス十三世の教皇令に明らかに抵触する、いわば「教皇令違反」であり、同時にそれはまた「国際法違反」ということになったのである。

(三)　中国布教の挫折

右に記した、フランシスコ会士たちのマカオ進出の正当性の問題は、ひとまず擱くとして、彼らの中国布教も決して順調なものではなかった。その事情と背景について、先行諸研究の成果を援用しつつ、考えられ得るところをいくつか記してみる。

1 「海禁」政策の壁

まず当時の明帝国が、いわゆる「海禁」政策を布いており、朝貢以外の私貿易を厳禁して、対外勢力に門戸を開こうとしなかったからである。これについては、イエズス会東インド巡察師のヴァリニャーノも、一五八〇年に長崎で脱稿した大部の巡察報告書の中で、ローマのイエズス会総長エヴェラルド・メルキュリアンに詳しく報告している。

官憲から許可を得なければ、外国人は誰であれ、シナには入国できない、という不可侵の掟がある。……シナの王国全土で実施されている監視と警戒は極めて厳重なものであるため、何人とたりといえども、いかなる地にも入り込むことは不可能で、〔入り込んでも〕たちどころに嗅ぎつかれ、官憲の許に突き出されてしまう。官憲は、このような侵入者を〔杖で〕激しく叩いて殺害する。〔イエズス会の〕パードレ〔司祭のこと〕たちは、長年にわたって多大な努力を払い、シナに入国しようとし、あるいは広東滞在の許可を獲得しようとしたのだったが、一度としてこれを達成できなかった。(25)

イエズス会士が北京での布教に漕ぎつけるのは、イエズス会創設から五十年も経過した、一五八〇年代の終わり頃からのことであって、マカオでの活動も、あまり目立たないようにして行われていた。こうした海禁政策の煽りを受けて、フランシスコ会士の中国布教は、イエズス会同様、入り口段階から大きな困難に直面していたのである。[26]

2　中国の宗教と思想

次に指摘すべきことは、当時の中国社会の宗教情勢と思想状況であろう。

先行諸研究によると、[27]その頃の中国社会では儒教、道教、仏教の各宗が幅を利かせており、上層階級から下層階級に至るまで浸透していた。また明末〜清初の一時期を除き、中国政府が礼部を中心に、厳しい文教政策を布いていた。

このような、古来の宗教と思想が広くまた深く根ざしている中国社会に分け行って、それらとは全く異なる原理と理論を有するキリスト教を宣布することは、中華思想という厚い壁も手伝って、容易には為しがたいところであったと考えられる。

3　中華思想という壁

第三の問題として指摘すべきは、直前の文章でも記した、中華思想という巨大で越えがたい壁である。

マテオ・リッチに代表される中国開教を担ったイエズス会士は、彼らの接した中国人が極端に外国嫌いで迷信深く、中国以外の人々のことを蛮族として軽視している、として、当時の中国社会で見られた中華思想の在り方の一旦を報告している。(28) これが一因となってイエズス会士が伝えた西欧の科学的な地理学は、正規の学問としての採用が見送られたほどである。

こうした中国起源以外の文物を徹底的に軽視したり、否定したりする価値観は、キリスト教を「夷狄の宗教」として位置づけ、その受容を頑なまでに拒んだのだった。(29) カトリックの修道会士による布教も困難を強いられたことは、先のヴァリニャーノの一文が証しているとおりである。

4 ポルトガルとイエズス会のマカオ進出

第四に着目すべき事情はポルトガルとイエズス会のマカオ進出である。

イエズス会の中国布教の嚆矢はザビエルであるが、ザビエルがその目的を果たせずに、上川島で生涯を終えたことは、周知のところである。しかしザビエル死去後も、イエズス会創設者の一人である彼の遺志を継いで、それを実現しようとの志を抱いたイエズス会士によって、積極的な中国布教計画が立案され実行に移された。

ヴァリニャーノは、フランシスコ会士の一行三名がマカオに入る前年の一五七八年に、彼らよりマカオに先行滞在していた。ヴァリニャーノが日本に向かってマカオを発つのはその翌年のことであるが、その間、彼は在マカオのポルトガル人商人との間で、日本イエズス会に対する、対日生糸貿易の割当量に関する契約——アルマサン契約——を結んで、日本イエズス会の財源を確保するなど、マカオとイエズス会は、宗教面はもとより経済面でも密接な関係を構築していたのである。

よく知られているところであるが、ポルトガル人には、マカオの周辺沿岸に跋扈していた海賊撃退の功と引換えにマカオでの駐留を許可された経緯がある。しかも、教皇グレゴリウス十三世の大勅書により、マカオにはポルトガル国王の布教保護権が適用されることが表明されたことは、先述のとおりである。

このような歴史的経緯もあって、マカオは事実上、イエズス会とポルトガルの勢力下にあり、そのような所へフランシスコ会が布教を開拓できる余地は十分にはなかった訳である(30)。

5　中国への不信感

フランシスコ会士は、さまざまな局面で接した当時の中国人の言動から、中国人に対して強い不信感を抱くことになった。このことも、彼らが布教活動の対象と場の重心を、日本にシフトするうえでの大きな要因となった。以下、その具体例を紹介しよう。

先に取り上げた、フランシスコ会士のペドロ・デ・アルファロは、中国人の船長に、フランシスコ会士をマニラからマカオに移送するよう依頼した際に足元を見られ、相場よりもかなり高い額の金銭を支払わされた。また、マカオに向かう航海の途中で遭遇した中国船の一隻が広東に行くというので、その船の船長に広東までの先導を依頼したところ聞き入れられた。しかしその船長が、航海の途中で突然先導役を放棄したため、アルファロ一行は寸でのところで遭難する憂き目にあった[31]。

このような実体験を踏まえてアルファロは、一五七九年十月十三日付け、広東発、ファン・デ・アヨラ宛ての書簡で、中国人への強い不信感の一端を、次のように訴えている。

> 私はイルマン〔修道士のこと〕たちに、シナ人が好意や敬虔さを示しても絶対に信用してはならない、と忠告している。我々が当地で嫌と言うほど経験してきたように、シナ人は皆嘘つきで、騙すからである。〔この点では〕もう何年もシナ人と交わっているポルトガル人キリスト教徒の方が経験を積んでいる。したがって、死の瀬戸際にあるような者を除き、たとえ自分はキリスト教徒になりたい、と口にしていようとも、シナ人には誰一人として洗礼を授けてはならないのである[32]。

右に引用した書簡の中で「誰一人として洗礼を授けてはならない。」と断言するほど、これまで接してきた中国人から、煮え湯を飲まされることの多かったアルファロの、当時の中国人に対する不信感は頂点に達していたのであろう。

宣教師として最も重要な洗礼授与という行為を禁止したことは、その時点で、フランシスコ会による中国布教が実質的に「放棄」されてしまったと言えよう。

四　フランシスコ会士の非公式来日

（一）日本布教への転換

以上、フランシスコ会の中国布教撤退の背景について、先学の諸研究に依拠しつつ検討を試みた。もちろん、さらに視野を広くして、ここに記した以外の要因についても検討しなければなるまい。

たとえば、当時の明では、皇帝を至高の頂点とする絶対的な中央集権が布かれていたため、イエズス会の初期日本布教のように、国内の分裂状態を利用して布教するという手段が取れなかったこと、地方長官である巡撫なども、数年ごとに転任するために、彼らから公的な定住許可を得られなかったこと等の事情も看過できない(33)。

マカオでの布教が期待できなくなった今、イエズス会が著しい布教成果を挙げている日本を、フランシスコ会が見逃す筈はない。それは、日本がフランシスコ会の東洋における、成功を約束する新しい布教候補地という宗教上の理由に加えて、次に記す政治・経済上の事情からも、フランシスコ会は日本進出へと方向転換をすることになったと考えられる。

1　対日生糸貿易の利益

第一に指摘すべきは、ポルトガルとイエズス会がマカオ＝長崎間の貿易、特に対日生糸貿易から大きな利益を挙げていたため、フランシスコ会が日本の生糸貿易市場への参入を射程に入れて、日本進出を志向したことである。[34]

日本イエズス会は一五七九年に、先述したように、ヴァリニャーノが自ら出向いて、マカオのポルトガル商人との間で「アルマサン契約」を締結した。この契約によって、マカオの日本向け輸出生糸総量一六〇〇ピコ（一ピコはおよそ六〇kg）のうち、四〇ピコ（後に五〇ピコに増加）を、日本イエズス会への割り当てとして教団は獲得した。この生糸を日本で転売した日本イエズス会は、多い時には年間経費の六〇％以上を賄うことができ、その余剰金を蓄積して資産も拵えていた。[35]

2　安価な貿易諸税と短い航路

次に、日本への入港に当たっては、入港地の支配者層に贈答品を贈るほかは、特定の関税がなく、諸他の東洋貿易に比べてみると、全般的に日本との貿易に付随する諸税が安価である、と認識されていたことである。[36]

日本への入港と貿易に際して、余分な支出をしなくても済むことは、それによって浮いた額を、布教活動の経費に充当できる訳であって、フランシスコ会にとっても非常にメリットが大きい、魅力的な入港条件であったと言える。

第三に、地理的な利点として、マニラから日本までの航海距離がマカオよりも短く、通商や布教活動を安全に拡大し得る可能性があったことである。[37]

以上の事情を知るに及んで、フランシスコ会は本格的に日本への進出と、日本での布教活動に乗り出すことになったのである。さらに、日本に駐在するイエズス会士の不足に示される、当時の日本イエズス会の内部事情も、フランシスコ会の日本布教を後押しする重要な契機となったに相違ない。以下、この点について、若干の考察を加えてみよう。

（二）不足する在日イエズス会士

後述するように、フランシスコ会士が平戸領主の松浦氏と接触を持つまで、日本でのキリスト教の布教は、ザビエルによる開教から一貫して、イエズス会が独占し続けていた。その間、イエズス会東インド巡察師ヴァリニャーノによる教団の組織化と、体系化した布教活動によって、日本人信者の数も増大の一途をたどった（表1参照）。たとえば、イエズス会歴史学研究所のヨゼフ・フランツ・シュッテ師は、一五七〇年代の日本人キリスト教徒の総数を二万五〇〇〇～三万人と試算されている。[38]一方、その布教活動の主体である在日イエズス会士も、日本における教勢の拡大と浸透に併せてその数を徐々に増加させていった（表2参照）。

しかし、この「表1」と「表2」を見れば一目瞭然のように、日本人信者数の、右肩上がりの増加率に比べ、明らかに在日イエズス会士のそれは横ばいである。この事実は、日本でのイエズス会士の絶対数の不足と、それに伴うイエズス会士一人当たりの、日本人信者の世話や指導を含めた、聖務の負担増を意味している。

表1　ザビエル来日以降の国内キリスト教徒数

年　代	信者の概数
1549年8月～1550年1月末頃	100人
1550年10月末頃	200人
1551年9月半ば頃	700人
1551年10月	500～1,000人
1553年10月	4,000人
1557年11月	4,400人
1570年10月	2,000～3,000人
1579年12月	100,000人
1580年8月	100,000～110,000人
1582年2月	150,000人
1585年9月	150,000人
1587年6月	240,000人
1592年11月	207,500人
1593年1月	217,000人
1597年4月	270,000人
1598年10月	300,000人

（出典　Josephus Franciscus Schütte, *Introductio ad Historiam Sociatatis Jesu in Japonia 1549-1650*, Romae, 1968, pp. 428-431.）

表2　ヴァリニャーノ来日以降のパードレ数とイルマン数

年　代	パードレ	イルマン	合計数
1579年12月	23人	32人	55人
1580年10月	28人	31人	59人
1581年12月	28人	46人	74人
1582年2月	30人	45人	75人
1582年10月	23人	42人	65人
1583年末	29人	56人	85人
1584年1月	29人	56人	85人
1585年10月	32人	54人	86人
1587年1月	40人	72人	112人
1587年10月	40人	71人	111人
1588年1月	39人	74人	113人
1588年2月	40人	73人	113人
1589年1月	37人	79人	116人
1590年10月	47人	93人	140人
1592年9月	42人	87人	129人
1592年11月	41人	87人	128人
1593年1月	パードレ、イルマン併せて128人		128人
1594年3月	パードレ、イルマン併せて126人		126人

（出典　Josephus Franciscus Schütte, *Introductio ad Historiam Sociatatis Jesu in Japonia 1549-1650*, Romae, 1968, pp. 321-323.）

在日イエズス会士がそのまま大幅に不足し続ければ、日本のキリスト教界を教導し、その完成度を高める道が閉ざされてしまう。そうした危機を回避するには、一人でも多くのイエズス会士を日本に送り込まねばならない。日本がポルトガルのデマルカシオンに包摂されていた以上、イエズス会士以外の宣教師の派遣は、日本布教の独占を崩してしまうからである。

ところが、イエズス会日本準管区長のガスパル・コエリョは、一五八四年三月三日付けと、同年十一月十一日付け、さらに翌一五八五年の一月二十四日付けの、三回にわたってマニラに書簡を発信し、日本へのフランシスコ会士の派遣を要請しているのである。(39)

マニラのフランシスコ会士の日本への派遣要請は、ポルトガルとイエズス会の勢力圏である日本へのスペイン勢力の進出を容認し、イエズス会の方針に離反するものである。ゆえにコエリョの行為は、教団内において非難されて然るべきものであった筈である。しかし当時の日本イエズス会では、イエズス会士以外の宣教師に来日を要請することも、在日イエズス会士の不足を解消する方法の「一つ」として検討されていた事実がある。

一五七九年に来日した巡察師のヴァリニャーノは、一五八〇〜八一年にかけて「第一回日本イエズス会全体協議会」を開催した。この協議会ではさまざまな問題が上程されているが、在日イエズス会士の絶対的な不足をどのように解決するか、ということも審議された。それが「諮問第一　この日本の布教事業を継続する際に採らねばならぬ方法について。」である。この審議を受ける形で「諮問第二　他の修道会が日本の改宗を援助するために来日することは適切か否か。」

という問題も検討された。

この二つの諮問を審議する過程において、イエズス会以外の修道会士に来日を懇請すべきである、との提案がなされた。その提案理由の一つは、他修道会士はイエズス会だけでは足りない面を補佐し、日本におけるイエズス会士の不足という、大きな問題の解決となる、というものであった[40]。もちろん、イエズス会以外の修道会士の来日と日本布教への参入を危険視し、あくまでもイエズス会士のみで現状を打破すべきである、との意見も根強く見られた。

イエズス会士以外の修道会士に来日を要請すべきか否か、というこの重大問題は、最終的にはヴァリニャーノの下した「裁決」により、日本イエズス会の「総意」として却下された。ヴァリニャーノはその裁決の中で、

> 他修道会の来日は、優れた解決策ではないばかりか、この〔日本という〕新しい教会にとって、大きな躓きと混乱、そして障害となるであろうことは、疑いないと思う。……他修道会が来日するならば、我々が当初犯した過ちをいろいろ繰り返し、今や、その過失は以前よりも悪化することであろう[41]。

と記し、他修道会士の招聘は、日本布教に「障害」をもたらす、と断じているのである。

しかし、この方針が可決されながら、先述したように、コエリョはマニラにフランシスコ会士

の日本への派遣を要請したのであった。準管区長Viceprovincialという要職にあって、しかもポルトガル人のコエリョが、フランシスコ会の来日がイエズス会とポルトガルの既得権益に、いかなる弊害をもたらすかを想像できなかった筈はない。ましてや、コエリョは先の全体協議会にも参加し、総意として他修道会の来日要請を否決した場に居合わせているのである。それにも拘わらず、フランシスコ会の来日を求めざるを得なかったのは、それだけ当時の在日イエズス会士の不足が深刻であったことを物語ってはいないだろうか。

またこの事実は、必ずしもイエズス会とフランシスコ会の関係が、徹頭徹尾、反目と確執だけで推移していた訳ではなかったことを示唆するものではないだろうか。本書第七章でも論じたように、それは、フランシスコ会その他の托鉢修道会が、日本での布教活動費の捻出に当たって、ポルトガルとイエズス会が開拓した、マカオ＝長崎間の貿易ルートに参入していた事実や、日本イエズス会内のスペイン人イエズス会士が、托鉢修道会士にさまざまな援助をしていた事実からも窺えるのである(42)。

このように、日本布教をめぐるイエズス会とフランシスコ会の抗争問題は、その全てが、必ずしも「イエズス会」vs.「フランシスコ会」という、単純な二項対立の構図や、二者択一論で把握ができるものではなく、極めて複雑な性格と様相を有する問題なのである(43)。

(三) フランシスコ会士の平戸上陸

ところが、フランシスコ会にとって、「思わぬ形」での、日本との接触の機会が訪れた。その経緯について、以下、概述する。

アウグスティノ会士で、フィリピンのサン・グレゴリオ・デ・ヘスス管区長でもあるフランシスコ・マンリケは、国王フェリペ二世から、フィリピン諸島近隣地域の調査を命じられた。そこでマンリケは、一五八三年に部下二名をマカオとシャムに派遣したが、この調査行は失敗に終わった。

マンリケは翌一五八四年に管区長職を退くが、その際、マカオへの人員派遣をアウグスティノ会の聖堂参事会(44)から依頼された。そこでマンリケは、再度、アウグスティノ会のパブロ・ロドリーゲス、フランシスコ会のファン・ポーブレ、ディエゴ・ベルナールらと共にマニラを発ってマカオに向かった。

しかし一行は暴風雨に遭い、一五八四年八月四日、松浦《まつら》氏の領する肥前の平戸に入港した。ここに図らずも、マニラのスペイン勢力と日本との間で、通交と布教の端緒が開かれることになったのである。日本とポルトガルとの通交の端緒が、やはり暴風雨を契機にしたものであったことを想起すると、このイベリア両国の「因縁」というものを思わざるを得ない。

一方の在日イエズス会士は、平戸へのフランシスコ会士の上陸という事態を、しっかりと把握していた。先述したところであるが、フランシスコ会士の日本派遣を要請したコエリョは、一五八五年一月九日付け、日本発のイエズス会総長に宛てた書簡において、次のように報告している。

平戸に到着した船に乗って来日した、数名の托鉢修道会士たちは、これら〔日本の〕キリスト教徒たちの立派な振る舞いに非常に驚き感銘を受けた。そして、自分たちが、今までエスパーニャから〔ヌエバ・〕エスパーニャおよびフィリピナス諸島に渡って目にした、あらゆるキリスト教徒の中には、この〔日本の〕キリスト教徒と比較し得るものはない、と断言した。この托鉢修道会士たちは、二名が聖アウグスティノ会士、残りの二名が聖フランシスコ会士であった。……彼らは日本人に大いに満足したが、貿易の交渉をしに来たのではなく、休息を取りに来たのであるから、〔来たのと〕同じナウ船で〔フィリピナス諸島に〕戻って行った。(45)

思いがけずマンリケ一行四名を領内に迎えることになった平戸領主の松浦鎮信は、ポルトガル商人およびイエズス会との関係がこじれていたため、これを機に新たにマニラのスペイン商人との商取引関係を開こうとの思惑から一行を歓待した。

そのポルトガル船の平戸入港は、イエズス会による日本布教草創期の一五五〇年のことであった。平戸港は天然の良港として船の入港と係留が容易であったこと、また周辺各地から日本人商人も多数売買に集散していたことなどもあって、以後、ポルトガル船の入港が恒常化した。

しかし、領内の仏教僧侶を中心とする反キリスト教勢力の圧力によって、平戸布教に従事していたイエズス会士のガスパル・ビレラが領内から追放され、さらに「宮ノ前事件」がきっかけとなって、松浦氏とポルトガル人およびイエズス会との関係は、修復が不可能なまでに悪化してしまったことは、周知のところであろう。

そこで松浦氏としては、イエズス会と対抗するためにも、マンリケ以下のフランシスコ会士らを優遇し、マニラからスペインの貿易船を領内に誘致しなければならなかった。事実、一五八四年に松浦鎮信は、在マニラのフィリピン総督ダスマリーニャスに宛てて書簡を送り、スペイン国王フェリペ二世への忠誠を表明さえしている(46)。

平戸に滞在したマンリケは、このような松浦鎮信側からの歓待と、積極的な「親スペイン」「親フランシスコ会」への意思表明を、一五八八年三月一日付けで、スペイン国王フェリペ二世に宛てて、次のように報告している。

平戸王とその父は、私と一緒に来た聖アウグスティノ会と聖フランシスコ会の修道服が気に入り、自分たちの領内に我々を迎え入れご満悦であった。そして、この件について使節をマニラ、すなわち、総督と我々の修道会のところへ派遣しようと努めた。平戸王とその父は我々と親しくなり、私が領内に滞留するならば信者になろう、私を領内の聖職者にして領民を授けて養ってあげよう、とも語った。それゆえ、フランシスコ会から宣教師を送って平戸王の領国で布教をして洗礼を授けねばならない。平戸領民の中にはキリスト教徒がいるものの、イエズス会との折り合いが悪く〔イエズス会士を〕望んでいないからである。その理由であるが、彼らによると、イエズス会士たちは、毎年マカオから来航するナウ船を、松浦氏の港から、同会のパードレのいる長崎港に誘致してしまったからである。陛下、何とぞ、この平戸港にもナウ船が寄港するよう、ご尽力していただきたい。(47)

右に訳載した書簡から明らかなように、マンリケは松浦氏の好意に応えて、フランシスコ会士の平戸派遣の必要性を主張している。しかし、その松浦氏の親フランシスコ会の姿勢は、結局のところ、マンリケの書簡の末尾に記されているように、あくまでもマニラとの「商取引」が目的であったにすぎなかった。

この松浦鎮信の「本心」を、マンリケも認識していたことは、フェリペ二世に対する「平戸港にもナウ船が寄港するよう、ご尽力していただきたい。」という一節からも明白である。マンリケとしては、たとえ本心からの帰依ではなくても、まず九州の有力領主である松浦氏との関係を確立し、それを梃子にして、イエズス会とポルトガルの勢力基盤である九州、すなわち日本進出を本格化するための布石にしようとの青写真を描こうとしたと思われる。

このように、平戸領主の松浦氏から、思わぬ好意を示されたマンリケ一行の四名は、同じ一五八四年十月五日、平戸からマカオに向かった。

これ以降の日本とマニラのスペイン勢力との交渉は活発に行われたとは言い難い。一五八六年頃より、交易のために フィリピンに渡る日本人商人が増え始める程度である。また一五八七年にはマニラを発ったスペイン船が一隻、天草の崎津に、翌々年の一五八九年に薩摩にスペイン船が漂着して入港したにすぎない[48]。ところが、このマニラのスペイン勢力との接触は、豊臣秀吉がフィリピンに入貢を要求したことをきっかけに活発化した。

五　秀吉外交とフランシスコ会

（一）秀吉の「威嚇」外交

秀吉政権によるフィリピンとの接触と交渉は一五九一年から始まる。

秀吉は、フィリピンの軍事力がさほど強力ではないことを知ると、一五九一年九月十五日付けで、フィリピン総督に対して、貴国は日本に聘礼《へいれい》を通していない、自分は来春、九州の肥前に営を設けるので、幡を降ろして来服せよ、さもなければ征伐を加えるとの「脅迫」を行なった[49]。

この事態を前にしたイエズス会東インド巡察師のヴァリニャーノは、在マニラのイエズス会士アントニオ・セデーニョに宛てて、フィリピン総督の秀吉への返書は、問題を拗らせないためにも控えめな調子で書き、できれば日本と通商関係を結ぶ方が賢明である旨、マニラのスペイン政庁関係者に働きかけるよう、書簡を認めている[50]。

秀吉は、対フィリピン交渉を原田喜右衛門に一任したが、当の喜右衛門が病になったため、その家臣の原田孫七郎が秀吉の国書と、秀吉側近の浅野長政の添状とを携えて、マニラに向かうことなった。

翌一五九二年四月十八日、マニラに到着したイタリア人商人のマルコ・アントニオから、ヴァリニャーノの上記内容の書簡を受け取ったセデーニョは、ヴァリニャーノの忠告に従い、フィリピン総督のダスマリーニャスに、日本で画策されていることを知らせた(51)。これから、およそ二週間後の五月二日、原田孫七郎はマニラに到着し、秀吉の国書を総督ダスマリーニャスに手渡すことになる。

総督のダスマリーニャスは、マニラ近郊に戒厳令を布くと同時に延遷策を講じた。すなわち、原田孫七郎なる日本国の使節である者が、なにゆえ、一介の商船で来た身分の低い人物であるのか、またそもそも秀吉の国書もその信憑性が疑わしいこと、一方、日本にはイエズス会士がいるので、外交慣例からいっても、日本語で書かれた国書のスペイン語訳があって当然である、等の問題点を指摘したのである。そして、日本側の事情を調査することを口実にして、ドミニコ会のファン・コーボを使節として派遣する旨を日本側に通告し、コーボに持参させる添状を認め、併せて漢文による返書も作成させた(52)。

総督ダスマリーニャスの意を受けたファン・コーボは、ロペ・デ・リャノス、アントニオ・ロペスらと共に、一五九二年にマニラを出発して同年の六月十一日に薩摩に到着し、京泊を経て、秀吉の滞在していた名護屋に入った。

一行は名護屋で秀吉に謁見したほか、同地のキリスト教徒たちとも交わり、彼らからの依頼を受けて、ペドロ・バウティスタ、ファン・ポーブレ以下、十名のフランシスコ会士の日本派遣をダスマリーニャスに要請した。(53) 平戸へのフランシスコ会士の上陸は、暴風雨による偶発的な出来事にすぎなかったが、今回は、名護屋のキリスト教徒たちに対する司牧その他、明らかに布教活動を前提とした、フランシスコ会士の日本進出のお膳立てが整えられたのである。

日本での滞在と使命を終えたファン・コーボは、前回を上回る強硬な入貢要求の秀吉返書を携えて、今度は原田喜右衛門を使者として同行させ、同じ一五九二年八月、マニラに赴いた。ところが、コーボの乗船した船が台湾近海で遭難したため、秀吉の国書も海の藻屑となって失われてしまった。

一方、コーボとは別の船に乗っていた原田喜右衛門は、難を逃れて無事、マニラに到着し、秀吉の公式使節として交渉を開始した。

原田は、マニラのスペイン側および秀吉側双方の言語不通を利用して、この双方と自分に都合の良いように工作し交渉を進めた。すなわち、日本の諸領国にいる異教徒たちは、キリスト教徒になりたがっている。しかも、関白秀吉はフランシスコ会士の来日を望んでいるので、総督のダスマリーニャスがフランシスコ会士の日本派遣を命じれば、秀吉だけではなく自分も総督も、今後、いろいろな恩恵に与れるだろう。それゆえ、総督がフランシスコ会士を日本に派遣されるよう強く願う、と画策したのだった。(54)

(二) ペドロ・バウティスタの来日と秀吉

全ては原田喜右衛門の思惑通りに運ぶかに見えた。

ところが、ファン・コーボの随員の一人で、危うく遭難を免れたアントニオ・ロペスがマニラに帰還し、彼の口から事の真相の一切が語られ、秀吉が長谷川法眼宗仁にルソン征服を委任し、台湾経由で長谷川がルソンを侵攻しようとしていることが、マニラのスペイン当局に知られるに至った。

秀吉の意図を知ったスペイン側は、前回に引き続いて延遷策に出た。総督のダスマリーニャスは、原田喜右衛門が朱印も国書も持参していないことから、日本からの正規の外交使節としての地位は信じがたいゆえ、この点を確認して疑念を解くために、フランシスコ会士のペドロ・バウティスタを、フィリピン側の正式な外交使節として派遣する、と秀吉側に回答したのである。(55)

ダスマリーニャスによって、正使として選出されたバウティスタは、バルトロメ・ルイス、フランシスコ・デ・サンミゲル、ゴンサロ・ガルシアらを伴って、一五九三年五月末にマニラを発ち、同年の六月二十八日に平戸に入港し、かねてからフィリピンとの通商を望んでいる平戸領主松浦鎮信の歓待を受けた。

その後、バウティスタ一行は名護屋で秀吉の謁見を受け、協議の結果、彼らはこの件に関するスペイン国王フェリペ二世の批准が得られるまで人質として日本に留まること、一行のうち、副使のゴンサロ・ガルシアが秀吉の書状を携えて、翌一五九四年の四月にマニラに戻ること、などが取り決められた。

一方、これを本格的な日本布教の足がかりとして利用することを考えていたバウティスタは、京都見物をしてその有様を母国のスペインに知らせたい、と秀吉に申し入れて許可された。バウティスタらは早速入洛し、当時のイエズス会日本準管区長のペドロ・ゴメスから提供された、文典や辞書などで日本語を学び、京都で公然と布教活動を始めたのである。その時の模様を、在日イエズス会士のディオゴ・デ・メスキータは、一五九三年十一月十二日付け、長崎発、イエズス会総長のクラウディオ・アクアヴィーヴァ宛て書簡において、次のように報告している。

これら四人の托鉢修道会士たちは、現在までのところ、清貧にのっとって行動している。托鉢して歩き、乗り物には乗ろうとしないで、いつも裸足で赴いている。……関白殿は、キリスト教の教えを広めないならば、という条件を付して、目下のところは日本に滞在してもよい、との許可を彼らに与えた。さらに関白殿は、都に滞在するならば、家と維持物を与えよう、とも語った。数日前に関白殿は、下《しも》地方から都へ発ったので、この托鉢修道会士たちも関白と一緒に都へ向かった。托鉢修道会士たちは都で関白と言葉を交わして敬意を表し、フィリピナス総督のもとから運んできた贈り物を関白に贈呈した。馬一頭、ビロード製の服、鏡、それに金五〇〇レアルを持参したのである。関白は、これらの品々にとても喜んだ。(56)

メスキータの書簡では、キリスト教の布教をしないことと引き換えに、バウティスタらの京都滞在が秀吉から認められたと記されているが、実際に秀吉は、彼らの布教活動を事実上「黙認」し、修道院建設用の土地さえ与えている(57)。

確たる論証ができないゆえ、推測をたくましくするならば、秀吉がフランシスコ会の京都布教を黙認したのは、フィリピン側の日本への入貢を強要したものの、フランシスコ会に日本布教を随意に行わせることで、フィリピン側の日本に対する警戒心を些かでも緩和し、今後の交渉の余地を有利に進めようとの思惑があったのではないだろうか。秀吉が宣教師追放令を発布したことは、マニラでも既知のことであった訳で、秀吉側としては、国内に追放令を発布したにもかかわらず、バウティスタらの布教活動という国禁行為を「格別の取り計らい」で以て容認しているのであるから、それに対する「返礼」として入貢するのは当然の外交儀礼である、との論理を持ち出して、入貢要求を飲ませようとしたのではないだろうか。

一方で、日本での布教活動が黙認されていたのは、何もフランシスコ会だけではなく、イエズス会も同様であった。しかもザビエルによる日本開教以来、イエズス会は五十年近くに渡って日本布教を独占していたので、フランシスコ会の進出に強い嫌悪感と危機意識を抱いていた筈である。そのイエズス会の背後にはポルトガルが、フランシスコ会の背後にはスペインが結びついていたことを、秀吉は認知していた。

これらの事実を重ね合わせるならば、秀吉がフランシスコ会の京都布教を敢えて黙認したのは、先に指摘した外交的思惑に加えて、この両修道会を競合させ、布教と不可分に連携していたポルトガルの貿易船とスペインの貿易船の双方を、自らに有利な形なり方法なりで掌中のものにしようとする、秀吉の外交戦略を発露させたものであろう。

（三）日本における「反目」の始まり

詳細は本書第二章および第三章での考察にゆずるところであるが、イエズス会は、一五八五年一月二十八日付け、ローマ教皇グレゴリウス十三世の小勅書「*Ex pastorali officio*」の獲得に成功した。この小勅書によって同教皇は、日本におけるイエズス会の布教成果に鑑みて、イエズス会以外の修道会士たちが、教皇の明白な承諾を得ずに日本に赴いて福音を宣布したり、カトリック教理を説いたり、秘蹟その他の教会聖務に従事したりすることを破門罪の下に厳禁した(58)。

これによって日本布教のイエズス会による独占と占有が、事実上、保障されることになった。そのため、外交使節という形態および名目ではあっても、マニラでペドロ・バウティスタらの日本への派遣が決定されると、イエズス会フィリピン布教長のアントニオ・セデーニョは、バウティスタらの日本派遣に対して強く抗議をしている。すなわち、グレゴリウス十三世の小勅書の規定により、フランシスコ会士が日本に渡ることが厳禁されている、加えて関白の秀吉は、宣教師による福音の宣布を理由に迫害を起こした、そのような情勢にある日本にイエズス会以外の修道会が赴けば、秀吉をさらに激怒させることになる。セデーニョは、以上のような問題点と事由を記した抗議書を、総督のダスマリーニャスに提出したのであった[59]。

イエズス会のセデーニョから抗議を出されたダスマリーニャスは、マニラで神学者、法学者等を集めて会議を開き、セデーニョの抗議内容を仔細に検討した。その結果、以下に記す六点の理由から、バウティスタらフランシスコ会士の日本派遣は、法的に保障されると結論し、バウティスタ一行の渡日が実行に移されることになった。

(1) 秀吉からの国書に回答する必要性に鑑みて、フィリピン総督は、自己の管轄する地域から然るべき人物を選出する権能を有している。

(2) 原田喜右衛門の覚書に記されているとおり、日本からは、フランシスコ会士十名の派遣が求められている。

(3) 日本国内で迫害を受けているイエズス会のパードレ、日本人のキリスト教徒を救済する必要がある。

(4) 教皇アレキサンデル六世の大勅書により、日本はスペインのデマルカシオンに包摂されているので、日本との交渉はスペインが行なうことが理の当然である。

(5) 教皇シクストゥス五世はフランシスコ会の特権を認めている。またフランシスコ会は、福音宣布のために、教皇パウルス三世からも特権を得ており、しかもシクストゥス五世は、フランシスコ会の特権に反する教皇令を全て無効とされている。

(6) シクストゥス五世が一五八六年十一月十五日付けで発布した、小勅書「*Dum ad uberes*

ローマ教皇アレクサンデル六世の肖像
（出典　Wikimedia Commons）

fructus」により、フランシスコ会は教皇代理として、聖なる福音をフィリピン近隣諸国で説く許可を獲得している[60]。

一五四九年のザビエルに始まるイエズス会の日本布教の独占は、バウティスタ一行の来日と、彼らの布教活動によって事実上、崩されることになった。「蟻の一穴」の喩えではないが、これを切っ掛けにイエズス会とフランシスコ会、さらに江戸時代にはドミニコ会も加わって、日本布教の権限その他をめぐって激しい確執劇を展開することになる。

イエズス会を脱会した日本人修道士のファビアン不干斉は、「序文」でも指摘したように、一六二〇年、キリスト教と修道会の矛盾点や欺瞞点を暴露した『破提宇子』を著し幕府に献上する。その中でファビアン不干斉は、次のように、修道会間の対立抗争の有様を皮肉っている。

サテ慢心ハ諸悪ノ根源、謙《ヘリクダル》ハ諸善ノ礎ナレバ、謙ルヲ本トセヨト人ニハ勤《スス》むれども、性得ノ国習ヒカ、彼等ガ高慢ニハ天魔モ及ブベカラズ。此高慢故ニ、他ノ門派ノ伴天連ト威勢争ヒニテ喧嘩口論ニ及ブコト、世俗モソコノケニテ見苦シキ事、御推量ノ外と思召セ。[61]

ファビアンは修道会間の確執を目の当たりにして、何を思い、何を考えて、十字架をはずすことにしたのだろうか。そしてまたファビアンは、十字架のもとを去るとき、ためらうことなく毅然として背を向けたのだろうか、それとも、後ろ髪引かれる思いで静かに背を向けたのだろうか。

注

（1） James Sylvester Cummins, *Jesuit and Friar in the Spanish Expansion to the East*, London, 1986, Cap. V, p. 37.

（2） 以下、この時代のキリスト教史に関する諸論著では、一般に明布教という用語よりも、中国布教という用語が使用されているので、本書においても中国布教という用語を使用する。なお、必要に応じて明あるいは明帝国の語も用いる。

（3） J. S. Cummins, *Jesuit and Friar*, Cap. V, p. 38.

（4） 教区とは、一定地域の教会をまとめた、カトリックの教会行政上の単位のことで、特に司教がその教区長として管轄する教区のことを司教区という。

（5）管区とは、複数の教区を取りまとめて管轄するカトリック教会の組織のことをいう。

（6）J. S. Cummins, *Jesuit and Friar*, Cap. V, p. 41. Horacio de la Costa, "Church and State in the Philippines during the Administrations of Bishop Salazar, 1581-1594" in *The Hispanic American Historical Review*, vol. 30, p. 319.

（7）イエズス会の準管区とは、管区に昇格する前段階にある管轄下の布教地行政単位のことをいう。ちなみに日本は一五八〇年に布教区から準管区に昇格された。

（8）J. S. Cummins, *Jesuit and Friar*, Cap. V, p. 41.

（9）以上の記述は、荒松雄「十六、七世紀におけるエスパニアのアジア貿易」（『歴史学研究』一四九号、一九五一年）二三、二七頁、箭内健次「初期日西交渉上の一問題」（『史淵』六一輯、一九五四年）四頁、同氏「マニラの所謂パリアンに就いて」（『台北帝国大学史学科研究年報』五輯、一九三八年）二三、三五～三六頁、H. de la Costa, "Church and State in the Philippines", pp. 316, 322. に拠った。

（10）以上の記述は、前掲、箭内「初期日西交渉上の一問題」三四頁、伊東隆夫「フィリピンのキリスト教化についての史的考察」（広島史学研究会編『史学研究五十周年記念論叢　世界編』福武書店、一九八〇年）二一八、二一九頁、J. S. Cummins, *Jesuit and Friar*, Cap. V, pp. 75, 78-79, H. de la Costa, "Church and State in the Philippines" p. 320. に拠った。

（11）以上の記述は、前掲、箭内「マニラの所謂パリアンに就いて」一〇〇～一〇五頁、長瀬守「西班牙の対華人布教政策の変遷」（『キリスト教史学』第三集、一九五三年）六九頁に拠った。

（12）以上の記述は、前掲、伊東「フィリピンのキリスト教化についての史的考察」二一五頁、高瀬弘一郎「スペイン植民地の布教における司教と修道会（下）」（『史学』第三七巻第四号、一九六五年）三五頁に拠った。

(13) 以上の記述は、前掲、伊東「フィリピンのキリスト教化についての史的考察」二一九頁、前掲、高瀬「スペイン植民地の布教における司教と修道会（下）」三三、三五、四九頁に拠った。

(14) 以上の記述は、H. de la Costa, “Church and State in the Philippines” pp. 320, 321, 323. に拠った。

(15) ザビエルの日本上陸と布教が中国布教の途上に行われたこと、またザビエルが最終的には中国入国とそこでの布教を目指して日本を発った事実を想起すべきである。

(16) 以上の記述は、H. de la Costa, “Church and State in the Philippines” pp. 325, 326, 329. 前掲、伊東「フィリピンのキリスト教化についての史的考察」二一八〜二一九頁に拠った。

(17) Archivo de Indias de Sevilla, sig. 68-I-42 (Lorenzo Perez, *Origen de las Misiones Franciscanas en el Extremo Oriente*, Madrid, 1916, p. 192.).

(18) 前掲、箭内「マニラの所謂パリアンに就いて」一一一、一二〇頁。

(19) L. Perez, *Origen de las Misiones Franciscanas*, p. 38. J. S. Cummins, *Jesuit and Friar*, Cap. V, p. 36. Henri Bernard, *Les Iles Philippines du Grand Archipel de la Chine*, Tienstin, 1936, pp. 25, 26, 31, 36.

(20) J. S. Cummins, *Jesuit and Friar*, Cap. V, pp. 35-36.

(21) L. Perez, *Origen de las Misiones Franciscanas*, p. 198.

(22) L. Perez, *Origen de las Misiones Franciscanas*, p. 41.

(23) Leo Magnino, *Pontifica Nipponica*, parte prima, Romae, 1947, pp. 16-20. Josef Franz Schütte, *Die Wirksamkeit der Päpste für Japan im ersten Jahrhundert der japanischen Kirchengeschichte* (1549-1650), Romae, 1967, pp. 16, 17. ただし、このシュッテの著作では、問題の勅書の発布を一五七六年としているが、本文に記したように一五七五年のことである。J. S. Cummins, *Jesuit and Friar*,

Cap. V, p. 41. Henri Bernard, "Les Débuts des Relations Diplomatiques entre le Japon et les Espagnols des Iles Philippines (1571-1594)" in *Monumenta Nipponica I*, 1938, p. 109.

(24) 高瀬弘一郎『キリシタン時代の研究』（岩波書店、一九七七年）七頁。

(25) Alessandro Valignano, *Sumario de las cosas que pertenecen a la Provincia de la India Oriental y al govierno de ella* (Josephus Wicki ed., *Documenta Indica*, vol. XIII, Romae, 1975.), p. 199. 高橋裕史訳注『東インド巡察記』（東洋文庫七三四、平凡社、二〇〇五年）一六〇～一六二頁。

(26) 矢沢利彦「中国伝道の開拓」（『埼玉大学紀要4　社会科学編』一九五五年）一九頁。

(27) 矢沢利彦『中国とキリスト教』（近藤出版社、一九七二年）七、一三～一四頁。Charles Ralph Boxer, *Fidalgos in the Far East, 1550-1770*, The Hague, 1948, pp. 163-164.

(28) 前掲、矢沢「中国伝道の開拓」三六頁には、当時の中華思想を如実に記したイエズス会士のマテオ・リッチの書簡が紹介されている。すなわち、「自国は大きく、世界の爾余の部分は小さいという彼等のこういった空想は徒に中国人の自尊心を高め、自国と比較すれば、〔他国は〕野蛮で非文化的であるという感じを抱かせた。」

(29) 前掲、矢沢「中国伝道の開拓」三七頁、前掲、同氏『中国とキリスト教』七～八頁、金子省治「中国布教の問題点」（糸永寅一他監修『ヨーロッパキリスト教史4　近世』中央出版社、一九七二年）四八〇、四八三～四八四頁。J. S. Cummins, *Jesuit and Friar*, Cap. V, p. 42.

(30) ちなみに、一五八二年十二月十七日付け、マカオ発、ヴァリニャーノのイエズス会総長宛て書簡には、マカオへのフランシスコ会士の進出に対して、次のような批判が記されている。「マカオには、既にフィリピナス諸島から聖フランシスコ会の跣足派修道士たちが来てしまっている。この者たちは一人残らず〔シナ国内と日本への入国を〕望んでいる。……これは最も不都合な事態である。」Archivun Romanum Societatis Iusu, Jap. Sin. 9-I, f. 110.

(31) 以上の記述は、L. Perez, *Origen de las Misiones Franciscanas*, pp. 23-24, 27, 30-33. に拠った。

(32) L. Perez, *Origen de las Misiones Franciscanas*, p. 199.

(33) 前掲、矢沢『中国とキリスト教』一三～一四頁。

(34) 武野要子「鎖国前後におけるポルトガル交渉史」（『歴史教育』第一〇巻九号、一九六二年）三九頁、井伊玄太郎「東洋におけるキリシタンの布教とポルトガル人の政治＝経済的活動との結合」（『早稲田大学政治経済学雑誌』第二二四・二二五合併号、一九七〇年）九五頁。

(35) 高橋裕史『イエズス会の世界戦略』（選書メチエ三七二、講談社、二〇〇六年）一六六～一六七頁。

(36) 前掲、武野「鎖国前後におけるポルトガル交渉史」四〇頁。

(37) 岡本良知「一五九〇年以前に於ける日本フィリッピン間の交通と貿易」（『史学』第一四巻第四号、一九三六年）五〇頁。

(38) J. F. Schütte, *Die Wirksamkeit der Päpste*, p. 12.

(39) Lorenzo Perez, *Cartas y Relaciones de Japón II*, Madrid, 1920, pp. 27-28. H. Bernard, "Les Débuts des Relations Diplomatiques", p. 113.

(40) Archivum Romanum Societatis Iesu, Jap. Sin. 2, ff. 43v-44.

(41) Archivum Romanum Societatis Iesu, Jap. Sin. 2, f. 70v.

(42) この点の詳細は本書第六章に詳述した。

(43) たとえば、ポルトガル人イエズス会士のディエゴ・デ・メスキータは、一五九六年二月十五日付け、日本発のイエズス会総長宛て書簡で「フランシスコ会士たちは長崎にも都（京都のこと」にも、日ごとにその根を下ろしつつある。……現在彼らは病院を一棟建築中である。そこに病人を収容して看病するためである。彼らのこうした活動に、人々は大いに教化されている。」と記し、フランシスコ会に対して対立的な感情を廃した見方をしている。Archivum Romanum Societatis Iesu, Jap. Sin. 12-II, f. 364v.

（44）聖堂参事会capitulumとは、聖堂に所属する聖職者から構成された合議体組織のことで、教会の諸聖務のほか世俗的諸任務の遂行にもあたり、司教や修道院長を補佐する任務もあり、その一方で、評議等をもって司教の教会行政権力が必要以上に肥大化することを抑制した。

（45）Archivum Romanum Societatis Iesu, Jap. Sin. 10-I, f. 16.

（46）村上直次郎訳註『異国叢書』（駿南社、一九二九年）二〇〜二一頁。

（47）L. Perez, *Origen de las Misiones Franciscanas*, pp. 216-217.

（48）岡本良知『十六世紀日欧交通史の研究』（原書房、一九七四年）四八〇〜四八三、四九四、五一二〜五一三頁、前掲、同氏「一五九〇年以前に於ける日本フィリッピン間の交通と貿易」九〜一〇頁。

（49）前掲、村上『異国叢書』二九〜三三頁。

（50）H. Bernard, "Les Débuts des Relations Diplomatiques", p. 120.

（51）H. Bernard, "Les Débuts des Relations Diplomatiques", p. 122.

（52）前掲、村上『異国叢書』四三〜四五頁。H. Bernard, "Les Débuts des Relations Diplomatiques", p. 123. Louis Delplace, *Le Catholicisme au Japon II*, Brussels, 1910, p. 22. Thomas Uyttenbroeck, *Early Franciscans in Japan*, Tokyo, 1958, p. 5.

（53）L. Perez, *Cartas y Relaciones de Japón II*, p. 30. H. Bernard, "Les Débuts des Relations

Diplomatiques", p. 126.

（54） L. Perez, *Cartas y Relaciones de Japón II,* p. 31. H. Bernard, "Les Débuts des Relations Diplomatiques", pp. 126-127.

（55） 前掲、村上『異国叢書』五五〜五六頁。H. Bernard, "Les Débuts des Relations Diplomatiques", p. 127. T. Uyttenbroeck, *Early Franciscans*, p. 6.

（56） Archivum Romanum Societatis Iesu, Jap. Sin. 12-I, f. 120v.

（57） L. Perez, *Cartas y Relaciones II*, pp. 25-26. H. Bernard, "Les Débuts des Relations Diplomatique", pp. 127-130. H. Bernard, *Les Iles Philippines du Grand Archipel de la Chine*, Tienstin, 1936, pp. 90-92, 113. T. Uyttenbroeck, *Early Franciscans*, pp. 7-8.

（58） L. Magnino, *Pontifica Nipponica*, pp. 24-27. J. F. Schütte, *Die Wirksamkeit der Päpste*, p. 13. この小勅書の具体的内容については本書第二章を参照されたい。

（59） L. Perez, *Cartas y Relaciones II*, pp. 32-33, T. Uyttenbroeck, *Early Franciscans*, p. 6. H. Bernard, "Les Débuts des Relations Diplomatiques", p. 127. H. Bernard, *Les Iles Philippines du Grand Archipel de la Chine*, p. 90.

（60） Fray Marcelo de Ribadeneira, *Historia de las Islas del Archipiélago Filipino y Reinos de la Gran China, Tartaria, Cochinchina, Malaca, Siam, Cambodge y Japón*, Madrid, 1947, pp. 331-332.

（61） 海老沢有道、H・チースリク、土井忠生、大塚光信校注『日本思想体系25　キリシタン書・排耶書』（岩波書店、一九七〇年）四四三頁。

第二章　フランシスコ会の日本進出と日本イエズス会の対応

本章では、マニラからのフランシスコ会の来日という事態を迎えて、日本イエズス会がどのような対応を、どのような理由から取ることになったのか、という問題について取り上げる。しかし本論に入る前に、イエズス会とフランシスコ会の確執と抗争の史的淵源――あるいはその「前史」と言っても良いだろう――となったと考えられる、ポルトガル領東インドの形成と、そこへの日本の編入過程に関する事実関係の要点を、先行諸研究に依拠しつつ確認しておきたい。

一　教俗両権による地球の二分割支配

イエズス会とフランシスコ会の対立の火種は、両修道会の来日する一〇〇年以上も前に、天上の支配者たる神の代理人であるローマ教皇と、地上の支配者たるポルトガル、スペイン両国王、この三者の間で蒔かれた。この時、地球全体が、この聖俗の支配者の間で勝手に二分割され、既発見と未発見であるとを問わず、地球上に存在するあらゆる大陸、島嶼、海洋がポルトガル領、もしくはスペイン領のどちらかに、必ず編入されることが決定されてしまった。そこには日本も含まれていた。

イベリア両国王とローマ教皇の三者間協議で、地球の征服域の分配が取り決められた頃の日本は室町時代。足利義政、足利義尚、細川勝元、畠山政長らが活躍し、応仁の乱がその京都を焼き尽くす。室町幕府政治の矛盾が、山城国一揆や加賀の一向一揆などで露呈するその一方で、仏の加護によって人心の動揺と不安を少しでも静めるために、蓮如が山科本願寺を建立する。義政により慈照寺銀閣が東山に営まれて、枯山水の白砂が月の光に青白い輝きを妖しいまでに映し、雪舟は枯淡の境地を水墨画で描き、飯尾宗祇は連歌で幽玄有心の美意識を三十一文字の中に表現する。京都を舞台にそれぞれが己の夢と欲望を追求していた、その最中に、彼らの全くあずかり知らないところで、日本はポルトガルの征服域に組み込まれていたのである。

日本はポルトガルの帰属地であるとする認識は、ザビエル以降に来日したイエズス会士たちにも共有されていた。ヴァリニャーノは一五七九年に第一次日本巡察のために来日することになるが、来日前の一五七七年に滞在先のマラッカで完成した、ポルトガル領東インドに関する報告書の中で、次のように明確に断言している。

ポルトガル人たちがこのインディアで主張しているところは、マラッカ、シナそして日本を含むインディアの全域が、ポルトガルの征服と王室la conquista et corona di Portugalに帰属している、ということである。なぜならインディアの全域は、ポルトガル人たちがカスティーリャと共有しているデマルカシオンと分割demarcatione et repartitioneによる境界の中に置かれているからである(一)。

ヴァリニャーノがマラッカでこの文章を記していた当時の日本に目を転じると、信長は雑賀一揆を打ち、安土城下を楽市としたのが同じ一五七七年の出来事である。稀代の武将信長も、よもや日本が「ポルトガルの征服と王室に帰属」させられていた事実を知る由もなかった筈である。

(一)　ポルトガル領東インドの形成

ではどのような過程を経て日本はポルトガルの征服と支配の領域に組み込まれてしまったのだろうか。デマルカシオンとは何か。ヴァリニャーノの記録に見えるインディアとは何か。これらの問題に関する基礎的事実関係を確認しておこう。

まず「インディアIndia」とは、ポルトガルが大航海時代にエチオピアからサウジアラビア半島、インド大陸を経てマラッカ、モルッカ諸島そして日本に至るまでの広大な空間全体を自領として認識且つ位置づけていた支配領域のことで、ポルトガル領東インディア領国、もしくはポルトガル領東インディア、もしくは単に東インディアとも記される。インディアという訳語は、あまりなじみがないかもしれないので、以下、ポルトガル領東インド領国、ポルトガル領東インド、と記すことにする。なおその中に含まれているインド大陸についても、教会史料などではインディアIndiaと記されているが、この名称では紛らわしいので本書ではインド、適宜インド大陸という一般的な表記を用いることにする。

そのポルトガル領東インドであるが、地図の上からその包摂領域を確認すると、確かに地球の半分近くを占める広大な空間である。しかし領国Estadoといっても、一定の領土と人民を擁していた訳ではない。

ポルトガル人は一五一〇年のゴア攻略後、同地を拠点にインド大陸沿岸の主要地に商館や要塞を設けて、徐々に自己の勢力圏と支配領域を拡大させて行った。見方を変えて説明するならば、ポルトガル人たちはポルトガル領東インドの包摂する支配地域全体に、「インド航路Carreira da India」というナウ船団による定期航路を中心にして、リスボンから東南アジア、日本に至る商業網を形成した。この商業網を守るために領国内の要所に要塞や砦、商館を設けたのである。[2] したがってポルトガル領東インドとは、それらの施設や機関が置かれてポルトガル人たちが活動していた範囲のことである、と考える方が、現実と実態に即した東インド領国の内実と言える。[3]

ではどのような経緯によってポルトガル領東インドは形成されたのであろうか。

大航海時代は、イスラム教徒の商人を仲介させずに、胡椒や丁字その他の香辛料を入手するために、それらの「富」を産出するインドや東南アジア地域との「直接取引」への志向が大きなきっかけとなって開かれた。この香辛料貿易の「独占」という強い経済的欲望は、これまでになかった「新しい通商路」の開拓という戦略と結びつく。その先陣を切ったのが、レコンキスタの過程で、イスラム教徒の持っていた航海術や天文学の知識を蓄えた、ポルトガル人とスペイン人なのであった。

ヴァスコ・ダ・ガマによるインド航路の発見、マゼランによる人類史上初の世界一周航海の成功は、ポルトガルとスペイン、このイベリア両国による本格的な地球規模に及ぶ大航海の幕を開けた。イベリア半島を出港して東に航路を取るポルトガルと、西に航路を取るスペインの両国が、地球が球体である以上、同じ大陸なり島なりで鉢合わせとなることは、確率的には低いかもしれないが、理論的にはあり得る事態といえる。その場合、両国が到達した大陸や島の領有権と帰属先が、外交問題としても法律問題としても、大きな問題となることは言うまでもない。

（二）排他的航海領域の主張

ポルトガルの海外版図拡大事業は「国土回復戦争Reconquista」の延長線としての計画と性質を有する、「異教徒に対する征服事業」であった。当然と言えば当然のことであるが、海外に版図を獲得して、さらなる征服と支配領域の拡大を目指すからには、ポルトガルの支配圏にある領土と、そこに行きつくまでの航海領域を明確に表明し、その絶対的「占有」を強く自己主張しなければならない。そしてポルトガルによる既発見地と航海領域に対する「占有と権利の主張」は、スペインの海外進出が本格化すると共に強い「排他性」を帯び、内外に対して「占有と支配」の権利と正当性を、さらに鮮明に打ち出さねばならなくなったのである。その経緯を簡単に記してみよう。

ポルトガルによるアフリカ沿岸の探検航海は、スペインとコロンブスによるそれよりも、一世紀近く先に行なわれた。このポルトガルの探検航海の利権を保障するローマ教皇文書は、一四一五年のセウタ攻略をきっかけに発給されることになる。十五世紀を通じてポルトガルの権益を認めるために公布された教皇勅書の基本的な内容は、

(1)アフリカからインドまでの征服、領有、貿易の独占を認め、他国民がポルトガル国王の許可を得ずにそれらの領域に航海することを禁じる。
(2)右の(1)で認めた領域の原地人を奴隷にすることを認める。
(3)ポルトガル国王に新発見地への布教を奨励する。
(4)アフリカでの征服戦争に参加する、または戦争に参加できない代わりに資金等で協力するポルトガル国民には精神的、宗教的な恩賞を与える。

如上のように、四種類にまとめられる。(4)

先に取り上げた日本の帰属先をめぐる問題と深く関わるのが、右に紹介した(1)の規定内容である。つまり「デマルカシオン demarcación」という語は、普通は「境界線」とか「区分」とかを意味する語であるが、大航海時代にローマ教皇が発布した勅書によって、地球上での征服域がポ

ルトガルとスペインの間で分割された、極めて独占的で排他的な航海、征服、植民、布教、貿易を行なう権利が保障された領域のことを言うのである。ローマ教皇が経線を基準にして地球全体を、イベリア両国王に分割配分したことから、「教皇子午線」と訳されることもある。先に訳出したヴァリニャーノの報告書に見える「デマルカシオン」という語が、そうした意味で用いられていることは、言うまでもない。

ポルトガルの独占的で排他的な征服域が設定されるうえで大きな影響を与えたのは、一四五五年一月八日付け、教皇ニコラウス五世の大勅書「*Romanus pontifex*」と、一四五六年三月十三日付け、教皇カリストゥス三世の大勅書「*Inter caetera*」、この二つの教皇勅書である。この両勅書

ローマ教皇ニコラウス五世の肖像
（出典　Wikimedia Commons）

ローマ教皇カリストゥス三世の肖像
（出典　Wikimedia Commons）

によって、ポルトガル国王がアフリカからインドに至る地域を領有し、独占的に航海、貿易、キリスト教布教を進めることが認められた(5)。

スペインとの間の征服域については一四七九年九月四日付けで締結されたアルカソヴァス条約で、カナリア諸島をスペイン国王の領有とし、ポルトガル人がこれまでに発見したカナリア諸島以南の島嶼や陸地、その方面で将来発見される地をポルトガル領とすることが決められた(6)。ここにおいて、地球上の支配圏の獲得と拡大について、ポルトガルに対して劣勢にあったスペインも、ポルトガルと遜色の無い立ち位置についたと言える。

(三) デマルカシオンの完成に向けて

ポルトガルとスペイン両国間でのデマルカシオンの取り決めをさらに明確にしたのは、一四九三年五月～九月に相継いで発布された、ローマ教皇アレクサンデル六世の五通の大勅書であった。これによりアゾーレス諸島とヴェルデ岬諸島の西沖合一〇〇レグア(7)の経線を基準に、そこから西と南に発見される陸地と島嶼をスペイン国王の領有とすることが定められた。しかし、当時の軽度測定技術は不正確であり、加えてアゾーレス諸島とヴェルデ岬諸島とでは、それぞれの西端で六度の経度差があったため、デマルカシオンの設定については、ポルトガルとスペイン両国間の交渉に委ねられることになった(8)。

この両国の間でのデマルカシオンの取り決めがほぼ固まったのは、一四九四年六月七日付けで締結されたトルデシーリャス条約Tratado de Tordesillasの規定であった。

この条約はアフリカの西沖合に位置するヴェルデ岬諸島の西沖三七〇レグアを通る経線の東側をポルトガル領、西側をスペイン領と規定し、それらの領域内であれば両国は、自力でもって軍事的征服を行なって異教の地を植民地とし、またローマ教皇の権威を背景にカトリック布教も実施することが認められた。つまりトルデシーリャス条約は、文字通り地球世界をポルトガルとスペインの間で二分割し、地球上のあらゆる土地、島嶼およびそこで生活している人々全員を、この両国のいずれかに帰属させることを明示したのである。

しかしトルデシーリャス条約では、日本を含む東半球の帰属問題が取り上げられていなかったため、一五二九年にはサラゴサ条約が締結され、ポルトガルは莫大な補償金と引き換えにモルッカ諸島をスペインから譲り受け、同諸島からスペイン勢力を一掃した。

このような過程を経てポルトガルとスペインの両国家は地球を二分割し、自国のデマルカシオンに包含されている地域の征服と植民地化を強力に展開し、非キリスト教世界、すなわち異教世界の根絶とそのキリスト教化を推し進めて行ったのである。ポルトガル領東インドは、このデマルカシオン空間の設定と構築、そしてその積み重ねによって形成されたものなのである。

日本もその例外とされることなく、「ポルトガル国民の征服に属する地」に編入されてしまったことは、既述のとおりである。その日本の帰属先については、主に布教と貿易の面から、ポルトガル、スペインの両国の間で論じられてきた。

ポルトガル王室と結びついていたイエズス会の場合、それまでの実績とローマ教皇勅書の定めるところに基づいて、日本がポルトガルのデマルカシオンに包摂される旨、主張していた。一五四九年のザビエルの鹿児島上陸を機に、イエズス会宣教師たちは日本での布教活動を推進し教勢を拡大させて行った。その実績が大きく物を言い、ポルトガル国王の布教保護権が日本にも適用されることが定められた(9)。

それを後押しするかのように教皇グレゴリウス十三世は、第一章でも言及したように、一五七五年一月二十三日に大勅書「*Super specula militantis Ecclesiae*」を発布してマカオ司教区の設置を認可し、このマカオ司教区の管轄地域の一つに日本が含まれ、それらの管轄地域の教会行政のために、ポルトガル国王から五〇〇クルザドが支給されることを明言した(10)。ここに、日本教会の保護者がポルトガル国王であることが、グレゴリウス十三世によって公的に明言され、日本はこれまでの法理論という抽象的な枠組を脱して事実上、ポルトガルのデマルカシオンに編入されることになった(11)。

一方、スペイン王室と結びついたフランシスコ会等の托鉢修道会は、日本がポルトガルのデマルカシオンに編入する旨記した教皇文書を取り消し、代わって日本がスペインのデマルカシオンに編入されることを主張して、承認されようとした。また、ポルトガルが先述したサラゴサ条約を論拠に日本の領有権を主張したのに対し、スペインはトルデシーリャス条約の規定を論拠に日本のスペイン帰属を唱え、フィリピンのマニラを根拠地に日本への進出を実行して行った。

ポルトガルとスペインは、イエズス会とフランシスコ会が日本を舞台とする対立・抗争のはるか以前に、東半球の支配領域の確定をめぐって激しい火花を散らせていたのである。そして、それぞれが自国に有利なように教皇文書や条約の諸規定を解釈したため、両国の対立は容易に解決を見なかった。このポルトガルとスペインの対立の図式は、両国王の保護を後ろ盾に活動するイエズス会とフランシスコ会等の托鉢修道会の中にまで入り込み、俗界における両王の対立は、聖界における神の僕同士の対立に変貌することになったのである。

（四）ローマ教皇の政治的介入

しかも、この対立の構造と原理をいっそう複雑にしたのが、ポルトガルとスペイン両国間での地球の二分割征服を公認する勅書を発給した、ローマ教皇その人自身なのであった。「キリストの代理 vicarius Christi」の地位を与えられたのはローマ教皇である。教皇は時に自らを「神の僕中の僕 servus servorum Dei」と謙り、神の栄光を実現すべく、ひたすら神に忠実な僕としての自己を語る。その教皇の権力と権威が絶大なものであり、政治や外交問題に深く介入して強い影響力を発揮したことは、歴史が雄弁に証明しているところである(12)。

中世のローマ教皇が至高の精神的権威として君臨し、国王や皇帝といえども教皇からの塗油を受けなければ、自己の権力を行使できなかったことも周知の事実であろう。この教皇の権威は大航海時代にも引き続いて絶大な力を発した。なぜなら、イベリア両国による海外版図拡大政策

――征服、植民、布教、貿易など――には、ローマ教皇の発給した教皇文書が重要な役割を果たしていたからである。

なぜ世俗の国王にとってローマ教皇勅書の獲得が不可欠だったのか。それは次の三つの事情があったからである。一つには、近代国際法のような明確な国際法概念が未成熟であった大航海時代にあって、教皇勅書は一種の国際法として受け止められて機能していたこと、また一つには、イベリア両国は海外への武力を伴った進出を正当化して鼓舞するために教皇の権威と精神的支援を求めたこと、さらに教皇庁の側でもカトリックの教勢の拡大を伸長させるためには、地上の王たちの力が無くてはならなかったこと、この三つの事情が、時にモノフォニーのように一体となって、時にポリフォニーのように互いに絡まり合い、聖と俗の思惑を交差させつつ、天上の支配者と地上の支配者による「饗宴」が行われたからであった。

二　日本イエズス会全体協議会の開催

第一章では、スペイン勢力と不可分な関係にあった、マニラのフランシスコ会士の来日に至る経緯を概略して来た。既に部分的にも言及したところであるが、フランシスコ会を迎え撃つ日本イエズス会は、スペイン勢力と結びついたフランシスコ会の日本進出と、その当然の帰結でもある日本布教には、会を挙げて「断固反対」の立場を表明することになった。

ここで留意しなければならないことがある。日本へのイエズス会以外の修道会の進出という、在日イエズス会士にとっての重大問題は、現実にフランシスコ会が日本布教に参入し始める前から、懸念すべき事案として認識されていた、ということである。スペイン勢力と結びついた他修道会の渡来問題に対処するに当って、主導的な役割を果たすことになるヴァリニャーノは、早くも一五七六年十一月十口付け、ゴア発の書簡において、当時のイエズス会総長エヴェラルド・メルキュリアンに対して次のように自説を述べている。

シナあるいは日本にイエズス会以外の修道会が赴くのは不都合である。これは以下の理由による。まず、日本人の宗派には色々なものがたくさんあるが、我々には、全ての事柄において一致がある旨、理解することである。それゆえ、日本に別個の諸修道会が赴き、〔日本人が〕異なる修道服や振る舞い方を知り始め、特に〔イエズス会と他修道会〕双方の間に、当地でいつも起こっているような矛盾が生じてしまうならば、それは異教徒改宗に際して極めて深刻な騒動と障害になろう。なぜなら、〔日本人が〕我々の間にも宗派が色々と存在する、ということを信じ始めるからであり、これは主として、日本のキリスト教徒は少数で、しかも〔各地に〕非常に散在しており、加えて、未だに〔キリスト教信仰に〕大変未熟だからである(13)。

右に訳出した一節から判明するように、ヴァリニャーノは、イエズス会以外の修道会士の来日と日本での布教活動によって、日本人の信者らがイエズス会以外の修道会の存在を知るに及び、唯一神であるヤハウェの許に集結している筈のカトリック修道会を、仏教の諸宗派と同一視してしまうことを危惧しているのである。つまり、「キリスト教信仰に大変未熟」であるが故に日本人信者が、カトリック修道会と仏教教団との違いを理解できず、日本での改宗活動が頓挫しはしまいか、ということへの強い懸念が、ここには見られるのである。イエズス会総長の名代として日本布教に辣腕を振るうことになるヴァリニャーノが、来日の三年ほど前から、既に日本への他修道会の進出を「否」とする見解を保有していたことは注目すべき論点である。

（二）三つの大きな会議

では、ヴァリニャーノに代表される日本イエズス会が、フランシスコ会の日本進出を否とする論拠はどこに存していたのか、関係諸史料の伝えるところを見てゆこう。

第一章でも触れたように、日本イエズス会は、日本での諸種の活動の方針や問題点を議論し、その解決策を打ち出すために、三回にわたって、幹部級の在日宣教師を招集して大きな会議を開催した。第一回日本イエズス会全体協議会（一五八〇〜八一年）、第二回日本イエズス会全体協議会（一五九〇年）、そして第一回イエズス会日本管区総会議（一五九二年）である。

先にも記したように、これら一連の会議では、日本イエズス会の直面していた様々な課題が上程且つ審議された。このうち、イエズス会以外の修道会の来日問題については、第一回全体協議会と、第一回管区総会議、この二つの大きな会議で取り上げられている。

そこで、まず、これらの会議において、他修道会の来日問題が、どのように取り扱われ、また、どのような意見が会議の場で表明されたのか、第一章では行論の関係で十分に言及できなかったので、以下、順を追って確認してみよう。

(二) 第一回全体協議会の開催

巡察師ヴァリニャーノが開催した第一回日本イエズス会全体協議会では、合わせて二十一項目の審議事項が上程されている。他修道会の日本布教参入をめぐる問題は、二つ目の審議事項として上程され協議された。この協議会は議事録の冒頭部分に、「パードレ全員が一箇所に集まれないので、この協議会は、以下の地方、つまり、日本イエズス会の旧来からの区分である豊後、都そして下《しも》、以上の主要三地区で開催された。」(14)と明記されているように、日本イエズス会がそれぞれの地域性や特色を活かし、それに見合った布教活動を展開すべく分割した「三布教区」で、(15)ヴァリニャーノを含む総勢二十七名の在日イエズス会士の参加を得て分割開催された。

さて問題の「諮問第二」であるが、これは「諮問第一　この日本の布教事業を継続する際に採らねばならない方法について。」の審議を承けて、上程且つ審議されたものである。このことを踏まえると、他修道会十の日本招聘は、「日本の布教事業を継続する」ための「方法」の一環として位置づけられていた、ということになる。

実際に「諮問第二」の議事録を見てみると、最初に、イエズス会以外の修道会士の来日を懇請すべきである、と提案されていたことが判明する。その理由は以下の六点である。

(1)これからの日本布教を継続するに当たって、他修道会の面々はイエズス会だけでは足りない面を補ってくれるので、宣教師不足の解消にもなるし、未改宗の霊魂の救済にも資するところ大である。

(2)イエズス会も含めて、これまでにも諸修道会は世界各地に進出しており、結果として、それが全世界の改宗につながっていることが、現に明らかとなっている。

(3)諸修道会が東インド以外の経由で日本に赴こうとも、霊魂の改宗と救済という目的を共有している訳であり、我々は相互に不備な点を補完できる。

(4)いずれイエズス会以外の修道会が来日するのは当然であり、特に在日イエズス会士の不足している折での他修道会の来日は、その不足の解消にもなり適切である。

(5)他修道会もイエズス会と同様、日本で大きな成果を挙げることは間違いなく、またイエズス会と違うことなく、日本が呈する困難に打ち勝ち、日本の特質と慣習に順応するであろうことは明白である。

(6)他修道会は、日本において自らが為し得ることを果たさねばならない。(16)

以上が、他修道会の来日「肯定派」の見解であった。そして日本イエズス会内の「肯定派」が他修道会の来日と日本布教を容認したのは、

(1)日本イエズス会が他修道会の来日を望んでいないのは、日本イエズス会が自分たち独自

の方法で日本を統轄したがっているからだ、とする批判を打ち消せる。
(2)日本イエズス会は、他修道会を来日させなかったがゆえに、日本で数多くの霊魂を滅ぼした、との責任を追及されなくて済む。(17)

と考えたからだった。日本イエズス会に向けられている、あるいは向けられるであろう、この二つの大きな「批判」と「責任」を回避する思惑があったことが判明する。

しかし、こうした来日を「是」とする見解があったにもかかわらず、他修道会への来日要請案は「否決」されることになった。その理由として協議会議事録が伝えるところは、

(1)来日する修道会士が大勢になると、日本は貧しい国なので、彼らは生活に必要な収入を日本国内では調達できない。
(2)仏教国の日本に、イエズス会と修道服や行動様式が異なる修道会が来日すれば、日本人はキリスト教のことを、人間が作り出した宗教である、と思い込む。
(3)他修道会はイエズス会と歩調を合わせず勝手な行動をするに違いない。そうなれば、双方の間に深刻な論争が行われ、日本教界の破滅と布教の障害が生じてしまう。
(4)日本人の資質と習慣はヨーロッパ人のそれとは著しく異なっているので、教会活動を行なうには宣教師間に見解の一致が不可欠となる。この見解の一致は複数の修道会が日本に存在していては不可能で、教会間での見解の相違は破滅をもたらす。
(5)日本のキリスト教界と日本人信者は、外国人ではなく日本人聖職者の手で司牧されねば

ならない。したがって、日本には複数の修道会が存在する必要はない。(18)

というものである。これが第一回日本イエズス会全体協議会の開催時における、在日イエズス会士の下した結論であった。この結論を受けて、協議会を開催した巡察師のヴァリニャーノは、

私が考えるところは、他修道会の来日は適切な解決策ではないばかりか、この新しい〔日本という〕教会にとって大きな躓きと混乱、支障となろうことは疑いない、ということである。……他修道会がここ日本へ来るならば、当初、我々が犯した過ちを繰り返し、今となってはその過失は、以前よりも悪化することであろう。(19)

との「裁決」を下し、これをもって他修道会の来日問題に関する、日本イエズス会の「総意」とし、ローマのイエズス会本部に通告したのであった。

日本からの報告を受け取ったローマのイエズス会本部では、イエズス会インド管区が一五八三年に開催した、「インド管区総会議」の決定事項に対する回答の一環として、ローマ教皇とスペイン国王から、この問題に対する有効な解決策を手に入れるべし、との回答を一五八五年一月付けで表明した。(20)

ヴァリニャーノは、インド管区長として赴任したゴアにおいて、一五八三年十二月十二日付けで、管区代表パードレとしてローマに赴くヌーノ・ロドリーゲスに対し、ロドリーゲスがローマ

で実行すべき諸事に関する規則を作成した。その第三七項においてヴァリニャーノは、日本にイエズス会以外の修道会士が進出しないことの重要性を、ローマ教皇およびスペイン・ポルトガル国王に伝達すること、との指令に続けて「托鉢修道会士たちはシナからも、またルソネスその他の地方からも日本に赴いてはならない、との勅令を国王陛下から、教書を教皇聖下から獲得するように。」という指示を明確に出している。(21)

本章第三節で論じるように、ローマ教皇グレゴリウス十三世は、一五八五年一月に、イエズス会以外のカトリック修道会士たちが日本布教に参入することを厳禁し、事実上、イエズス会の日本布教の独占を認める小勅書を発布する。グレゴリウス十三世がこのような決断に至った背景の一つとして、右に見たヴァリニャーノの指示をロドリーゲスが忠実に実行に移した可能性を排除すべきではあるまい。

(三)　第二回全体協議会の開催

「第二回日本イエズス会全体協議会」は、一五九〇年八月十三日、前回同様、ヴァリニャーノによって肥前の加津佐で開催された。しかし、この協議会では、他修道会の来日の是非を問う諮問は上程されていない。それは、次のような事情によるものと考えられる。

先述したように、イエズス会は他修道会の日本布教への参入に反対の立場にあった。そのために、イエズス会からの働きかけと要請を受けたローマ教皇グレゴリウス十三世は一五八五年一月二十八日付けで、小勅書「*Ex pastolari officio*」を発布し、イエズス会以外の修道会の日本進出と布教を破門罪の下に厳禁した[22]。イエズス会は日本布教の独占を、この教皇勅書によって獲得した訳であり、教団側としては、この時点において、ひとまず他修道会の来日問題に決着がつけられたことになる。

グレゴリウス十三世の小勅書から二年後の一五八七年には、豊臣秀吉が宣教師追放令を発布し、日本イエズス会は日本での布教活動で重大な局面を迎える。結果として、この追放令は空洞化してしまうが、発布時点の段階では、それを知る由もなかった教団は、日本の支配者ヒデヨシによる、最初の迫害に大きな衝撃を受けたであろうことは想像に難くない[23]。

それゆえ、今や他修道会の来日問題に代わって宣教師追放令の方が、教団の対処すべき優先課題となったのであろう。そのため、他修道会の来日問題は、第二回全体協議会で取り上げるほど差し迫った問題ではない、との判断から上程されなかったと考えられる。

（四）第一回日本管区総会議での結論

さて、日本イエズス会は一五九二年二月三日〜十四日、「日本管区総会議 Congregatio Provincialis Japoniae」を開催し[24]、四十三項目にも及ぶ諸問題を討議している。他修道会の来日問題については、その二十四番目に「日本という地に多様な修道会を開放させない方法について。」として上程され審議されている。

この総会議の議事録によると、先に見た第一回日本イエズス会全体協議会での結論を受けたうえで、次のような理由から、他修道会の来日が日本のキリスト教界にとって不適切な行為と判断された。すなわち、

(1) 他修道会は、イエズス会に比べると、安易に修練士の資格を認めている。そのため、キリスト教信仰に入って日の浅い日本人を修練士として受け入れ、すぐにも修道請願を立てさせることになろう。しかし、このように早急に誕生した日本人修道士は、キリスト教信仰に日が浅いので、破滅や醜聞の原因となる恐れがある。

(2) 弊害が色々と生じても、日本人修道士を統轄することはできず、また日本人修道士を日本から遠ざけられないので、何一つ救済策を施せない。

(3) 日本人を修道会内から追放できないので、重大な苦境に陥ることになる。(25)

との論拠から他修道会の来日に反対し、「イエズス会以外の修道会士たちが来日を望んでいるならば、教皇〔グレゴリウス十三世〕聖下の小勅書の権限をもって彼らに来日させないようにしてもらいたい、とこの総会議は、我がイエズス会総長に要請する。(26)」との結論に至っている。

この総会議が開催された時期は、第一章で記したように、秀吉とフィリピンのスペイン勢力との外交交渉が本格化する時期でもあり、スペイン勢力と結んだフランシスコ会士の来日が、現実味を帯びた問題として、日本イエズス会においても認識されていたことであろう。そのような状況にあったからこそ、教団がグレゴリウス十三世小勅書を楯にして、フランシスコ会士の来日を

阻止する結論を、第一回目の全体協議会と同様に選択することにしたと考えられる。

三　「*Ex pastorali officio*」をめぐる諸問題

（一）小勅書の内容

その問題のグレゴリウス十三世の小勅書であるが、この教書の発布が、日本をめぐるイエズス会とフランシスコ会の本格的な対立抗争に火をつけたことは間違いない。そのような重大な教書であるにもかかわらず、その内容が十分な形で紹介されることはあまりなかった。そこで、このグレゴリウス十三世の小勅書「*Ex pastorali officio*」の論点を、必要に応じてラテン語原文も明示しつつ考察してみよう（紙幅の制約から全文の紹介はできず、また一部は大意紹介に留まらざるを得ないことを御寛恕願いたい）(27)。

まず教皇グレゴリウス十三世（以下、適宜、同教皇と略記）は、

余は、余の有する司牧の職務によって、あらゆる民と地域、とりわけ著しく〔ヨーロッパから〕遠く離れて存在し、いわば〔ヨーロッパとは〕異なる地域に住んでいる人々のことを識る責務を負っている(28)。

という書き出しから、この小勅書を始めている。一読して明らかなようにグレゴリウス十三世は、

教皇である自分に課された「司牧の職務officium pastoralis」（これが本教書のタイトルとなっていることに注意）について、冒頭から言及している。「遠く離れた地域に住んでいる人々」とは、当時の日本人のことを念頭に記したものであろう。そして日本人のところでは、「キリストの福音が浸透し（信仰の深化に）相応しい好機が掌中のものとなり始めている。[29]」との認識を披露している。

このような認識の上に立って同教皇は、日本布教に「格別の配慮」が必要であることを、次のように表明する。

拡大すべきかの民たち（日本人のこと）の改宗のために、キリスト教信仰の宣布が、できるだけ申し分なく考慮され、また同時に邪魔となる恐れのあるような障害が取り除かれるには、とりわけ、いかなる方策を講じるべきか、ということを心中で熟考しつつ、余は当節、我が配慮と関心を日本という地に向けたい。[30]

この文言の中で注目すべきは「邪魔となる恐れのあるような障害が取り除かれねばならない。」という一文である。この考えが、結局、イエズス会以外の修道会の日本渡航を、破門罪をもって厳禁する、という本教書の核心部分につながっていくことになる。

グレゴリウス十三世が、イエズス会以外の修道会の日本渡航を、日本人の改宗にとって「障害impedimenta」と判断したのはなぜなのか。それは、ザビエル以降の、日本におけるイエズス会

士たちの布教実績の積み重ね、という歴史が存在していたからであった。すなわち、

イエズス会の司祭たちを除くと、これまでいかなる司祭たちも、日本の諸王国と島々には足を踏み入れては来なかった nullos hactenus sacerdotes praeterquam Societatis Jesu ad regna et insulas Japonicas penetrasse。また、このイエズス会の司祭たちのみが日本の国民たちにとって、キリスト教信仰を担った創始者にして指導者であり、且つまた、いわば両親でもあった。さらにまた、他ならぬイエズス会の司祭たちは代々日本人たちに、いわば卓越した信頼と愛情を、且つまた尊敬を表してきた。(31)

訳出した引用文中にあるように、イエズス会士が日本におけるキリスト教信仰の「創始者」「指導者」として日本教界を牽引してきたこと——この動かすことも否定することもできない歴史事実の積み重ねを、グレゴリウス十三世は、「キリストの代理」「聖ペテロの後継者」として高く評価しているのである。

(二) 破門罪の適用

ザビエルによる日本開教以来、四十年近くにわたるイエズス会士たちの日本での実績と、日本人に対する彼らの信愛の情が「卓越」したものであればこそ、「イエズス会士たちの、より大

いなる無事な成功のためにも、愛という友好と隣人愛という絆が傷つけられることなく堅固に残存することを熱望している」[32]同教皇は、「イエズス会に所属する修道会士たちを除きexceptis Societatis Jesu religiosis、身分、階位、品級、地位は何であれ、在俗司祭および修道会付司祭、聖職者、教会への奉仕者に対し、ローマ教皇でなければ解くことのできない、あるいは教皇の死の刹那でなければ解くことのできない、重い破門罪の下にsub excomunicationis maioris」[33]以下の如く厳命したのである。

福音を宣布するためであれ、キリスト教の教理を説くためであれ、あるいは秘蹟を施すためであれ、はたまた教会の責務を果たすためであっても、余の、さもなければ使徒座の明確な許可を得ずに〔東インド以外の〕他の経由で日本の島々と諸王国insulas regnaque Japonicaに赴いてはならない。[34]

つまりイエズス会以外の修道会士たちが、ポルトガルのデマルカシオン圏ではない地を経由して日本へ宣教改宗をしに赴くことを、「破門罪」というキリスト教関係者にとっては、最も思い懲罰をもって厳禁しているのである。

「破門罪excomunicatio」とは教会戒規の一つで、これを適用された場合、その信者は秘蹟に授かるなど、カトリック信者に認められている権利に与れなくなる。たとえば、終油の秘蹟

extrema unicoに与れないことは、生前最後の罪の告白と、それへの赦しができずに他界するため、死後の魂の救済が不可能となる。つまり、破門に処されるということは、キリスト教徒としての「それまで」と「これから」の存在を全否定されることであり、キリスト教世界にあって破門者の烙印を押された者は「無nihil」となることを意味していた。

過去のローマ教皇は、この伝家の宝刀とも言える破門罪の適用をちらつかせて、自分に対抗する国王その他、俗権の権力者を抑えつけ、また実際に破門罪の宣言を行なうことで、教権の絶対化を図ったことは詳述するまでもない。

キリスト教徒にとって、これ以上過酷で残酷な措置はないところの「究極罰」である破門罪の適用を明言したうえで、イエズス会を除く修道会士の日本渡航を厳禁している点において、教皇グレゴリウス十三世の並々ならぬ決意と、イエズス会と日本という「主の葡萄畑」への強い思い入れを看守することは容易であろう。

(三) 東インド経由の重み

また、右に訳出した教皇令には、東インド以外の経由での日本行きを禁じる旨、記されている。この文言を一読する限り、イエズス会以外の修道会士たちは東インド経由であれば日本への渡航が可能になる、との判断が下せよう。

しかし、これは理屈であって、競合関係にあるスペインを背後に持つフランシスコ会などが、ポルトガルのデマルカシオン圏を経由して日本に入国するというのは現実的ではない。実際問題としてイエズス会とポルトガルは、スペイン勢力のポルトガル勢力圏への進出を徹頭徹尾、排除しようとしていたのであるから東インド領域、すなわち「ポルトガル国民の征服に属する地」を経由してフランシスコ会が来日することは、実質的に不可能に近いものだったのである。

このようにグレゴリウス十三世は、イエズス会以外の修道会士たちの来日を、イエズス会士による日本改宗の「邪魔」「障害」となると判断し、彼らの来日を厳禁してイエズス会の日本布教の独占を、自らに課せられている「司牧の職務」によって公認且つ保護したのだった。この小勅書こそ、イエズス会とフランシスコ会が、日本布教の独占の是非をめぐる論拠として引き合いに出し、両修道会間の抗争が泥仕合とならざるを得なくなった淵源の一つだったのである。

四　Schisma Japoniensis の回避

（一）布教上の「現実的な問題」

本章の第一節で取り上げた、第一回日本イエズス会全体協議会および日本管区総会議の議事録の内容から、教団がイエズス会以外の修道会の日本進出に対しては、これを「否」とするスタンスにあったことを確認した。以下、本節では如上の点を踏まえて、さらに日本イエズス会による、他修道会士の来日に対する反対論を詳しく検討してみよう。

この考察を進めるに当って留意すべきは、フランシスコ会の来日と日本布教への参入によって、日本イエズス会が直面するであろう「現実的な問題」とは何を意味していたのだろうか、ということである。

1 布教方針の「不一致」

最初に、イエズス会とフランシスコ会の双方の側における「布教方針の不一致」という問題を指摘しなければならない。

イエズス会は日本での布教にあたって、日本がヨーロッパやインド大陸とは異なる「独自」の、そして「高度」な文化体系を持っていることを重視し、いたずらにヨーロッパの流儀を押し付けるのではなく、自らが日本の文化に適応しなければならない、と判断している。そこでヴァリニャーノは、一五八〇年六月に長崎で自らが作成した『日本布教長規則 *Regimiento para el Superior de Japón.*』の中で「日本人の諸習慣は我々のものとは著しく反対で違っているため、どのような場合であれ〔この二つが〕一致することはほとんどない。……我々は日本人の間に入って生活しているのであるから、我々は日本人の諸習慣に適応しなければならない。[35]」との認識から「我々が日本人の諸習慣を習得して遵守し、それらを変に思ったり、誹謗したりしないことが大いに助けとなろう。[36]」との指示を与えているほどである。

このような判断から日本イエズス会は、いわゆる〝適応主義政策 accomodatio〟と呼ばれる文化的布教戦略を日本や中国での布教で実践することになった。[37]しかし、ヨーロッパとは異質の文化に起因する布教上の摩擦や障害を可能な限り排除するための、「文化の翻訳」という論理は、ザビエルに続く在日イエズス会士たちの、長年にわたる日本での経験と刻苦勉励の結果の賜物である。来日して間もないヴァリニャーノが（彼が初めて日本の地を踏んだのは一五七九年八月のことである）日本の文化や日本社会、あるいは日本人の価値観に順応すべく協議会を開催したのも、また彼が自らの日本体験を基にして、いくつもの関係規則を作ったのも[38]、イエズス会士らが育まれたヨーロッパとは「異質の文明」を持つ日本にキリスト教の土壌を植えつけるためのものであった。

2　日本版教会分裂の回避

こうしたザビエル以来の歴史を有する「イエズス会の流儀」が浸透し、またその流儀に立脚して改宗が行なわれてきた日本へ、日本での布教経験はおろか、日本社会の複雑な構造や日本人の価値観や行動律といった、いわば「日本のエートス」に精通していない他修道会が参入し、イエズス会と歩調を合わすことなく、非イエズス会という「自分たちだけの流儀」「自分たちだけの論理」で活動をすれば、日本人信者の間で混乱や心的動揺が起こっても不思議ではあるまい。

既に確認したように、第一回日本イエズス会全体協議会の場では、イエズス会以外の修道会の日本参入に反対する理由全五点のうち四点が、両修道会の布教活動上の分裂、布教方針の相違から生じるであろう日本教界の混乱への危惧を取り上げている。実際ヴァリニャーノも、この協議会での反対理由を、ほぼそのまま踏襲し、第一次日本巡察の報告書である『日本諸事要録 *Suma-*

rio de las cosas del Japón.』に記載している。[39] 日本布教における布教方針の不一致が招く「日本の教会分裂」を回避すべく、他修道会の日本進出は是が非でも否認されねばならなかったのである。

3　足並みの乱れ

次に指摘すべきは、イエズス会士と他修道会士との足並みの乱れである。この問題は先に記した布教方針の不一致と表裏一体の関係にあるが、宣教改宗活動の主体である宣教師間の不和と分裂は、看過できない問題とならざるを得ない。この問題は在日イエズス会士の間では、現実的にどのような弊害を日本教界にもたらし得ると考えられていたのであろうか。

たとえば、イエズス会士の手で改宗された日本人信者が、フランシスコ会士の手で改宗された日本人信者に対し、排他的な態度を取ったりすることが懸念されていた。[40] また、各修道会士が自分の判断で行動すると、それによって生じる混乱や布教活動の不統一性が、聖務の統一を妨げることも指摘されていた。[41]

同じカトリックに属し、唯一絶対の存在である神とその愛を、人間の罪を贖うために磔刑に処されたキリストを介して説くべき立場の修道会士は、互いにいがみ合ってはならない筈である。しかし、これは「理想」論であって、現実にはイエズス会がポルトガルの、フランシスコ会がスペインの布教保護権下にある以上、この両修道会の間に「在るべき」日本布教の理念と方法をめぐって対立が生じ、それが幾多の障害の温床となる可能性は、容易に排除できなかった。[42]

したがって、日本布教の進め方や日本教界に対する統轄方法などをめぐって、イエズス会とフランシスコ会その他の修道会とが方針を異にし、さらに各修道会士たちの間にも不和や対立が発生するならば、それは「自分たち自身とキリスト教の評判を落とし、異教徒や〔日本人の〕信者に対して挙げ得る成果を著しく損なう。」[43]ことを意味していた。

4　現実となった長崎シスマ

このような修道会間の抗争と不和を目にした日本人信者や日本人修道士等が、教会を離れて棄教するならば、[44]日本教界を日本人の手に委ねることを考えていた日本イエズス会の将来の計画も、白紙撤回は避けられない。[45]したがって、中世ヨーロッパのカトリックの歴史に暗い影を投じた、ローマとアヴィニョンに分かれての「教会分裂」が、在日イエズス会士と他の修道会士との対立を発端にして日本で復活して再燃しないようにするためにも、イエズス会以外の修道会の日本進出は、断固として避けねばならなかったのだった。

しかし、現実にはそのような願いも空しく、この両修道会間の対立と抗争は、本書の「終章」で記したように、中世ヨーロッパから三〇〇年ほどの時空間を越えて、近世の長崎を舞台に日本司教の後継選出をめぐって「長崎シスマ Schisma Nagasakiensis」という形で現実のものとなったのである。

(二) 世俗活動上の「現実的な問題」

これまで本節の(一)において取り上げた論点は、日本イエズス会が開催した二つの会議の議事録、ヴァリニャーノが作成した規則などが伝える事情である。これ以外にも、日本イエズス会が他修道会の来日を否定した理由が、関係史料の分析を通して明らかとなってくる。ここではイエズス会の貿易活躍と軍事活動の問題について取り上げる。

1 日本イエズス会の貿易問題

日本イエズス会の貿易は、同会修道士のルイス・デ・アルメイダが、イエズス会への入会に際して私財を教団に寄付し、それを資金にして開始された。そして巡察師のヴァリニャーノが、マカオのポルトガル商人との間で「アルマサン契約」を結び、ポルトガルの対日貿易用の生糸の一部を割り当ててもらい、それを日本で転売することによって、教団は利益をあげることができた。

この貿易は、生糸を積んだナウ船の欠航や遭難などの突発的な出来事がない限り、安定した収入を教団にもたらしていた(46)。もちろん、教団はポルトガル国王やローマ教皇からの年度給付金も財源としていたが、それらは遅配されたり満額給付がされなかったりなどしたため、高額にのぼる布教経費を十分賄うに足るものではなかった(47)。だからこそ、日本イエズス会は、日本の非自給物資であった生糸貿易に活路を見出すことになったのである。

そのような状況のもと、在マニラのフランシスコ会士たちの日本進出を糸口として、同地のスペイン人商人たちも入り込み、新たにマニラ航路での貿易が開始されれば、イエズス会の長崎とマカオを航路とした生糸貿易の利潤が打撃を受けることは避けられない。

日本とマニラ間の通商であるが、フランシスコ会のペドロ・バウティスタらが来日した一五九三年の段階では、日本とマニラのスペイン人との取引は隆盛を見ていなかった。ところが、一五九〇年代末から十七世紀の初頭にかけて、日本とマニラとの通商が活発化し始める。(48)その結果、マニラに勢力基盤を置いていたフランシスコ会なども、フィリピンで生糸の給付を受けて日本で売却し、さらにポルトガル船を利用してマカオで商品を入手して日本に持ち込むなど、日本イエズス会が危惧していた事態が現実化し始めることになった。(49)

したがって、フランシスコ会の来日は、日本イエズス会の対日貿易市場への侵食を意味するものであった以上、後者は前者の日本進出を食い止め、自らの日本市場における利益を守らねばならなかったのである。(50)それはまた、イエズス会の後ろ楯であるポルトガルの対日貿易の利潤を防御することにも連動するものでもあった。(51)

2　布教と武力征服の問題

先に検討した貿易利潤の減少とは別に、他修道会の来日を回避しなければならない、もう一つの非常に深刻な理由があった。それは、日本の政治権力者が有していた、カトリック修道会による日本侵略への根深い嫌疑である。

キリスト教宣教師による対日武力征服への危惧が、豊臣政権時のサン・フェリペ号事件と二十六聖人殉教事件、江戸幕府による禁教令発布の大きな動機となったことは周知のところである。しかし、キリスト教勢力――特に修道会とその背後に控えているポルトガル、スペイン――による日本征服の問題は、公儀による反キリスト教対策が断行される二十年以上も前から、政治実権者の間において大きな懸念となっていた。その辺りの事情について、ヴァリニャーノが『日本諸事要録』に記しているところを訳出紹介しよう。

日本の領主たちは、我々が日本で何がしかの悪事を企てているのではないか、もし自分たちの諸領国のキリスト教化を許せば、日本で我々を維持してくださっているポルトガル国王陛下のために、我々がキリスト教徒と共に反乱を起こすのではないか、との強い疑惑をかねてより抱いている(52)。

ここにはキリスト教勢力による、日本の軍事的征服に対する危惧と懸念が、地方領主のレベルとはいえ、当時の政治実権者の間で「共有」されていたことが指摘されている。『日本諸事要録』は、ヴァリニャーノが第一次日本巡察時(一五七九～八二年)に、自らが日本で見聞したところを一書にまとめたもので、一五八三年にコチンで脱稿されている。

右に引用した箇所が、いつ頃記されたものかは定かではなく、おそらくヴァリニャーノが日本を離れる一五八二年以前の状況を記したものであろう。それはさておき、江戸幕府による全国を対象とした禁教令発布の三十年も前に、「布教と武力」の問題が「日本の領主たち」の間で認識され、ヴァリニャーノもその事実を耳にして、自著に書き留めていたことになる。しかも、この一節は、同書の「第九章　日本にイエズス会以外の修道会が赴くことが不適切である理由。」の中で、七番目の理由として挙げられてさえいる。

以上の点から演繹されることは、キリスト教勢力による日本征服が疑われている折に、マニラからイエズス会以外の修道会士が大挙して来日すれば、日本の政治実権者や仏教僧侶を代表とする「反キリスト教」勢力から、イエズス会に向けられた、対日武力征服の嫌疑や敵意が増長拡大されることになり、延いては日本からのキリスト教の駆逐にもなりかねない。このような事態を回避するためにも、日本イエズス会は、他修道会士たちの日本渡来を食い止めねばならなかったと言える。

五　シクストゥス五世の小勅書をめぐって

（一）フランシスコ会の反撃

話の順番が前後するが、イエズス会によって日本への渡航と布教を禁止するグレゴリウス十三世の小勅書を発布された、もう一方の当事者であるフランシスコ会は、日本イエズス会に抗議の書簡を送付すると同時に、スペイン国王やローマ教皇には、フランシスコ会を始めとする托鉢修

ローマ教皇シクストゥス五世の肖像
（出典　Wikimedia Commons）

道会士の日本渡航を許可する必要性を訴えるなど、積極的にグレゴリウス十三世小勅書撤廃のための運動を展開した。[53]

このような状況にあって、グレゴリウス十三世が、問題の小勅書を交付した一五八五年に逝去すると、その後を継承した教皇シクストゥス五世は、早くもその翌年の一五八六年十一月十五日付けで小勅書「*Dum ad uberes fructus*」を発布した。この小勅書はグレゴリウス十三世の小勅書の内容を否定し、フランシスコ会その他、イエズス会以外の日本渡航に関する権利を認めたものとして知られている。[54]

しかし、従来、この小勅書の規定内容に関しては、本章第三節で取り上げたグレゴリウス十三世の「*Ex pastorali officio*」同様、十分に紹介されているとは言い難いので、その主要な箇所のみ訳出紹介しつつ、論点を考察してみる。

（二）　シクストゥス五世小勅書の内容

シクストゥス五世は、フィリピンを根城に活動しているフランシスコ会士たちが、神の栄光のために、極めて遠方の地においても人びとを改宗し、その霊魂を安寧なものにすることを通して、多くの成果を挙げていることを賞賛している。(55) この認識の上に立ってシクストゥス五世は、「より多くの特権をもって amplioribus privilegiis 彼らフランシスコ会士たちを賞賛する」ことの必要性を、縷々、述べているが、その理由として教皇は「それが、とりわけカトリック諸王の敬虔なる願いによって piis Catholicorum Regum votis 余に求められている。(56)」ことを挙げている。

フィリピンのサン・グレゴリオ副管区では、フランシスコ会士による布教が行なわれていたが、このサン・グレゴリオ副管区を管区に昇格させないと、フィリピンでの信仰は拡大できないので、ぜひとも管区に昇格してもらいたい、との懇請をシクストゥス五世は、スペイン国王フェリペ二世から受けていた。(57)

このような、フィリピンでのフランシスコ会士たちの真摯な活動とその成果、および国王フェリペ二世からの依頼、という事情を勘案したシクストゥス五世は、フランシスコ会士たちの布教地拡大を射程に入れ、サン・グレゴリオ副管区を管区へ昇格させ、管区昇格後に就任する管区長が統轄せねばならないことを表明した後に続けて、マニラ駐在フランシスコ会士たちの布教活動について、次のように宣言するのである。

フィリピナス諸島それ自体においても、またその他どこであれ、前述した〔東〕インディアの色々な大陸や場所においても、さらにシナの諸王国と称されている大陸や地域においても、異教徒たちをカトリック信仰に改宗することがconversio gentilium ad Fidem Catholicam適切に取り計られ行なわれ得るよう、神への栄光と賞賛のために迎え入れられるべき件の修道会〔フランシスコ会のこと〕に属する修道士たち用の新たな住居と修道院が、余すなわちローマ教皇の、もしくは教区司教の地位にある者たちの、または誰であれ他の者たちの必要最低限の許可によって開設され、彼らを〔そこに〕受け入れて居住させることを、余は承認する。かくて、それらの修道会士たちを、それらの大陸と地域に、自由且つ合法的に招じ入れることは有効たり得るfratres in illis introducere libere et licite valeat。余は〔余の〕権威と本文書をもって、同修道会士たちに許可を与えるものである。(58)

右に訳出引用した教皇シクストゥス五世小勅書の要点は、

(1)東インド諸地域での異教徒改宗は適切に遂行されねばならない。

(2)それにはフランシスコ会士たちを東インドに受け入れ、修道院等に居住させる必要がある。

(3)よって、フランシスコ会士たちが、東インド諸地域に自由に往来することは、合法的な行為である。

このようにまとめることができよう。そこで在マニラのフランシスコ会士たちは、このシクストゥス五世の勅書に明記されている、東インドでのフランシスコ会修道院の建設とそこでの居住の許可の承認、フランシスコ会士の東インドへの自由往来の合法性の承認を大きな論拠にして、イエズス会が獲得した、グレゴリウス十三世の小勅書が定めている、イエズス会による日本布教独占は無効であると解釈して、日本への入国と布教活動を実行することになったのである。

(三)「*Dum ad uberes fructus*」をめぐる諸問題

1　*Dum ad uberes fructus* 発布の意義

シクストゥス五世の小勅書が発布されたことの持つ意義は、第一に、少なくともフランシスコ会側の解釈と受けとめ方による限り、同勅書の発布によって、イエズス会による日本布教の独占が「崩壊」してしまったことである。そしてもう一つの意義は、シクストゥス五世がフランシスコ会出身の教皇であったことを考えると、自らの出身母体であるフランシスコ会の利益を、「結果」として「資する」形で、この小勅書の発布が行なわれたことであろう。いわばイエズス会とフランシスコ会の対立、またその背後にあるポルトガルとスペインとの対立の図式が、ローマ教皇庁による日本布教問題の対処の在り方までにも、等閑視のできない影響を及ぼしていた、と考えられる。

2　拡大解釈の可能性

ところで、このシクストゥス五世の小勅書には、前任の教皇であるグレゴリウス十三世の小勅書に盛られている規定内容の効力を全面的に破棄し、フランシスコ会士による日本入国と日本での宣教改宗活動を公認する、とは明確には記されていない(59)。

シクストゥス五世が、東インド各地へのフランシスコ会士の進出は合法的である、として認可しているのは、あくまでも、東インドでの宣教改宗活動を実りある形で推進するために、同会のサン・グレゴリオ副管区を管区に格上げし、それに伴う要件として、フランシスコ会士たちの東インド諸地域での定住は不可避である、と判断してのことである。

したがって、フランシスコ会士たちは、日本進出と日本での布教活動を実現し、且つその行為が合法的であり正当なものであるとするために、この勅書の規定内容を「拡大解釈」したと考えられる。従来、この点を捨象して、あたかも、シクストゥス五世小勅書によってグレゴリウス十三世小勅書の効力が全廃されたので、フランシスコ会士の日本進出と布教が可能となったかのように理解されてきている。

しかし、実際はそうではなかった訳であるので、この点の認識を踏まえたうえで、グレゴリウス十三世小勅書の効力問題を考察する必要がある。そこで、以下、フランシスコ会士のフライ・マルセロ・デ・リバデネイラの所論を手がかりに、この問題について渦中のフランシスコ会とイエズス会が、いかなる解釈を示していたのか、若干の検討を試みることにする。

3　リバデネイラの解釈

本書第三章以下に見るように、イエズス会とフランシスコ会の確執の争点は多岐に渡るものであった。その一つが日本進出に関する教皇勅書の規定内容をめぐる解釈の問題であった。[60]ここでは、まずフランシスコ会士フライ・マルセロ・デ・リバデネイラの所論を確認しておこう。

リバデネイラは在日イエズス会士たちからの、フランシスコ会に対する様々な中傷を書き留めているが、フランシスコ会士の日本進出と滞在に関する中傷の一例として彼は、

托鉢修道会士たちは悪意を持って、また国王と教皇の意思に反して日本に滞在している。というのも、教皇聖下と国王は、件の托鉢修道会士たちも、それ以外のいかなる教会関係者たちも、日本に入国してはならない旨、命じていらっしゃるからである。教皇はこのことを、破門罪をもって命じていらっしゃる。[61]

というイエズス会側からの攻撃を記し、グレゴリウス十三世の小勅書「*Ex pastorali officio*」を楯にした、在日イエズス会士による、フランシスコ会士の日本進出の不当性の主張を紹介している。

そうしたイエズス会士たちからの批判に対してリバデネイラは、次のようにグレゴリウス十三世小勅書は無効である、と強く反論する。

日本に赴くに当たって、教皇〔グレゴリウス十三世〕聖下のその小勅書が障碍ではないことに、托鉢修道会士たちは気付いた。その理由は、次の通りであった。第一に、その小勅書はイエズス会から王室審議会の場には提出されていない。というのも、国王陛下は、陛下の王室の諸領国にもたらされる小勅書は、一つ残らず提出されるようにすべく、聖座から小勅書を得ているからである。……第二に、件の小勅書は托鉢修道会士たちに抗するべく、嘆願して獲得されたものなので、裏取引と看做されている。(62)

リバデネイラはグレゴリウス十三世小勅書の発布後の事務手続き、発布自体の経緯の不当性を論拠にして、その効力を否定しているのである。(63)

その一方でリバデネイラは、シクストゥス五世小勅書を引き合いに出して、「グレゴリウス十三世の後を継がれたシクストゥス五世は……フィリピナス地方の托鉢修道会士たちに許可を与え……シナとその近隣の諸島に、彼らが聖なる福音を宣布しに行けるようにして下さった。そして御自身の小勅書に抵触するような、他の命令をことごとく無効とされた。(64)」との判断を示し、フランシスコ会士たちの東インド地域での布教の正当性と合法性を主張している。ただしシクストゥス五世の当該小勅書が、グレゴリウス十三世小勅書の効力を全否定するものではなかったことは、先述したとおりである。

4　イエズス会士の反応

シクストゥス五世の小勅書によって、グレゴリウス十三世の小勅書の内容は無効とされたので、フランシスコ会士たちの日本入国と布教は全く問題ない、とするリバデネイラの立場に対し、ポルトガル出身のイエズス会士たちは揃って猛反発した。一五九四年十月十八日付け、長崎発、アントニオ・ロペスのイエズス会総長宛て書簡の一節には、

今年、さらに別の四人の、同じ聖フランシスコ会に属する托鉢修道会士たちが日本に向かった。……托鉢修道会士たちは教皇聖下〔グレゴリウス十三世〕の小勅書に反して来日している、と我々は日本で考えている。しかし彼らが言うには、自分たちは〔それとは〕反対の小勅書を別に得ており、我々〔イエズス会〕のものは破棄されている、また自分たちは国王陛下からも許可を得ている、ということだ。(65)

との一文が確認でき、本章で考察したグレゴリウス十三世小勅書に対する、フランシスコ会、およびイエズス会双方のスタンスの違いが明確に記されている。

本書第七章において詳述したところであるが、フランシスコ会その他、日本へのスペイン勢力の進出が現実のものになると、日本イエズス会内のスペイン人宣教師とポルトガル人宣教師との間では、それぞれ自国の国益を慮った考えに基づく見解の対立が顕著になった。(66)もちろん、問題

となっている教皇勅書とて例外ではなく、在日スペイン人イエズス会士は、右に紹介したロペスの見解とは正反対の見解を主張していた。

長崎で神学を講じたスペイン人のペドロ・デ・ラ・クルスは、一五九九年二月二十七日付け、長崎発、イエズス会総長宛て書簡の中で、

托鉢修道会士の渡来によって、二つの非常に好ましくない、不和をもたらす状況が生じ、不都合が色々と起こった。一つ目の不都合は、我々が托鉢修道会士たちを渡来させないための小勅書を〔教皇グレゴリウス十三世から〕入手していたことである。(67)

と記し、イエズス会の働きかけによって獲得された、グレゴリウス十三世小勅書のことを「不都合と不和をもたらす」ものと認識している。さらにクルスは「私が信じているところは、教皇聖下に請うて、フィリピナスの高位聖職者たち、大司教（聖下の特使なので）および総督に対し、托鉢修道会士たちを〔日本に〕必ず渡来させるよう、厳粛に命じて頂くのが良いだろう、ということである。(68)」と述べ、ローマ教皇に働きかけ、フランシスコ会その他の托鉢修道会士を日本に渡来させるべきである、との立場を鮮明にしている。

このようなスペイン人イエズス会士はクルスにとどまらず、同じスペイン出身のアントニオ・フランシスコ・デ・クリターナも、「それゆえ、主において私が判断するに、今こそ、教皇聖座

の禁令を廃することで、諸他の修道会に属する修道会士たちが来日するのは適切であり、必要なことなのである。[69]」との見解を訴えて、スペイン勢力と結んだ修道会士の来日に対する、自らの「親和性」を表明したのであった。

以上、見てきたように、グレゴリウス十三世、シクストゥス五世が発布した教皇勅書もまた、イエズス会とフランシスコ会の間の確執抗争の火種となったのである。

「キリストの代理 Vicarius Christi」「使徒たちの頭の後継者 Successor Principis Apostolorum」として、カトリック世界の頂点に位置するローマ教皇。その教皇が発した勅書の有効性に対してさえ、異議を唱えていたのであるから、教皇という存在を離れた現実の布教の場において、両修道会間の対立はさらに熾烈化し先鋭化したのも当然のことであったろう。

では、イエズス会とフランシスコ会の抗争と対立は、いかなるもので、具体的にはどのような問題を論点としていたのであろうか。次章以下において、この両修道会が残した記録をひも解きながら、その実相と実態をさらに見てゆくことにしよう。

注

（1） Alessandoro Valignano, *Summarium Indicum Alterium* (Josephus Wicki ed., *Documenta Indica*, vol.

XIII, Romae, 1975.), p. 94.

（2）高瀬弘一郎『モンスーン文書と日本』（八木書店、二〇〇六年）一一、四〇頁。

（3）前掲、高瀬『モンスーン文書と日本』四〇頁。

（4）高瀬弘一郎『キリシタン時代の研究』（岩波書店、一九七七年）八頁。

（5）前掲、高瀬『キリシタン時代の研究』八〜九頁。

（6）前掲、高瀬『キリシタン時代の研究』九〜一〇頁。

（7）「レグアlegua」とは往時の距離の単位で、一レグアは海上ではおおよそ六キロ、陸上では五・五キロとされていた。

（8）飯塚一郎『大航海時代へのイベリア』（中公新書六〇三、中央公論社、一九八一年）一五四頁。

（9）高瀬弘一郎『キリシタンの世紀』（岩波書店、一九九三年）一八頁。

（10）Leo Magnino, *Pontifica Nipponica*, parte prima, Romae, 1947, pp. 17-18, 19. この大勅書をめぐる諸問題については、本書第一章でも取り上げてある。

（11）前掲、高瀬『キリシタンの世紀』一八〜一九頁。

（12）その一例として、ローマ教皇の軍事行使権について考察した、高橋裕史「一フランシスコ会士によるローマ教皇の「軍事行使権」論について」（明治大学国際武器移転史研究所編『国際武器移転史』第三号、二〇一七年）を参照されたい。

（13）Archivum Romanum Societatis Iesu, Jap. Sin. 8-I, f. 51v. なお訳文中に見える「インド」とは、インド大陸のことではなく、いわゆるポルトガル領東インドのことを指している。

（14）Archivum Romanum Societatis Iesu, Jap. Sin. 2, f. 42.

(15) この問題の詳細については、高橋裕史『イエズス会の世界戦略』（選書メチエ三七二、講談社、二〇〇六年）九四～一一五頁を参照されたい。

(16) Archivum Romanum Societatis Iesu, Jap. Sin. 2, ff. 43v-44.

(17) Archivum Romanum Societatis Iesu, Jap. Sin. 2, f. 44.

(18) Archivum Romanum Societatis Iesu, Jap. Sin. 2, ff. 44-45v.

(19) Archivum Romanum Societatis Iesu, Jap. Sin. 2, f. 70v.

(20) *Responsa data mense Ianuario 1585 ad ea quae Congregatio Provincialis Indiae habita anno 1583 proposuerat*（Josephus Wicki ed., *Documenta Indica*, vol. XIII.）p. 348.

(21) *Regimiento e Instruição do que há-de fazer o Padre Nuno Rodriguez que agora vay por Procurador a Roma*, Archivum Romanum Societatis Iesu, Jap. Sin. 22, f. 54v.

(22) Leo Magnino, *Pontifica Nipponica*, pp. 24-27. Josef Franz Schütte, *Die Wirksamkeit der Päpste für Japan im ersten Jahrhundert der japanischen Kirchengeschichite*（1549-1650）, Romae, 1967, p. 13. ここでローマ教皇が発布した教皇勅書の種類について簡単に説明しておく。

「大勅書bulla」とは、長文で修辞の粋を尽くした、重々しい文体による教皇書簡のことをいう。元々、書簡の結び紐につける、銀や鉛でできた円形の封印をbullaと称したことが語源である。十三世紀以降は、右に言及した文体で書かれた書式そのものを指すようになった。十四世紀までは無期限の特免dispensatioを付与するために発布されることが多かったが、十五世紀には行政命令に関するものにもbullaが使用された。しかし、さらに荘厳で厳粛な書式によるbullaは、列聖などの重要な勅書に限定されるようになった。「小勅書breve」は大勅書よりも簡潔な文体で記され、恩典の授与など、内容的にも重要度の高くないものに関して用いられる書式である。「教皇自発令motu proprio」は、教皇が任意に自分の意思で発布する教令のことをいう。小勅書に比べて重要な問題に関して用いられる書式であり、一般に法的性格を帯びている(以上、『新カトリック大事典　三』研究社、二〇〇二年、二八三、三二〇、九五一～九五二頁)。

なお、グレゴリウス十三世小勅書に対するフランシスコ会側の廃止運動の詳細は、高瀬弘一郎「フランシスコ会のグレゴリオ十三世小勅書廃止運動(上)(下)」(三田史学会編『史学』第三五巻第一号、第三四巻第四号、一九六三年)を参照されたい。

(23) たとえば一五八九年二月十一日には、肥前の高来《たかく》において、ヴァリニャーノ以下、ペドロ・ゴメス、ルイス・フロイスその他、教団の主要幹部が参集して宣教師追放令への対応と、今後の教団の活動の在り方について協議会を開催している。

(24) 本文中では「日本管区総会議」とあるが、この会議が開催された一五九三年にあって、日本はまだ「準管区Viceprovincia」であって、「管区Provincia」という組織にはなかった。管区とは、イエズス会の教会行政組織において最も重要な単位であり、具体的には複数の修道院や施設が一人の上長Superiorのもとに統轄された教会行政区域を指す。その区域は、必ずしも同一国に限られたものではなく、数カ国の修道院が一つの管区を構成していることもある。また同一国内に複数の管区が存在する場合もある。管区設立の条件としては、十分な人員数、精神面・行政面・経済面での自立能力の有無などである。

イエズス会日本管区の歴史を概略すると、ザビエルが来日した当時の日本は「布教区Missio」という組織段階にあったため、イエズス会ポルトガル管区の管轄下にあった。一五五一年になると、東洋でのイエズス会の布教は新設のイエズス会インド管区が統轄することになったため、日本布教区も組織上、インド管区に編入された。

日本がイエズス会の教会行政の面で大きな画期を迎えたのは、ヴァリニャーノの第一次日本巡察を受けてのことであった。ヴァリニャーノは、日本での布教の実態を検分した結果、一五八〇年に日本を準管区に昇格させ、初代日本準管区長にガスパル・コエリョを任命した。その後、日本準管区は凡そ三十年近くにわたって存続し、ようやく一六〇八年になって、ローマのイエズス会本部は日本管区の設立を認めた。しかし、その日本管区設立の布令が実際に施行されたのは、ローマの本部から関係書類が到着した一六一一年七月三十一日以降のことである。それゆえ、一般的には、この一六一一年をもって、イエズス会日本管区誕生の年としている（以上の記述に当っては、フーベルト・チースリク「イエズス会における職務（三）」キリシタン文化研究会編『キリシタン文化研究会会報』第八年第三号、一九六五年を参照した）。

(25) Congregatio Provincialis Japoniae (José Luis Alvarez-Taladriz ed., *Adiciones del Sumario de Japón*, Osaka, 1954, Apendice II.), p. 716.

(26) Congregatio Provincialis Japoniae, p. 716.

(27) グレゴリウス十三世の小勅書「*Ex pastorali officio*」は、岡本良知「日本耶蘇会とフィリッピンの諸修道会との抗争」（キリシタン文化研究会編『キリシタン研究』第三輯、一九四八年所収、後に同氏『キリシタンの時代』八木書店、一九八七年に再収）に訳文が掲載されている。しかし岡本氏の訳文は、フロイスのポルトガル語訳文からの重訳であり、またこの小勅書全文の訳文とはなっていない。さらにラテン語の原文とフロイスの訳文をつき合わせてみると、明らかにフロイスの訳文は要点だけに絞った大意訳となっている。

(28) L. Magnino, *Pontifica Nipponica*, p. 26.

(29) L. Magnino, *Pontifica Nipponica*, p. 26.

(30) L. Magnino, *Pontifica Nipponica*, p. 26.

(31) L. Magnino, *Pontifica Nipponica*, p. 26. なおこの部分のラテン語原文は、本文に引用したように、いわゆる「不定法を伴った対格 accusativus cum infinitivo」で記されている。したがって、日本語の訳文とラテン語原文との間には、訳文の主格と原文の対格との相違が生じることになる。

(32) L. Magnino, *Pontifica Nipponica*, p. 26.

(33) L. Magnino, *Pontifica Nipponica*, p. 26.

(34) L. Magnino, *Pontifica Nipponica*, p. 26.

(35) Archivum Romanum Societatis Iesu, Jap. Sin. 8-I, ff. 265-265v.

(36) Archivum Romanum Societatis Iesu, Jap. Sin. 8-I, f. 265v.

(37) 詳細は前掲、高橋『イエズス会の世界戦略』第四章を参照されたい。

(38) ヴァリニャーノは『日本布教長規則』『日本の習慣と気質に関する助言と忠告』『日本のセミナリオで遵守すべき規則』などの規則を作成して、在日イエズス会士に対して日本文化や日本人の慣習等を習得して教会内外での実践を命じている。

(39) Alessandro Valignano, *Sumario de las cosas de Japón* (1583), editado por José Luis Alvarez-Taladriz, Tokyo, 1954, pp. 143-149. 松田毅一他訳注『日本巡察記』(東洋文庫二二九、平凡社、一九七三年)五九〜六五頁。Louis Delplace, *Le Catholicisme au Japon II*, Brussels, 1910, pp. 17-18.

(40) 一五九三年十月二十五日付け、ペドロ・デ・ラ・クルスのイエズス会総長宛て書簡。Archivum Romanum Societatis Iesu, Jap. Sin. 12-I, f. 110.

(41) 一六一〇年三月五日付け、長崎発、ルイス・セルケイラのローマ教皇宛て書簡(高瀬弘一郎訳註『イエズス会と日本　一』岩波書店、一九八一年、三七八頁)。

(42)　A. Valignano, *Sumario de las cosas de Japón*, p. 145. 前掲、松田他訳注『日本巡察記』五九〜六二頁。

(43)　Alessandro Valignano, *Il Ceremoniale per i Missionari del Giappone*, editato e critiziato per Giuseppe Francesco Schütte, Roma, 1946, p. 120.

(44)　この危惧は、千々石ミゲル、トマス荒木、ファビアン不干斎らが棄教して現実のものとなる。特に本書第一章の末尾に引用した、ファビアン不干斎の『破提宇子』の記載は、当時の教団に対する日本人信者の認識について極めて示唆的である。

(45)　第一回日本イエズス会全体協議会議事録。Archivum Romanum Societatis Iesu, Jap. Sin. 2, f. 44. なお、日本イエズス会内における邦人聖職者の養成と、その計画放棄の実態については、高橋裕史「キリシタン教会と邦人聖職者問題」(社会文化史学会編『社会文化史学』第二二号、一九八六年)を参照されたい。

(46)　詳細は前掲、高瀬『キリシタン時代の研究』六一〇頁。

(47)　本書第三章の本文中にも訳出した、一五七九年十二月五日付け、口之津発、ヴァリニャーノの総長宛て書簡には「当地日本のために、より安定した何らかの基金を手に入れる必要がある。しかし国王陛下は(別便に記すように)当地で必要とするものを下さるわけはないし、またそれは不可能である……(国王陛下は)今から六年前に、日本のためにマラッカで毎年一〇〇〇スクード(の支払)を確約されたが、今に至るまで一文も受け取っていないし、今後もそれを手にできる望みはさらに少ない non s'è potuto sino hora riscuotere mense ne un solo quatrino,et meno speranza c'è di poter l'havere da qui avanti.」との一文が確認され、ポルトガル国王が布教保護権に基づく経済援助を十分に果たし得ていなかったことが記されている。Archivum Romanum Societatis Iesu, Jap. Sin. 8-I, f. 241.

（48）十六世紀末頃からの日本とマニラとの通商関係の実態については、岡本良知「一五九〇年以前に於ける日本フィリッピン間の交通と貿易」（『史学』第一四巻第四号、一九三六年）および高瀬弘一郎「十七世紀初頭における我国のスペイン貿易について」（『キリシタン時代の貿易と外交』八木書店、二〇〇二年）などを参照されたい。

（49）托鉢修道会士による日本での貿易については、高瀬弘一郎「キリシタン教会の貿易活動――托鉢修道会の場合について」（『キリシタン時代対外関係の研究』吉川弘文館、一九九四年）を参照されたい。

（50）日本イエズス会はマカオに「友好商人」を擁していた。また日本イエズス会は、教団の経済活動の委細を取り仕切る「プロクラドール」という財務会計担当司祭を抱え、その中にはカルロ・スピノラ、ジョアン・ロドリーゲスといった著名な宣教師もいた。こうした事実を踏まえるならば、日本イエズス会が、日本において生糸その他の商品を売却したりするに当って、同会と友好関係にあった日本人商人を抱えていたであろうことは推測に難くない。であるならば、日本とポルトガルとの貿易を円滑に進めるために、在日イエズス会士らが日本人商人とポルトガル人商人との間の仲介者として潤滑油の働きをしていたと考えられる。したがって、日本イエズス会は教団に友好的な一部の日本人商人層と密接な関係を、フランシスコ会その他の修道会士に横取りされたくなかったことも、他修道会の日本進出に強く異を唱える理由の一角を構成していたのではないだろうか（高瀬弘一郎「キリシタン教会のマカオ駐在財務担当パードレ」「キリシタン時代における〝教商〟」前掲、『キリシタン時代対外関係の研究』所収、を参照されたい)。

(51)　一五九九年二月二十二日付け、長崎発、ヴァリニャーノのイエズス会総長宛て書簡には、日本に駐在して取引をしているポルトガル人が、マニラと日本との通商関係の形成によって、自分たちの日本での利益の減少を危惧している、との一節が確認される。Archivum Romanum Societatis Iesu, Jap. Sin. 13-II, f. 266v.

(52)　A. Valignano, *Sumario de las cosas de Japón*, p. 147. 前掲、松田他訳注『日本巡察記』六三頁。

(53)　この運動の詳細については、前掲、高瀬弘一郎「フランシスコ会のグレゴリオ十三世小勅書廃止運動（上）（下）」を参照されたい。

(54)　J. F. Schütte, *Die Wirksamkeit der Päpste*, p. 13.

(55)　L. Magnino, *Pontifica Nipponica*, p. 36.

(56)　L. Magnino, *Pontifica Nipponica*, p. 36.

(57)　L. Magnino, *Pontifica Nipponica*, pp. 36-37.

(58)　L. Magnino, *Pontifica Nipponica*, p. 37.

(59)　J. F. Schütte, *Die Wirksamkeit der Päpste*, p. 13. "Aber schon am 15. November 1586 erreichten die Franziskaner von Sixtus V. ein anseres Breve (Dum ad uberes), das ihnen, ohne das Schreiben von Gregor XIII. ausdrücklich, die Vollmacht gab, in ganz Ostindien Missionen zu begründen."

(60)　グレゴリウス十三世およびシクストゥス五世の各教皇勅書をめぐる、フランシスコ会とイエズス会の論争問題のさらなる具体相と詳細については、本書第三章の中で、フランシスコ会士フライ・サン・マルティン・デ・ラ・アセンシオンと、イエズス会士ヴァリニャーノとの間の論争を取り上げてある。本第二章とテーマが重複するが、ここでは本章の行論を展開する必要性から、この問題に関する一事例としてリバデネイラの所論を検討することにした。

（61） Fray Marcelo de Ribadeneira, *Queixas que os Padres da Companhia que estão em Japão, assi por palavra como por cartas, publicarão ter contra os Frades Descalços de São Francisco, que estavão em Japão, as quais responde hum douto Frade da dita Ordem por nome Frey Marçello de Ribadeneira, da Província de São Gregorio das Felipinas, a quem os dichos Padres empedirão o martirio com quatro companheiros*（José Luìs Alvarez-Taladriz ed., *Documentos Franciscanos de la Cristiandad de Japón 1593-1597*, Osaka, 1973.）, p. 169.

（62） F. M. de Ribadeneira, *Queixas*, pp. 170, 171.

（63） こうした手続き上の不備に対して、ヴァリニャーノは一五九八年にマカオで脱稿した『日本とシナのイエズス会のパードレたちに書き記された、様々な非難に対する弁駁書』の中で、「カスティーリャ審議会の場での記録に残されていないからといって、その小勅書〔Ex pastorali officio〕は効力がないものとはなっていない」と反駁し、あくまでもグレゴリウス十三世小勅書の効力の有効性を主張している。Alessandro Valignano, *Apología en la cual se responde a diversas calmunias que se escrivieron contra los Padres de la Compañía de Jesús del Japón y de la China*, Archivum Romanum Societatis Iesu, Jap. Sin. 41, f. 44.

（64） F. M. de Ribadeneira, *Queixas*, p. 173.

（65） Archivum Romanum Societatis Iesu, Jap Sin. 12-I, f. 201v.

（66） この問題の詳細については、前掲、高瀬『キリシタン時代の研究』の第一部第二章論文「大航海時代とキリシタン——宣教師の祖国意識を中心に」を参照されたい。

（67） Archivum Romanum Societatis Iesu, Jap Sin. 13-II, f. 287.

（68）Archivum Romanum Societatis Iesu, Jap Sin. 13-II, f. 288.

（69）Archivum Romanum Societatis Iesu, Jap Sin. 13-II, f. 208.

第三章　ローマ教皇勅書をめぐる対立と解釈

本書第二章では、スペイン勢力と結びついたフランシスコ会の日本進出という「新たな」事態を前にした日本イエズス会が、ローマ教皇庁に働きかけて、イエズス会以外の諸修道会による日本布教への参入を禁じる教書『*Ex pastorali officio*』を、グレゴリウス十三世から一五八五年に獲得したことについて言及した。

このグレゴリウス十三世の小勅書は、翌一五八六年七月二日にマニラで公表され、在マニラのイエズス会関係者は、この小勅書の規定事項を楯にして、フィリピン司教のドミンゴ・デ・サラサールに対し、マニラで布教活動を行なっているフランシスコ会士その他、諸修道会士の日本への派遣を中止するよう求めることになった(1)。

日本入国を「破門罪」の下に厳禁された托鉢修道会側は、この小勅書の規定内容の無効性を主張し、自分たちの日本進出の正当性を強く訴えて止まない。一方、日本イエズス会の側でも、この小勅書が命じているところは、あくまでも有効であるとの論陣を張り、スペイン勢力と結んだ托鉢修道会の日本進出を徹底的に阻止し排除しようとする。(2)

つまり、このグレゴリウス十三世小勅書は、これからの日本をめぐるイエズス会と、フランシスコ会その他の托鉢修道会との対立と抗争の「激化」をもたらした、いわば「導火線」の役割を果たすことになったと言える。

そこで本章では、前章で取り上げた、グレゴリウス十三世およびシクストゥス五世の大勅書に対して、フランシスコ会、イエズス会の両修道会が、いかなる弁舌をもって、自己の立場の正当性と相手の不当性を主張したのか、その具体相と論理について、フライ・サン・マルティン・デ・ラ・アセンシオン(3)とアレッサンドロ・ヴァリニャーノの見解を中心に考察することにしよう。

一　アセンシオンの反論

(一)　過去の取り決めの確認

1　デマルカシオン

まずアセンシオンは、日本滞在中に完成させた大部の『報告書』の中で、(4)

アソーレス諸島とヴェルデ岬諸島の西一〇〇レーグワのところに、北から南へ通っている境界線を分割している二つの領域部分のうち、日本は、歴代カスティーリャ国王と歴代レオン国王に知られている西側の部分に入っている。(5)

として、日本がスペイン王室に帰属させられていることを明確に断言している。さらにアセンシオンは、前章で紹介したローマ教皇シクストゥス五世の勅書も取り上げ、その中でシクストゥス五世が自ら、日本がスペインの支配圏に帰属している旨明言していることを紹介している。(6)

つまり、アセンシオンが言わんとしていることは、日本はポルトガル領ではなく、紛れもなくスペイン領に帰属しているため、グレゴリウス十三世小勅書が定めた、イエズス会士以外の修道会士は日本に赴く資格はないとする規定そのものが無効である、ということに尽きる。

このようにアセンシオンは、イエズス会との抗争の「素因」となった、ポルトガルとの間での支配圏・勢力圏の線引きによる「棲み分け」を定めたデマルカシオンを持ち出すことで、日本はスペインの占有地であり、それによってフランシスコ会士による日本進出の正当性と権利が、法的に保証されていることを主張している訳である。

2　アレキサンデル六世の「大勅書」

アセンシオンが、グレゴリウス十三世小勅書の無効性を訴える論拠として、さらに議論の俎上に乗せたのが、同じくローマ教皇のアレキサンデル六世の勅書である。

アセンシオンの考えによると、アレキサンデル六世は東西両インドでの改宗の権利を、一〇〇年近くも前にスペイン国王に認めているので、グレゴリウス十三世はアレキサンデル六世の決定事項を今さら撤廃できない、ということである。(7) ここから、フランシスコ会のポルトガル領東インド地域での布教活動の権利は保障されることになり、フランシスコ会がマニラ経由で日本に入国しても何ら問題はない、という論理が成立することになる。

教皇アレキサンデル六世が、一四九三年五月～九月にかけて発布した、「アレキサンデルの大勅書 Bullas alejandrinas」の名で知られている一連の勅書によって、デマルカシオンの原型がポルトガルとスペインの両国に示されたことは、本書第二章で確認したところである。(8) アセンシオンの発言に見える日本のスペイン領への帰属と、アレキサンデル六世によるその承認とは、問題のグレゴリウス十三世小勅書の九十年以上も前に発布された、アレキサンデル六世の大勅書によって取り決められた事項を指していることは明らかである。

アセンシオンが、過去の教皇裁定に日本進出の正当性を求めたのは、アレキサンデル六世一人だけに限らなかった。アセンシオンは、皮肉にも、イエズス会の設立を認可したパウルス三世に対しても、自説の正当性を保証する「救いの手」を求めている。

アセンシオンは、パウルス三世が一五四四年一月十三日付けで教皇任意令「*Ex debito pastorali officii*」を発布し、同じスペイン王室の布教保護権下にある、ヌエバ・エスパーニャの托鉢修道会士らが「教皇聖下の代理および使節 comisarios y legados de Su Santidad」として、東西両インド全域はもとより、全ての既発見地および未発見地での宣教改宗活動を行なうことを認可した、と述べている。[9]

つまりアセンシオンは、イエズス会以外の修道会士による布教活動の場には、空間的制限も制約もないことが、イエズス会の設立に関わったパウルス三世自身によって明言されている事実を持ち出すことで、①アレキサンデル六世が保障した、托鉢修道会士の東西両インドへの進出とそこでの布教活動の権利が、半世紀後のパウルス三世によっても、実質的に追認されており、アレキサンデル六世の裁定が現在でも有効であること、②パウルス三世の名を持ち出すことによって、この問題をめぐるイエズス会士の言動に心理的牽制をかけること、以上のような目論見があったのではないだろうか。

ローマ教皇パウルス三世の肖像
（出典　Wikimedia Commons）

（二）二つの論点

右に記した、パウルス三世の教皇任意令に関するアセンシオンの発言の中には、二つの注目すべき論点がある。

一つ目の論点は、フランシスコ会士

らがパウルス三世によって「教皇聖下の代理および使節」という肩書きを与えられている、ということである。

ローマ教皇を指す称号は複数あるが、教皇が誕生した歴史的経緯を最も端的に表す称号は「キリストの代理 Vicarius Christi」「使徒たちの頭の後継者 Successor Principis Apostolorum」であろう。使徒たちの頭とは、言うまでもなくキリストの筆頭弟子であった聖ペテロを指す(10)。

したがって、フランシスコ会士らが教皇の代理・使節ということは、キリストおよび聖ペテロの代理にして使節ということを意味し、この世の誰をも憚ることなく、宣教改宗活動に従事できる資格を有していることを、アセンシオンは訴えているのであろう。

二つ目の論点は、フランシスコ会士らに「全ての既発見地および未発見地」での活動が認められていることである。

まず「全ての既発見地」ということは、その中に、ポルトガルのデマルカシオンに帰属する空間も包含されていることは明らかである。次に「未発見地」ということは、将来的に発見される地域が、潜在的にフランシスコ会の布教対象地に編入されたことを意味するものである。つまり、フランシスコ会士による布教対象地について、既発見地と未発見地の双方を設定することで、ポルトガルのデマルカシオンを実質的に空洞化し、フランシスコ会士たちの活動空間は「全地球規模」化されることになったのである。

しかしデマルカシオンによるポルトガルとスペインの「空間」棲み分けは、これまで見てきたように、自己の利害によって「恣意的」に解釈されたり、変更されたりする性格のものであった。

このことは、いくら教皇裁定による、経線を基準として「数理的」に、あるいはまた「物理的」に支配領域が線引きされても、係争関係にある当事者の「文系的」解釈によって、その支配空間が「アメーバ」状に伸縮を繰り返し、実体のない支配空間とならざるを得ない。つまり、デマルカシオン自体に内在する「曖昧性」が、日本をめぐるポルトガル＝イエズス会と、スペイン＝フランシスコ会の関係の悪化に火を注ぎ、それを歯止めのない対立と抗争に導いたと言える。

このように考えると、教皇が世俗の国家権力に介入して設定したデマルカシオンは、物理的な空間ではなく、当事者同士の利害によって際限なく拡大と収縮の可能な「想念の産物」であること、これがデマルカシオンの実態であったと考えられよう。

(三)　教皇の代執行官

第二章で確認したように、一五八六年十一月十五日付けで発布された、シクストゥス五世の小勅書「*Dum ad uberes fructus*」は、フランシスコ会を含むイエズス会以外の修道会にも、ポルトガル領東インドでの布教活動を遂行する権利と資格を容認したものであり(11)、この大勅書の規定を論拠に——実際には前章で考察したように、その論拠は同勅書の拡大解釈によるものではあったが——フランシスコ会の日本進出は実現されることとなった。

そのシクストゥス五世であるが、同教皇は右に記した小勅書発布の一ヶ月前、一五八六年十月三日にも大勅書「*Esti Mendicantium Ordines*」を発布している。(12) アセンシオンの解釈によると、この大勅書の中でシクストゥス五世は、先に取り上げたパウルス三世の教皇任意令の規定内容を追認しているだけではなく、修道会と人物の別を問わずに与えられた特権で、フランシスコ会士が手にしている権利を妨げるものであれば、それらの特権を全て取り消すことを明言している、とのことである。(13)

この大勅書の中でシクストゥス五世が言及している、フランシスコ会士の権利とは、日本への入国と日本での宣教改宗活動の権利を指すものであることは明らかである。この権利が、イエズス会側が手にしている日本布教の独占という「特権」によって侵害されているからには、イエズス会のその特権は「シクストゥス五世によって無効」(14)とされねばならない、という解釈が当然成立する。だからこそアセンシオンは「この勅書の力のおかげで、聖フランシスコ会の托鉢修道会士たちは日本に赴けるのである。(15)」と記し、グレゴリウス十三世小勅書の効力を明確に否定しているのである。

アセンシオンが、自らの属するフランシスコ会士の日本進出の合法性と正当性を訴えるために、ローマ教皇勅書の規定内容を積極的に用いていたことは、これまで見てきたとおりである。

しかし教皇という、現世のカトリック世界における至高の権威を論拠に出すだけでは、自らの主張の客観性、あるいは妥当性を保証し難いと考えたのであろうか。自己の言い分が、より堅固で説得力のあるものとして広く認知されるには、世俗世界の支配者である国王を引き合いに出す

こともまた、不可避の手段だったと思われる。実際アセンシオンは、

フィリピナス諸島の総督は国王陛下の勅令をお持ちである。その勅令の中で国王陛下は、それ〔シクストゥス五世の教令の諸条項〕を実行するための布教の保護者および教皇聖下の代理として、総督にいくつもの権能を与え、総督が妥当と判断する全域に、教区司祭と共に修道会士たちを送り込めるようにされた。それゆえ総督は、教区司祭と共に聖フランシスコ会の托鉢修道会士たちを日本に派遣した。(16)

という記述を盛り込んでいる。右に訳出した一節の中で、アセンシオンがフェリペ二世のことを「教皇聖下の代理」と位置づけていることに注目しなければならない。アセンシオンがスペイン国王を「教皇代理」と位置づけた真意は、奈辺にあるのだろうか。

アセンシオンによると、東西両インドの発見によってローマ教皇は、福音宣布によるインド世界の住人の改宗と、キリスト教の勢力拡大を責務として抱えることになった。(17) その責務を果たすには、教皇はカトリックの修道会士たちを東西の両インド世界に派遣せしめねばならず、併せて宣教師たちの身の安全を物理的に保証するには、必要に応じて「教皇軍事権」を発動しなければならなかった。

しかしアセンシオンの認識では、海外の非カトリック圏での宣教改宗活動に不可欠な準備を万

全に整えることは、教皇単独では難しく、またそれ以外の困難も、教皇自身の力では克服できなかった。

そこでローマ教皇は、キリストの代理として自らに課された、全人類の救済という重責を「代執行」してくれる人物を選出することで問題の解決を図ることに思い至り、歴代スペイン国王を自らの代執行官に選定した、というのがアセンシオンの論理であった[18]。

このように、アセンシオンがスペイン国王を「教皇の代理」として位置づけねばならなかったのは、その国王がフィリピナス総督を介して、フランシスコ会士を日本に派遣したのであるから、実質的にグレゴリウス十三世小勅書の効力は廃されて無効となり、フランシスコ会士の日本進出は合法且つ正当な行為となる、との論理を展開するためだったと言えよう。

以上見てきたように、アセンシオンは過去のローマ教皇勅書、スペイン国王勅令、そしてデマルカシオン規定それぞれの「読み直し」と「再解釈」によって、イエズス会の日本布教独占を公認したグレゴリウス十三世小勅書の無効性を証明し、フランシスコ会、延いては托鉢修道会の日本進出と布教活動の正当性と合法性を強く訴えたのだった。

では、このようなアセンシオンの精緻な理論に対し、イエズス会の利益を代表する立場にあったヴァリニャーノは、いかなる論法を用いて反駁したのであろうか。以下、アセンシオンによるイエズス会批判に抗するべくヴァリニャーノが作成した、『日本とシナのイエズス会のパードレたちに書き記された、様々な非難に対する弁駁書』（以下、『弁駁書』と略記する）の中から、関係諸記述を分析しつつ考察を進めることにしよう。

二　ヴァリニャーノの反論——日本の帰属について

（一）グレゴリウス十三世小勅書について

ヴァリニャーノによると、一五七九～八二年にわたる第一次日本巡察の折に彼は、日本の改宗者数に比して、在日イエズス会士が極めて少数であり、現状のイエズス会士数では、拡大と発展の途上にある日本のキリスト教界に十分に対応しきれず、そのままでは日本という良質な「主の葡萄畑」が機能不全に陥り崩壊の危機にさらされる、という深刻な問題に直面した。(19)

そこでヴァリニャーノが、アセンシオンらによる批判に反論するために執筆した『弁駁書』(20)で述べているところは、日本で第一回目の全体協議会（一五八〇～一五八一年）を開催した結果、日本教界の霊的窮状を救済するには、日本にさらに大勢のイエズス会士を派遣してもらうこと、およびイエズス会以外の修道会士も派遣してもらうことが肝要である、との見解が提示され、(21)最終的な判断を、ポルトガル国王とローマ教皇グレゴリウス十三世に仰ぐことになった、というものである。(22)

その結果、教皇と国王は、自分たちが別の方法で問題を解決するまで、日本にイエズス会以外の諸修道会士たちが赴くのは時期尚早である、との回答を明示した。(23)この裁定を受けてヴァリニャーノは、他修道会士の日本入国を否としたのは「イエズス会の発案ではなく、教皇聖下と国王陛下の決定と見解だったのである。(24)」との認識を示している。

このヴァリニャーノの発言は、「イエズス会のパードレたちは、自分たちだけが日本にいる方が適切で、他の修道会士たちが日本にいると不都合である、としている。(25)」というアセンシオンの批判が、全く的外れなものであることを明らかにし、イエズス会の立場の正当性を弁明するために記されたものであることは論を俟たない。

また、グレゴリウス十三世の小勅書が発布されたのは、イエズス会がローマ教皇庁に働きかけた結果である、という中傷を回避し、最終的にイエズス会以外の修道会士の来日を否とする決定を下したのは、自分たちではないとすることで、いわば責任逃れを図ることも視野に入れた発言だったのではないだろうか。

本書第二章で詳述したところであるが、ヴァリニャーノ、アセンシオン二人の議論の対象となっている、グレゴリウス十三世小勅書には「イエズス会の司祭たちを除くと、これまでいかなる司祭たちも日本の諸王国と島々に足を踏み入れて来なかった。」「イエズス会の司祭たちのみが、日本の国民のキリスト教信仰を担った創始者にして指導者」とあるように、(26)イエズス会による日本布教の「歴史と実績」の重さを明確に断言している。

この事実はイエズス会にとって、自分たちの日本布教の実質的「独占と占有」が、キリスト教世界の首長たる教皇によって、しかも教皇勅書という精神的拘束力と国際法的効力のある文書で明文化された形によって、[27]キリスト教世界に向けて「認定」されたことを意味していたに等しい。しかもグレゴリウス十三世は、破門罪を以って、イエズス会以外の修道会を日本布教から、事実上、締め出すことを宣言してさえいる。

以上の論点からヴァリニャーノは、教皇グレゴリウス十三世の目的が、イエズス会以外の修道会士の日本布教によって惹起される諸弊害を除去することにあり、[28]その具現化のために発布された「*Ex pastorali officio*」を「日本のキリスト教界の安寧にとって、まさしく聖なるものにして必要不可欠な、そして完全に整えられたもの[29]」と位置づけて、アセンシオンの批判を論駁したのであった。

(二) 日本の帰属先について

先述したようにアセンシオンは、イエズス会による日本布教の独占を認めたグレゴリウス十三世小勅書が、何ら拘束力を持たないものであることの論拠の一つとして、日本がスペインの征服と支配圏＝デマルカシオンに編入されていることを繰り返し主張していた。

しかし、ポルトガル国王ジョアン三世から、東インドでの布教を要請され、そのための保護を受けていたイエズス会が、日本を「ポルトガル国民の征服に属する地」と位置づけ認識していたことは、改めて述べるまでもない。

当然のことながら、ヴァリニャーノもこの立場に立って、「日本はスペイン国民の征服に属する地」とするアセンシオンの見解を否定しなければならなかった。実際ヴァリニャーノは『弁駁書』の中で、「日本は常時ポルトガル王室に属していたし、また現在も属しており、国王陛下も日本をそのようなものとして統治されている。[30]」との認識を表明している。

右に訳載した部分に見られるように、「過去」形と「現在」形を用いた、この一文を記すことによってヴァリニャーノは、過去から現在に到る直線的な時間の流れの中においても、日本がポルトガルに帰属していることを強調しているのである。直線的な時間の流れは止めることができず、「現在」という時間軸を延長すると、それは「未来」となり、未来に渡ってもやはり日本がポルトガル領に編入されることも、言外にほのめかされているのではないだろうか。

先に確認したように、アセンシオンがデマルカシオンの設定結果を持ち出して、日本をスペインの帰属とする見解を開陳している以上、ヴァリニャーノも同じくデマルカシオンの設定問題を引き合いに出して同じ土俵に立ち、アセンシオンとは正反対に、ポルトガルによる日本の領有権を訴えなければならなかった訳である。[31]

さらにヴァリニャーノは、アセンシオンの主張は、日本が西インドおよびスペイン王室による征服の対象地となることを望んでの発言にすぎないこと、またポルトガル国王自身も「日本がポルトガル王室に帰属するものとして統治されることをお望みで、これはその托鉢修道会士〔アセンシオンのこと〕の見解よりも説得力がある。[32]」とも記し、一カトリック修道会士にすぎないアセンシオンよりも、世俗の絶対権者であるポルトガル国王の意向を持ち出してアセンシオンを論駁している。

ここで注意すべきは、この当時のポルトガル国王はスペイン国王が兼務していた、という事実である。周知のように、一五八一年に当時のポルトガル国王エンリケ一世が、嗣子を残さないまま死去すると、スペイン国王のフェリペ二世がリスボンを占拠してポルトガル国王を兼務して「同君連合」制を始め、一六四〇年に解消されるまで、この同君連合は続いた。

ヴァリニャーノの『弁駁書』は一五九八年に脱稿しており、この当時のポルトガル国王は、スペイン国王のフェリペ二世でもあった。まさに、ヴァリニャーノの所属するイエズス会と対抗関係にあるフランシスコ会の布教保護権者が、イエズス会にとって、自らの身と日本教界の利益を守るための上訴先でもあった訳である。

同君連合の原則があるとはいえ、この「ねじれ現象」は、イエズス会にとって心理的に大きなストレスとなっていたのではないだろうか。だからこそヴァリニャーノは『弁駁書』の中で、ポルトガル国王が、日本への航海を行なっているポルトガル人たちに様々な恩恵を施し、在日イエズス会士たちにも援助をし続けてきた、という事実を披瀝したうえで、

ポルトガル国王は極めて厳格な勅令を数多く発布し、俗人であれ聖職者であれ、カスティーリャ人は誰一人として、ヌエバ・エスパーニャもしくはペルー、あるいはフィリピナスからシナにも日本にも、その他、ポルトガルの王室と征服に属している、東インドの諸地域に赴

いてはならない、と禁じられた。(33)

という一節を盛り込まざるを得なかったのである。

この一節は、スペイン国王フェリペ二世といえども、イエズス会の日本開教および歴代ポルトガル国王による保護という、歴史の「実績と積み重ね」は否定できず、その延長線上に連なる施策を採らねばならないことを示唆し、フランシスコ会側によるスペイン国王への安易な訴えを牽制する意図が、ヴァリニャーノにあったことを明示しているのではないだろうか。

アセンシオンが、教皇アレキサンデル六世が過去に発布した勅書を論拠にして日本がスペイン王室に帰属し、フランシスコ会士たちには来日して布教活動に従事する合法性と正当性がある、との認識を示していたことは、先述したとおりである。このアセンシオンによるアレキサンデル六世勅書理解に対して、ヴァリニャーノはどのように反論しているのだろうか、節を改めて検証してみよう。

三　ヴァリニャーノの反論――武力改宗の是非をめぐって

ヴァリニャーノは、歴代のスペイン国王には宣教師を非キリスト教圏に派遣してカトリック信仰を拡大し、同時にキリスト教徒を庇護する義務がある、との認識を提示する。(34)しかしスペイン国王は、如上の布教義務を遂行するからといって、武力を用いて他地域の王国を奪い取ることをしてはならない、との見解もヴァリニャーノは披瀝している。[35]

つまりヴァリニャーノは、いわゆる「武力改宗」という方法を、ここでは明確に否定しているのである。[36]このような自説に立脚したヴァリニャーノは、

この全地球の異教徒たちの王国には不法や罪、不正な戦争その他悪行が色々あるとはいえ、これを理由にして異教徒の領国が、アレキサンデル六世の譲渡を楯に支配されることは強いられないし、また戦争や暴力でほかの生き方を強いられもしない。[37]

という解釈を続けて示している。ヴァリニャーノは、いかなる歴史事実を念頭に、この言葉を発言したのであろうか、以下、この問題について考察をしてみたい。

第二章でも言及したように、大航海時代におけるポルトガルとスペイン、つまりイベリア両国の海外版図拡大事業は、「国土回復戦争」の延長線として計画され、実行に移された歴史的経緯を持つ。

さらに武力をもって海外に版図を獲得し、また拡大する以上、両国はそこに行きつくまでの航海領域をも明確に表明しなければならない。そのような経緯から、ポルトガルおよびスペインの排他的航海領域を明確化したローマ教皇の一人が、ルネサンス期を代表するアレキサンデル六世であったことについても、既に言及したところである。

アレキサンデル六世は、本章第一節第（一）項でも記したように、一四九三年の五月から九月にかけて一連の教皇勅書を発布し、アゾーレス諸島とヴェルデ岬諸島の西沖一〇〇レグアの地点を基準として南北に極から極に線を引き、これより西および南において発見される陸地と島嶼をスペイン国王の領有とする旨、定めた。

その結果、それらの領域内であれば「自力」で軍事的征服、キリスト教による精神的征服を行ない、異教世界を自国の植民地として領有し、支配することがスペインに認められることとなった訳である。(38)

この取り決めに基づいてスペインが南米各地を武力制圧し、先住民らをカトリックに強制改宗した事実は記すまでもない。またその際に採られた方法・手段が、非人道的で言語に絶するものであり、ラス・カーサスが自著『インディアスの破壊についての簡潔な報告』の中で糾弾するところとなったこともまた、詳述するまでもない。

さらにヴァリニャーノの発言で注目すべきなのは、異教の王国に見られる「異習慣」や「異文化」は、そうした異教の王国を征服する理由にはならない、としている点である。

キリスト教信仰を未だ受容していない「異教徒」に対して、「異教である」ことを理由に戦争をしかけることの是非は、正戦論における極めて重要な法律問題であった。

たとえば中世教会法の大家グラティアヌスは、教会法の体系的法原となった自著『グラティアヌス教令集 *Decretum Gratiani*』(39)の、第二部第二十三事例設問第四等の中で、上述した問題を詳細に論じている。

すなわち、キリスト教信仰を知らないが故に異教徒は「悪しき存在」であることを前提に考察を進めた結果、グラティアヌスは「教会の宗教の敵たちは、武力によって抑えつけられるべきである」との結論、すなわち、異教徒に対する武力行使を容認する結論を表明している。(40) グラティアヌスは異教徒への武力行使の目的を、キリスト教への「回心」に置くことで、武力による「強制改宗」を容認する立場にあったのである。(41)

宗教改革を経験した近世に入ると、「信仰は他者から強制され得ない」とする考えが徐々に拡大し、異教であることを理由にした、異教徒への武力行使は認められない、という価値観が支配的となっていった。(42)

こうした、非キリスト教信仰を理由に、また、それゆえの、カトリックへの強制改宗を目的に、異教徒への武力行使を正当化した代表的人物の一人が、スペインのファン・ヒネス・デ・セプールペダであった。

ヴァリニャーノがセプールペダの論著に、どこまで通暁していたのかは、残された史料からは詳らかにし得ない。しかし、パドヴァ大学で教会法博士を取得したヴァリニャーノの経歴を鑑みると、ヨーロッパの神学界と法学界を席捲した、セプールペダとラス・カーサスによる「バリャドリード論争」を全く知らなかったとは、常識的に考えにくい。

ヴァリニャーノがバリャドリード論争を知っていた、との仮説的前提に立つならば、彼が『弁駁書』の中で、宗教や文化の違いを理由に異教の国を征服することは許されない、と述べたのは、スペインの南米における侵略行為を糾弾し、スペイン出身のアセンシオンの考えに潜むであろう、対日武力改宗の恐れをも指摘し、併せてスペインの南米侵略の正当性と合法性を担保した、教皇アレキサンデル六世の勅書自体が、もはや「無効」である以上、日本へのスペイン勢力の進出には大義名分がないことを、強く訴えたかったからではないだろうか。事実ヴァリニャーノは、

アレキサンデル六世の譲渡により、〔カスティーリャ〕国王たちには発見、通商、征服その他、我々が先に言及したあらゆる事柄が付与されている。しかしグレゴリウス〔十三世〕の小勅書では、これらの事柄は一言も触れられていない。(43)

と明確に自己の見解を提示しているのである。

四　ローマ教皇勅書の限界

(一) シクストゥス五世小勅書の解釈

繰り返すことになるが、日本布教をめぐるイエズス会とフランシスコ会の論争は、前者による日本布教の事実上の独占を認めたグレゴリウス十三世の小勅書と、日本を含むポルトガルの勢力圏へのフランシスコ会の進出と活動を可とするシクストゥス五世の小勅書、この両勅書の発布を

受けて活発化することになった。

グレゴリウス十三世の小勅書が無効であることを、強く訴えるアセンシオンの主張に対するヴァリニャーノの反論については、上述してきたところである。そのヴァリニャーノは、当然のことながら、アセンシオンがフランシスコ会の日本入国の論拠としているシクストゥス五世の小勅書にも彼独自の解釈を加え、アセンシオンの見解を徹底的に論駁している。

まずヴァリニャーノは、本書第二章でも取り上げたように、シクストゥス五世は東インドを含む広範な地域に、フランシスコ会士が修道院と司祭館などを設けることを認めたものの、「これを理由にして彼ら〔托鉢修道会士たち〕に日本に赴く許可を与えられたのではなかった。」(44)と断言している。その論拠として彼は、グレゴリウス十三世の小勅書によって、フランシスコ会士の日本渡航が禁止されていることに加えて、「シクストゥス五世はグレゴリウス十三世の小勅書を無効にされなかった。」こと、またグレゴリウス十三世が「托鉢修道会士たちには日本に赴く権利は何一つ与えられていない。」(45)ことを挙げている。

つまりヴァリニャーノは、日本布教の「権利」に関する二つの教皇勅書の内容を分析した結果として、アセンシオンが強調している、フランシスコ会士らの来日と日本での布教の正当性や合法性が、両勅書では取り上げられておらず、したがって、全く承認されていない、としている訳である。

この解釈に立脚してヴァリニャーノは、シクストゥス五世の意図は、単に司祭館や修道院を設置すること、つまり「箱物」建設という物理的活動だけを認めたにすぎず、日本その他ポルトガルの支配圏への渡航と布教という、政治的活動および宗教的活動は何一つとして認めていない、(46)との判断を下しているのである。

(二) フィリピン総督の権限

アセンシオンが、フィリピン総督には日本に司祭たちを派遣する権限があり、それによってフランシスコ会士が日本に送り込まれることには何ら違法性は無い、との考えにあったことは、本章第一節第(三)項で先述したところである。アセンシオンによる、フィリピン総督権限の解釈に対する、ヴァリニャーノの反論を一瞥しておこう。

まずヴァリニャーノは、スペイン＝ポルトガル国王がフィリピン総督に付与した権限は、あくまでも同国王の司法権の及ぶ支配地域に限定して、教区司祭その他のカトリック教会の聖職者を派遣するためのものであって、「国王陛下の司法権の及んでいない地域」に対するものではない、としている。(47)この解釈に基づいてヴァリニャーノは、当然のことながら「日本はフィリピナス総督の司法権と支配下には一度もあったことはないし、現在もそうである。」として、(48)日本がフィリピン総督権限の「管轄外」であることを明言している。この論法を踏まえてヴァリニャーノは最終的に、フィリピナス総督もマニラ司教も、聖職者たちを〔東〕インドに属する諸他の地域に派遣できないように、日本にも聖職者たちを送り込むことはできないのであり、また聖職者たちも〔ポルトガル王室とは〕異種の司法権を介して〔日本に〕赴くことはできないのである(49)。

との結論を下し、スペイン勢力と結んだフランシスコ会士その他、イエズス会以外の修道会士による日本への進出が不可能である、という従来からの立場を堅持したのだった。

（三）国際法としてのローマ教皇勅書

右に検討してきたヴァリニャーノの見解は、イエズス会以外の修道会士の来日と日本布教を否定する際の「常套句」であることは、これまで見てきたところである。この点に注目すると、ヴァリニャーノによるアセンシオンの見解に対する反論は、日本がポルトガルのデマルカシオンに帰属するため、スペイン国王の傘下にあるフランシスコ会士の来日には合法性も正当性も欠けるゆえ認められない、という論理を基本的な要点として組み立てられていたことは明白であり、疑いの余地はない。

他方のアセンシオンは、本章での論述からも明らかなように、ヴァリニャーノとは正反対の思考に立ち、日本はスペインのデマルカシオンに包摂されているので、自分たちの日本進出と布教は合法にして正当なものである、との立場を一貫して主張している。

またアセンシオン、ヴァリニャーノ共に自説の拠り所として、議論の俎上に乗せているのが、アレキサンデル六世、グレゴリウス十三世およびシクストゥス五世が、これまでに発布した教皇勅書であった。

この両者が自説に対する強力な裏付けとしてローマ教皇を引き合いに出したのは、繰り返しになるが、教皇が「キリストの代理」「聖ペテロの後継者」という、カトリック世界における首長の立場にあるからだけではなかった。そうした宗教的権威者という立場に加えて、いや、むしろそれ以上に教皇勅書による決定事項が「ヨーロッパのキリスト教国王すべてにとって精神的拘束力となり、一種の国際法的な意味すら持つもの(50)」だったからである。

(四) ローマ教皇勅書の限界

たしかにローマ教皇の、カトリック世界の首長としての存在は重く、絶対的な権威として位置づけられて来たことは、有名な「カノッサの屈辱」が何よりもそのことを端的に物語っている。しかし中世におけるローマ教皇の権威と比較した場合、本章が扱っている十六世紀末段階でのそれは、顕著とまでは言い切れないものの、教皇権威の持つ「重み」や「絶対性」、あるいは「至上性」は、幾分かの変質を余儀なくされるまでになっていたのではないだろうか。特にアセンシオンとヴァリニャーノ、この二人の修道会士のグレゴリウス十三世およびシクストゥス五世の発布した、各小勅書をめぐる神学論争と法律論争の中における教皇の姿は、その権威が減退されたように思われてならない。

ローマ教皇がキリストの代理にして聖ペテロの後継者であるならば、その権威は絶対的で普遍的なものでなければならない。だからこそ当事者のヴァリニャーノとアセンシオンは、自説の正当性の「絶対的」あるいは「普遍的」根拠として、教皇の裁定を持ち出していた筈である。教皇権威が絶対的で普遍的であるならば、教皇勅書の裁定事項に対しては、その勅書を執筆し発布した教皇自身の解釈と結論しか許されず、それ以外の解釈や結論がそこに入り込む余地はない筈である(51)。

それにもかかわらず、ヴァリニャーノとアセンシオン両者の言い分を見る限り、この二人は自己の利害に都合の良い形で教皇という存在を持ち出し、都合の良い形で教皇勅書の文言や内容を読みかえ、互いに異なる論理で解釈し、異なる結論を導き出している。このことは、政教両面におけるイエズス会およびフランシスコ会の利害の衝突という「現実」を前には、いかな教皇権威と言えども、利害関係当事者の権利を保障する裏づけとして利用されるまでに、失墜を余儀なくされたことを示唆するものではないだろうか。

少なくとも日本の帰属問題については、教皇権威よりも実効支配の方が有力である、という意識があったと考えられる。例えばヴァリニャーノは、アセンシオンの来日を遡ること二十年ほど前の、一五七六年十月二十日付けで、インドのショラン島から書き送った、イエズス会総長宛て書簡において、次のような興味深い見解を表明している。

日本にいるパードレたちがポルトガル人なのかスペイン人なのか、ということは余り重要ではない。……しかし日本を最初に征服したのがカスティーリャ人であるならば、たとえ〔日本にいる〕我々パードレ全員がポルトガル人であっても、カスティーリャ人が日本の支配者とならざるを得ない。反対に、最初に日本を征服したのがポルトガル人であるならば、〔日本にいる〕パードレ全員がカスティーリャ人であっても、ポルトガル人が日本の支配者にならざるを得ないのである。(52)

この考えは、デマルカシオンや教皇勅書の規定が有する法的効力ではなく、とどのつまり「早い者勝ち」の論理が、日本に対する事実上の、あるいは実質的な支配権を決定することを明示している。言い換えれば、教皇の権威よりも、どちらが先に実効支配を布いているか、という現実の政治力学の方が、日本の帰属をめぐる問題に片を付けるうえでは、優先されるべき指標として認識されていたと考えられる。

このようにローマ教皇勅書に対する、事実上の「軽視」と「政治利用」の背景として、さらに追究しなければならないのは、日本の帰属先や布教をめぐる教皇庁の「裁定者」としての姿勢であり、スタンスであろう。

十五世紀末から十六世紀の初めにかけての時代にあって、教皇職は短期間に終わる傾向が見られた。そのため、当代の教皇によって決定あるいは裁定されたことが、次の後継教皇によって破棄され、それがまた次の後継教皇によって追認される、という事態もあり得た。こうした一貫性の無さが原因で、日本布教をめぐる修道会間抗争にも混乱がもたらされることになった(53)。この点を、以下に記す二つの事例から確認しておこう。

まずフランシスコ会は国王のフェリペ二世から、フィリピン諸島に修道士四十人を派遣する許可を手に入れていた。また時の教皇シクストゥス五世の勅書は、前任教皇のグレゴリウス十三世の小勅書の規定内容の問題点に関して、はっきりとした言及をしていなかった。そのため、日本がポルトガル領東インドに疑いなく帰属しているか否かも判然としないままであった。このような教皇勅書の、ある意味では「不備」を逆手にとって、フランシスコ会士たちは日本からの退去を拒絶することになったのである(54)。

ローマ教皇クレメンス八世の肖像
（出典　Wikimedia Commons）

次に一五九七年に教皇のクレメンス八世は、グレゴリウス十三世の小勅書の効力を再確認して、イエズス会の日本布教に対する独占的権限を追認した。しかしフランシスコ会士のフランシスコ・デ・モンテーリャが同年ローマに到着すると、クレメンス八世は新たに勅書を二通発布して、フランシスコ会士らがフィリピンで教会を開設するために、ローマで聖異物を収集すること、またフィリピンで開設される教会を訪れる信者に贖宥状を与えることを認可した。フランシスコ会士たちは、この二通のクレメンス八世の勅書を、日本布教に対するグレゴリウス十三世の小勅書の効力を否認するものであると解釈して、ローマで集めた聖遺物の一部を日本に送付したのだった。(55)

この二つの事例からも判明するように、日本の帰属先と日本布教の権利について、当事者の一角を構成していたローマ教皇が曖昧で煮え切らない態度をとり、その一方で、日本をめぐるそれらの問題に対する解決の、最終的な決定権を教皇側に温存して放棄しようとしなかったことが、(56)修道会士たちの反発や不信を招き、彼らによる教皇勅書の自由且つ恣意的解釈につながったとは考えられないだろうか。

かつてインノケンティウス三世が、一二一五年十一月に自ら司教らを招集して開催した第四ラテラノ公会議の場で、帝権に対する教権の絶対的優位を、「太陽と月」の喩えで説いたことは、余りにも有名な歴史の一齣である。(57)

それから三百数十年後、教皇権威が利害当事者双方の側から、ご都合主義的に利用されるまでに減退させられた以上、もともと想念の産物としての性格の濃いデマルカシオンに端を発する、日本の帰属と布教の独占権をめぐる問題は、日本を含む東半球のデマルカシオンが、明瞭な形で教皇勅書には明文化されていないこともあって、事実上の解決が不可能な、いわば「終着点」の見えない水掛け論にしかすぎなかった。その結果、ポルトガルやスペインによる、過去における征服、貿易、布教の遂行による歴史的実績と力関係こそ、問題解決の最終手段としてものを言うことになったのだった。(58) 先に訳出した一五七六年十月三十日付けショラン島発、イエズス会総長宛ての書簡の一節に示されたヴァリニャーノの発言は、まさしく、その事実を如実に物語っていると言えよう。

注

（1）高瀬弘一郎「フランシスコ会のグレゴリオ十三世小勅書廃止運動（上）」（『史学』第三五巻第一号、一九六二年）一二一〜一二二頁。

（2）その一例として、第二章の第五節第（三）項以下において、マルセロ・デ・リバデネイラの所論と、それに対する在日イエズス会士の反論を取り上げてある。

（3）フライ・サン・マルティン・デ・ラ・アセンシオンは一五六三年にスペインで生まれ、アルカラ大学で神学を修めた後、一五九四年五月からマニラでの布教を開始した。しかし、フィリピン総督の外交使節として滞日していたフライ・フアン・ポーブレの報告で、日本のキリスト教界が宣教師を必要としていることを知ると、一五九六年六月に来日した。日本での活動は一年に満たず、サン・フェリペ号事件に連座して、翌一五九七年に、長崎の西坂にて磔刑に処された。

（4）アセンシオンはマニラ滞在中に、駐マドリードのインディア総遣外管区長フライ・フランシスコ・アレスビアガの指令書を受領し、日本の改宗についての諸事情を説明するよう命じられた。アセンシオンは一五九六年六月〜九月にかけて『報告書』を作成し、大坂でほぼ完成をみる。脱稿後はマニラに送付され、同地で複写が二部作成された。本『報告書』は、日本国内のキリスト教の動向と政治情勢を中心とする日本情報を、マドリードのフランシスコ会上層部に報告することを目的に執筆されたものである。しかしアセンシオンは、この『報告書』のいたるところで、スペイン国王の日本を含む世界支配の合法性と、フランシスコ会による日本その他の東洋諸地域での布教の正当性を強く主張している。したがって、フランシスコ会およびスペイン国王の世界支配の正当性と、そこに介入して、この両者を精神的に支えるローマ教皇の偉大さを明らかにすることが、本『報告書』の「もう一つの」目的と言うべきであろう。

さらにアセンシオンは、ポルトガルと結びついて活動していた在日イエズス会士たちの経済活動や軍事活動を厳しく批判している。つまりこの『報告書』は、フランシスコ会とスペインの日本での活動の合法性と正当性の裏返しとして、イエズス会とポルトガルによるこれまでの日本での活動の非合法性と不当性を知らしめてもいるのである。

（5） Fray San Martin de la Ascención, *Relación de las cosas de Japón para Nuestro Padre Fray Francisco Arezubiaga, Comisario General de todas las Indias en corte* (José Luis Alvarez-Taladriz ed., *Documentos Franciscanos de la Cristiandad de Japón 1593-1597*, Osaka, 1973.), p. 119.

（6） F. S. M. de la Ascención, *Relación*, p. 93.

（7） F. S. M. de la Ascención, *Relación*, p. 91.

（8） 高橋裕史『イエズス会の世界戦略』（選書メチエ三七二、講談社、二〇〇六年）七一頁。

（9） F. S. M. de la Ascención, *Relación*, p. 92.

（10） このような地位を与えられているからこそ、ローマ教皇は「全世界のカトリック教会の統治者Caput Universalis Ecclesiae」として、現在もなお、聖職者を含む十二億ものカトリック教徒たちの頂点に立ち、彼らを教導しているのである。

(11) Josef Franz Schütte, *Die Wirksamkeit der Päpste für Japan im ersten Jahrhundert der japanischen Kirchengeschichte* (1549-1650), Romae, 1967, p. 13.

(12) F. S. M. de la Ascención, *Relación*, p. 92.

(13) F. S. M. de la Ascención, *Relación*, p. 92.

(14) F. S. M. de la Ascención, *Relación*, p. 92.

(15) F. S. M. de la Ascención, *Relación*, p. 92.

(16) F. S. M. de la Ascención, *Relación*, p. 93.

(17) F. S. M. de la Ascención, *Relación*, p. 114.

(18) 以上の問題の詳細については高橋裕史「一フランシスコ会士によるローマ教皇の「軍事行使権」論について」(明治大学国際武器移転史研究所編『国際武器移転史』第三号、二〇一七年)一〇〇～一〇三頁。

(19) 一五七九年十二月五日付け、口之津発、イエズス会総長宛て書簡。Archivum Romanum Societatis Iesu, Jap. Sin. 8-I, f. 240. 一五八〇年十月二十七日付け、臼杵発、イエズス会総長宛書簡。Archivum Romanum Societatis Iesu, Jap. Sin. 8-I, f. 298.

(20) ヴァリニャーノは一五九七年十一月十日付け、マカオ発のイエズス会総長宛て書簡において「托鉢修道会士たちの死去に伴って二つの論著が発見された。この論著は彼らのうちの一人がマドリード政庁に抱えている遣外総管区長に、またこの遣外総管区長を介してエスパーニャ国王と王室審議会の重鎮たちに、日本の諸問題のことを報告するために執筆したものである。この托鉢修道会士はその論著の中で、我々イエズス会士に関して余りにも数多くの偽り事を書いている。……私は一仕事してこの論著に対する弁駁書*Apología*を作成した。」と述べている。Archivum Romanum Societatis Iesu, Jap. Sin. 13-I, f. 91v.

（21）この問題の詳細については、本書第二章第二節第（二）項で詳述した。

（22）Alessandro Valignano, *Apología en la cual se responde a diversas calmunias que se escrivieron contra los Padres de la Compañía de Jesús del Japón y de la China*, Archivum Romanum Societatis Iesu, Jap. Sin. 41, f. 13.

（23）A. Valignano, *Apología*, Archivum Romanum Societatis Iesu, Jap. Sin. 41, f. 13.

（24）A. Valignano, *Apología*, Archivum Romanum Societatis Iesu, Jap. Sin. 41, f. 14v.

（25）F. S. M. de la Ascención, *Relación*, p. 56.

（26）Leo Magnino, *Pontifica Nipponica*, parte prima, Romae, 1947, p. 26.

（27）高瀬弘一郎『キリシタン時代の研究』（岩波書店、一九七七年）七頁。

（28）A. Valignano, *Apología*, Archivum Romanum Societatis Iesu, Jap. Sin. 41, f. 48.

（29）A. Valignano, *Apología*, Archivum Romanum Societatis Iesu, Jap. Sin. 41, f. 48.

（30）A. Valignano, *Apología*, Archivum Romanum Societatis Iesu, Jap. Sin. 41, f. 44.

（31）ただしヴァリニャーノは『弁駁書』執筆の二十年以上も前に、日本がポルトガルのデマルカシオンに帰属することを、機会あるごとに表明している。本章一五一頁で紹介した、一五七六年十月三十日付け、ショラン島発のイエズス会総長宛て書簡の別の部分で彼は、「これらシナや日本の地の全てがポルトガル国王のデマルカシオンと裁治権demarcatione e iurisditione del Re di Portugalloに包含されていることは明白で全く異論がない。」との立場を鮮明にしている。

Archivum Romanum Societatis Iesu, Jap. Sin. 8-I, f. 36v.

（32）A. Valignano, *Apologia*, Archivum Romanum Societatis Iesu, Jap. Sin. 41, f. 46.

（33）A. Valignano, *Apologia*, Archivum Romanum Societatis Iesu, Jap. Sin. 41, f. 43v.

（34）A. Valignano, *Apologia*, Archivum Romanum Societatis Iesu, Jap. Sin. 41, f. 65.

（35）A. Valignano, *Apologia*, Archivum Romanum Societatis Iesu, Jap. Sin. 41, f. 65.

（36）このような考えの一方でヴァリニャーノは、かつて、明帝国に対する武力征服を提言した過去を持つ。一五八二年十二月十四日付け、マカオ発のフィリピン総督宛て書簡でヴァリニャーノは、綿密な計画を事前に立てたうえで明帝国を征服できれば、それは改宗の拡大だけではなく、ポルトガル＝スペイン国王の名声と、世俗面での進展に大いに益する、との自説を詳細に開陳している（前掲、高瀬『キリシタン時代の研究』八一～八四頁）。

（37）A. Valignano, *Apologia*, Archivum Romanum Societatis Iesu, Jap. Sin. 41, f. 65.

（38）ポルトガルおよびスペイン両国間のデマルカシオン設定の過程等については、前掲、高瀬『キリシタン時代の研究』七～一七頁、および前掲、高橋『イエズス会の世界戦略』六九～七四頁参照。

（39）一般には『グラティアヌス教令集』あるいは単に『教令集』という通称の方が知られているが、原題は『*Concordia Discordantium Canonum* 矛盾する教会法の調和』である。

（40）Qu. IV, c. 48. Ecclesiae religionis inimici etiam bellis sunt coherċendi.

（41）ここからグラティアヌスは「神が命令される戦争は、疑いなく正当なものであるhoc genus belli sine dubio iusutum est, quod Deus imperat.」との見解に達している。

（42）伊藤不二男「グラティアヌス『教会法』における正当戦争論の特色」（九州大学法政学会編

『法政研究』第二六巻第二号、一九五九年）一三七頁。

(43) A. Valignano, *Apologia*, Archivum Romanum Societatis Iesu, Jap. Sin. 41, f. 65.

(44) A. Valignano, *Apologia*, Archivum Romanum Societatis Iesu, Jap. Sin. 41, f. 46v.

(45) A. Valignano, *Apologia*, Archivum Romanum Societatis Iesu, Jap. Sin. 41, f. 46v.

(46) A. Valignano, *Apologia*, Archivum Romanum Societatis Iesu, Jap. Sin. 41, ff. 46v-47.

(47) A. Valignano, *Apologia*, Archivum Romanum Societatis Iesu, Jap. Sin. 41, f. 47.

(48) A. Valignano, *Apologia*, Archivum Romanum Societatis Iesu, Jap. Sin. 41, f. 47.

(49) A. Valignano, *Apologia*, Archivum Romanum Societatis Iesu, Jap. Sin. 41, f. 47.

(50) 前掲、高瀬『キリシタン時代の研究』七頁。

(51) 日本史学における、いわゆる「キリシタン時代」において、当時のローマ教皇の果たした役割が極めて重要なものであったことは、今さら説明を要するまでもない。そのローマ教皇の役割を考察するには、教皇の発布した教皇勅書の緻密な読解と分析の研究から始めることが不可欠な作業である。しかし、キリシタン時代における、そうした教皇勅書の研究は、日欧交渉史研究の分野において、未だに十分に行われているとは言い難いのが現状である。室町時代の日明関係の場合、当時の漢文で作成された外交文書の分析に関する研究が蓄積されていることを想起すると、キリシタン時代のローマ教皇勅書の研究は著しく立ち遅れている。

その要因として考えられ得るのは、①難解なラテン語で書かれているため、研究に不可欠な知識としてラテン語の学習が求められること、②日本史の一時代の研究であるのに、ローマ教皇に軸足を置いた研究を進めると、日本史ではなく西洋史的な要素が多くなることへの心理的抵抗、あるいは反発が生じ得ること、が指摘できるのではないだろうか。

①の場合、例えば江戸時代の日蘭関係では、オランダ語の知識を駆使して、当時のオランダ語で記されたオランダ商館日記や会計帳簿などを分析した、厚い研究の蓄積があるので、キリシタン時代のローマ教皇勅書の研究が行われても不思議ではない。

②についても、日本史という「一国」史から、「海域」史あるいは「地域」史という、広い視角からの研究が行われて久しい。もちろん研究者個々人の問題意識に制約あるいは規定されるところではあるが、キリスト教も含む日欧交渉史の研究には、ロマンス諸語で書かれた史料の利用が常識となっている以上、日本史専攻だからといって、スペイン語、イタリア語、ポルトガル語、ラテン語の学習は必要ない、あるいは、語学が苦手だから、嫌いだからという理由からだけで日本史を専攻する、という傾向があるとするならば、そのような消極的姿勢も見直されて然るべきではないだろうか。

（52）Archivum Romanum Societatis Iesu, Jap. Sin. 8-I, f. 36v.

（53）Carla Tronu, "The Rivalry between the Society of Jesus and the Mendicant Orders in Early Modern Japan" in *Agora*, No. 12, 2015, p. 28.

（54）C. Tronu, "The Rivalry" ,p. 30.

（55）C. Tronu, "The Rivalry" , p. 30.

（56）C. Tronu, "The Rivalry" , p. 28.

（57）蛇足ながら、参考までに原文を挙げておく。"Porro sicut luna lumen suum a sole sortitur, quae re vera minor est illo quantitate simul et qualitate, situ pariter et effectu: sic regalis potestas ab auctoritate pontificali suae sortitur digntatis splendorum; cuius conspectui quanto magis inhaeret, tanto minore lumine decorator; et quo plus ab eius elogantur aspectu, eo plus proficit in splendore."

(58) 前掲、高瀬『キリシタン時代の研究』三一頁。

第四章　経済活動という錬金術をめぐる抗争

一　錬金術をめぐる抗争の下地

（一）清貧理念と布教地の困窮

一五七三年に三四歳の若さで、イエズス会総長名代の地位と権限を持つ巡察師Pater visitatorに就任したアレッサンドロ・ヴァリニャーノは、日本のキリスト教史に大きな足跡を残したイエズス会士である。そのヴァリニャーノは、インド大陸におけるポルトガル人の拠点ゴアから巡察行為を本格的に開始するが、そのゴアに滞在中の一五七五年十二月二十五日付けで、イエズス会総長エヴェラルド・メルキュリアンに宛てて、次のように書き送っている。

我々は洗礼志願者たちのための収入を十分に有してはいない。……世俗的な事柄cose temporaliにおいて、救済と救援のための特別な配慮を手にしないならば、土地のキリスト教徒たちは、哀れにも、一人残らず破滅するであろう。……我がイエズス会士たちは、ほとんど全てのレジデンシアで、我が『イエズス会会憲』が認めていると思われる事柄に反して、定収入intrataで暮らしている。これが大目に見られている理由は貧困である。というのも、実際、この地方の人々は誰しも極端に貧しく、イエズス会士たちは、ごく僅かなもので生計を立てている。そのため、これらの定収入がなければ、我がイエズス会士たちを、これらの布教地で養うことの可能な救済策は全くないからである。(1)

インド大陸に身を置いているイエズス会士たちが、脆弱な経済基盤のために、布教活動を安定した形で恒常的に展開し維持してゆく見通しが立ちにくく、『イエズス会会憲』(以下、適宜、『会憲』と略記)の規定に反して収入を保有せざるを得なくなったことが赤裸々に記されている。「信仰告白」という表現を借りるならば、これはまさに、ヴァリニャーノによる教団の「経済告白」である。

その『イエズス会会憲』であるが(2)、十六世紀に設立された後発の「新しい修道会」であるイエズス会にあっても、「清貧は修道生活の堅固な防壁firme muroとして愛され、神の恩寵によって、できる限り純粋な形で守られなければならない(3)。」として、キリスト教世界に脈々と伝わる、「清貧」理念の墨守を謳っている。なかんずく『イエズス会会憲』が、その遵守を厳しく求めているのは、どのような形態であれ、定期性のある収入の獲得と保有の禁止行為である。『会憲』の該当箇所を訳出引用してみよう。

霊魂を助けるためにイエズス会が受け取るカーサ、あるいは教会にあっては、たとえ聖具室や建築物その他のもののためであっても、イエズス会が何らかの管理権alguna disposiciónを持つような形では、どのような定収入も所有することはできない。……イエズス会のカーサ、あるいは教会は定収入を所有しないだけではなく、イエズス会士が住むためのもの、使う必要のあるもの、もしくは極めて有用なものを除き、個人としても共同体としても、どのようなものであれ不動産を所有すべきではない(4)。

一読して明らかなように、『会憲』はイエズス会およびその構成員たるイエズス会士に対して「定収入の所有」を禁じている訳である。しかし、此岸における「神の国civitas Dei」の建設が至上の目的であっても、その具現化には、好むにせよ好まないにせよ、現世すなわち世俗社会に身を置いて生活し、人々と交わり、宣教改宗に従事する以上は、此岸という現実社会における財源の確保は必要不可欠である。

イエズス会の基本的な経済基盤は、修道会である以上、原則として信者や篤志家からの「喜捨」によって構成され、またそれに立脚していなければならなかった。喜捨はイエズス会史料にも小まめに記されており、イエズス会が日常的なレベルで獲得することのできた最小単位の収入源であった。喜捨に関するイエズス会士の記録を二点紹介すると、まず一五七八年十月二十日付け、ゴア発、ゴメス・ヴァスの『年度報告書Carta Annua』には、

この〔バサインの〕コレジオの設備は、今年、大幅に増加した。なぜなら、教会と櫓が全て完成したからである。教会はとても明るくて収容能力もあり、快適となった。かの都市〔バサイン〕にある教会の中で最高の教会である。これらの工事の費用は、総督とこの都市が随意に施してくれた喜捨で賄われた……現在、きれいな教会を建築中であり、今年は小礼拝堂が完成した。住民がこの工事のための喜捨を携えて駆けつけてくれている。(5)

という記述が確認され、バサイン・コレジオ付属の教会の建設にあたり、バサイン駐在のポルトガル政庁インド総督とバサイン市関係者、およびバサイン市民が喜捨を提供し、それを建築費に充当していたことが判明する。

右に引用したゴメス・ヴァスの年度報告書に記されている喜捨の金額が、どの程度のものであったのかは、その報告書自体にも明記されていないので不詳である。ただし、史料の前段に書かれている喜捨は、インド総督とバサイン市関係者からの提供であることから推測すると、後段に見えるバサインの住民からの喜捨よりも、多額であったものと思われる。

次にこの史料とは別に、一五七五年十二月四日付けで、コチンからゴアに向かう船中で認めら

れた、ヴァリニャーノのイエズス会総長宛て書簡の一節には、

一部のイエズス会士たちは、国王陛下が毎年支給して下さっている喜捨で暮らしている。その喜捨というのは、当地インドにおいて国王陛下の財務官たちによって支払われている。別のイエズス会士たちは、彼らが駐在している土地にいるポルトガル人たちが施してくれる喜捨で暮らしている vivono d'elemosina che gli danno gli portuesi。(6)

とあり、在インドのイエズス会士がポルトガル国王と、駐在先のポルトガル人からの喜捨で生計を立てていたことが知られる。いずれにせよ、インドイエズス会は、バサインに代表されるインドの都市と都市住民、つまりインドの自治体からの喜捨、ポルトガル国王とインド総督に示される本国政庁関係者からの喜捨、および在地のポルトガル人からの喜捨と、それぞれ「官と民」という性格の異なる資本を財源の一部に編入していた訳である。もちろん日本においても喜捨による教会活動の進展は同様で、「ミヤコではいくつかの教会が作られた。キリスト教徒たちは、それらの教会の一つに、喜捨として一五〇〇パルダオを施してくれた。(7)」と報告されているように、布教によって改宗した日本人キリスト教徒からも喜捨は施されていた。

この喜捨であるが、額にもばらつきがあり、しかも善意と任意に基づくものである以上、喜捨を施してくれる篤志家に対し、喜捨の額や頻度を教団の方から指定することはできない。そのよ

うな限界と制約のある喜捨だけでは、教会活動を存続、発展させることは著しく困難であったため、喜捨に代わる、より「大口の安定した」財源が不可欠であった。

その一つが、イエズス会の布教保護者であるポルトガル国王やローマ教皇からの「年度給付金 pençāo」である。

(二) 教皇とポルトガル国王からの年度給付金

ポルトガル国王には、王室布教保護権の制度に基づき、イエズス会の布教活動に対して経済援助を行なう義務があった。イエズス会とポルトガル政庁との間に見られた、経済援助関係の構築については、その時期や年代を明確に特定することは難しい。ただ、ポルトガル国王ジョアン三世が、停滞していたインド大陸でのキリスト教布教を軌道に乗せるために、創設間もないイエズス会に白羽の矢を立て、一五四〇年にシモン・ロドリーゲス、ニコラス・ボバディーリャ、パウロ・デ・カメリノの三名を、インド布教要員として選出した時点において、ポルトガル国王によるイエズス会のインド布教に対する経済援助義務が発効したと考えられよう。

ポルトガル国王からの年度給付金は、マラッカ、コチンにあるポルトガルの税関が徴収した関税収入の一部や、インドのポルトガル国王所有地などに代表される「現金支払い」のものと、「現物支給」によるものがあった。ポルトガル国王による年度給付金は、一五七四年までは、マラッカにおいて毎年五〇〇ドゥカドが給付されていたが、同年、一〇〇〇ドゥカドに増額された。

一五八〇年にはさらに一〇〇〇ドゥカドが追加支給され、一六〇七年になると、新たに二〇〇〇ドゥカドの支給も決定され、ポルトガル国王給付金は総計四〇〇〇ドゥカドにも達した(8)。

ポルトガル国王年度給付金と並んで、当時のイエズス会が合法的に手にできた財源が、ローマ教皇からの年度給付金である。これは、ローマ教皇があくまでも「慈悲」という名目で施したものであり、そのためであろうか、イエズス会はローマ教皇に対し、イエズス会への「経済的慈悲」の実践という形によって、教皇に経済援助を求めることが多かった。

その一例を紹介すると、一五七七年九月十六日付け、ゴア発のイエズス会総長宛ての書簡でヴァリニャーノは、

ポルトガル国王陛下は、前記のマール・アブラハム大司教に、報酬として毎年およそ三〇〇クルザドを下賜されることが全面的に必要である。……国王陛下がそれほど多額の定収入を下賜できない場合、教皇聖下が何らかの聖職禄、あるいは喜捨でお救いできるのであれば、全てはうまくゆくであろう(9)。

と述べ、ポルトガル国王からの経済援助が不首尾に終わった場合の代替策として、ローマ教皇からの援助にすがることを考えていたことが確認できる。

ローマ教皇からの年度給付金は、一五八三年以降、四〇〇〇ドゥカドが支給され、一五八五年

には六〇〇〇ドゥカドに増額されるが、翌一五八六年以降になると、再び元の四〇〇〇ドゥカドに戻されることとなった(10)。

しかし、このポルトガル国王とローマ教皇からの年度給付金は、その支払い状況が滞りがちであったり、減額されての支給であったりしたため、日本イエズス会にとっては、有力な資金源とはなり得なかった。この状況は、ヴァリニャーノが第一次日本巡察のために来日した時点で、既に「常態化」していたようである。一五七九年十二月五日付で、口之津発、ヴァリニャーノのイエズス会総長に宛て書簡には、

当地日本のために、より安定した何らかの基金を手に入れる必要があるが、国王陛下は（別便に記すように）当地で必要とするものを下さる訳はないし、それは不可能であるSua Altézza（come nell' altra scrivo）ne deve ne può dare quello ch'è qui necessario。……陛下は今から六年前に、日本のためにマラッカで毎年一〇〇〇スクード〔の支払〕を確約されたが、今に至るまで一銭も受け取っていないなし、今後もそれを手にできる望みはさらに少ない(11)。

との一節が確認できる。ここに引用した文言から、ポルトガル国王による日本イエズス会への経済援助義務の履行が、「機能不全」に陥っていたことが、ヴァリニャーノの強い危機感と共に明確に記されている。

（三）　貿易活動への開眼

そのためイエズス会は、安定的で恒常的に多額の資金を教団にもたらす財源を、新たにそして独自の才覚でもって開拓し、保有しなければならなくなった。それがインド大陸内を中心とする不動産の取得であり、ポルトガルの通商網に参画して展開された各種の貿易活動であった。このことは、ヴァリニャーノが自ら、

我がイエズス会士たちは、主にナウ船による貿易で生計を立てている。……我がイエズス会士たちは、主としてこのように生計を立てており、色々な教会やキリスト教徒を維持するために、日本で必要とされている、あのような巨額の諸経費を捻出しているのである。(12)

と告白しているように、マカオのポルトガル人商人との間で締結した「アルマサン契約」による貿易活動の結果、当時の日本イエズス会は、東アジアの諸他の布教地よりも経済基盤が安定し、日本での布教活動を拡大させ伸展させることが可能となったのだった。このことこそ、本章の冒頭部分に訳出引用したヴァリニャーノの書簡に見える、「イエズス会士たちは『イエズス会会憲』に反して収入で暮らしている。」という一文の意味するところなのである。

しかし、こうした、西洋経済史上における「前期的資本」(13)と結んで、多岐にわたる経済活動に従事した結果、当時の日本イエズス会は、教会関係者から厳しい批判を受けることになった。(14)

では、イエズス会より後発する形で日本布教に参入したフランシスコ会は、どのような論理を用いてイエズス会の錬金術を批判していたのだろうか。以下、フライ・サン・マルティン・デ・ラ・アセンシオンと、フライ・マルセロ・デ・リバデネイラ[15]、この二人のフランシスコ会士が書き残した報告書の内容を紹介しつつ、この問題を考察してみよう。

二　二人のフランシスコ会士による批判

（一）修道院の「税関」化

まず、ヴァリニャーノが一五七九年にマカオで締結した「アルマサン契約」に基づく、在日イエズス会士の貿易活動についてであるが、アセンシオンは、「福音の説教者たちが商人のような存在であることは、聖なる教会法によって司祭にも禁じられている。[16]」と述べ、明確に司祭職の商人化を批判している。アセンシオンは「司祭」という一般的な語を用いているが、彼の念頭に在日イエズス会士の存在があったことは、想像に難くない。

その教会法による「禁」を破って在日イエズス会士たちはマカオと通商し、「巨額の金grande suma de dinero」[17]を取り扱い、ナウ船から長崎に陸揚げされた多様な商品を修道院に運びんでいるなど、在日イエズス会士の商業活動の有様を厳しく糾弾している。その結果、

〔イエズス会の〕長崎の修道院は、インディアスから運ばれてくる商品が一つ残らず記録され

るため、セヴィーリャの税関のようなものとなっている。[18]

と報じ、イエズス会の修道院が「税関」と化した、生々しい実態を伝えている。日本イエズス会の修道院が商取引所に等しい状態になっている、との批判は在日イエズス会士の記録にも確認されるところであって、当事者であるイエズス会の内部でも、これは非常に問題視されていた。[19]したがって、アセンシオンの筆になるこの非難は、単に日本布教をめぐる対立相手という、イエズス会攻撃の理由から誇張された記事ではなかったことに留意しなければならない。

在日イエズス会士の商取引は、もう一人のフランシスコ会士であるリバデネイラによっても批判の対象とされた。リバデネイラが書き残したその批判内容は、次のようなものである。

マカオのナウ船に関する協定〔アルマサン契約のこと〕によって、長崎には日本の商人が出入りをし、イエズス会のパードレたちを介して取引をしていた。というのも、パードレたちは、その協定はキリスト教界の裨益のためのものである、と語っているので、ポルトガル人は一人残らずパードレたちの意に従い、たとえ自分たちの財布から停泊料を支払ってでも、パードレたちの望むところを行なっているからである。[20]

リバデネイラの記録を読む限り、ヴァリニャーノが締結に成功した「アルマサン契約」は「キリスト教界に裨益」する、という理由から、ポルトガル人商人たちも在日イエズス会士の希望どおりの取引をしていた、ということになる。

（二）　利益のための改宗

さらにリバデネイラは、在日イエズス会士たちがマカオで仕入れた諸物資の使い道に関して、次のように報告している。

イエズス会のパードレたちは、大勢の身分の高い異教徒たちに贈答品をいろいろ与えている。とくに支配をしている異教徒、それに国王〔秀吉〕と一緒に行動している異教徒に対してである。ある者たちに〔贈答品を〕与えているのは、彼らがパードレたちを手助けしてくれているからであり、他の者たちにも〔贈答品を〕与えているのは、彼らがパードレたちに悪事を働かないようにするためである。パードレたちはこの件について、金持ちや権力者から意見を徴し、この者たちにはシナのポルトガル人たちのナウ船の様々な商品で恩恵を施しているのである。かくて、異教徒たちの間では、キリスト教徒になればすぐに裕福になる、との意見が見られるのである。(21)

リバデネイラの指摘の要点は、イエズス会士たちが日本の政治支配者に対して、教団への援助や保護を求めるために贈物をしていること、また、貿易品の利益につられてキリスト教に改宗する風潮が見られたこと、この二点に集約できる。

このリバデネイラの指摘は、奇しくも日本側の記録にも同種の記事が確認できる。例えば松浦《まつら》隆信に仕えた大曲藤内《おおまがりとうない》が書き残した『大曲記《おおまがりき》』には、「南蛮船よりきりしたん宗とてめつらしき仏法僧わたりけり……かの宗ていに成るほとの者には過分の珎物をとらする間しさいもしらん物ハ皆よくにちうして成物おゝし。(22)」との一節が見え、先に訳出紹介したリバデネイラの報告と符合した内容と言える。

リバデネイラは、イエズス会士たちが、秀吉を始めとする政治的実力者に貿易品をいろいろ分与していることを批判的な目で見ているが、それは日本布教という経験を、否、イエズス会が経験した、開教記の「日本」という文化や社会の特質を経験することのなかった者の視点ではないだろうか。

ザビエルによる開教以降、イエズス会士たちはヨーロッパとは異質な文化空間、社会空間に身を置いた結果見出したのは、日本という布教地、日本人という改宗対象者が、イエズス会士たちが生まれ育ってきたヨーロッパのそれらとは、全く異なる論理の中で動いている、ということであった。その現実を目の当たりにしたヴァリニャーノは「日本では〔インドやヨーロッパとは〕別個の世界、別個の作法、別個の習慣や規範が通用しており、その結果、ヨーロッパでは礼儀正しく名誉あるものと評価を受けている事柄の多くが、日本では著しく不名誉で侮辱的なものと見なされている。」[23]と看破した。そこでヴァリニャーノは、来日して十ヶ月後の一五八〇年六月に、自ら作成した『日本布教長規則』において、

日本人は領主たちに大いに左右されているので、領主たちからの好意と援助がなければ、キリスト教徒が保持され進歩することも、改宗を広めることもできない。したがって、上長たちは〔我々に〕好意を持つ領主たちを擁さねばならない。領主たちが必要とする、何がしかの贈り物を与え、日本の習慣に応じて（日本では、まず何がしかの物を与えずには、何事も獲得できない）援助をすることほど、領主たちを大いに魅するものはない。[24]

という指示を与え、領主層を始めとした、日本の政治実権者への贈答品の授与を命じたのだった。その目的としてヴァリニャーノが指摘していることは、「キリスト教界の発展と、所領内にいるパードレたちを援助し庇護してもらうようにするか、あるいは少なくとも妨害や邪魔をしてもらわないようにするためである。」[25]という点であった。

このヴァリニャーノの見解は、先に訳出紹介したリバデネイラの批判の前段に見られる内容と一致している訳であるが、それを布教拡大のための「現実路線」と見るか、それとも「物品と引き換えの布教」と見るかは、やはり、それまでの日本経験の有無がその判断基準となっている訳で、単純に修道理念からの「逸脱」か否か、という二項対立だけでは、割り切ることの出来ない、

あるいは、割り切るべきではない性質の問題であろう。(26)

したがって、繰り返すことになるが、リバデネイラが指弾した在日イエズス会士の行為は、ヴァリニャーノによる日本人および日本社会の歴史と慣習を踏まえた命令を実行したものにすぎないことに留意すべきである。

(三) 現実への適応問題

他方、リバデネイラが後段で指摘している、ナウ船のもたらす物資に惹かれての入信と改宗という現象は、「神の言葉verubum Dei」に導かれての改宗という、本来、あるべき姿とは異なるものであったことは、人口に膾炙されたところの「霊魂と胡椒」の喩えからも明らかである。

イエズス会創設時の会是は、あまりにも有名な、「全てはより大いなる神の栄光のためにomnia ad majorem Dei gloriam」というものである。この会是の意味するところは、イエズス会の構成員の個々人が、イエスの伴侶として神のために全身全霊を捧げることだった。

そのためにイエズス会士たちは、自らを「キリストの精鋭兵士」と自負し、異教の地を自分たちの戦う「戦場」と認識し、その非キリスト教世界と抗争すべく、イエズス会という「部隊Compañía」に結合したのである。そのような理念を実体化するには、強い精神力と使命感、そして何よりも「自分はイエスの戦闘部隊たるイエズス会士なのだ」という揺るぎない自覚が強く求められたに違いない。

だからこそ、イエズス会創設者のイグナティウス・デ・ロヨラたちは、入会志願者に対して厳格な選抜と訓練を徹底して課し、志願者たちの健康、志操、知性、情熱などが「イエスの軍団」の一員として堪えられ得るものか否かを厳格に審査し、イエズス会士として相応しくないと判断された者には退会を命じさえしたのであった(27)。

この「全てはより大いなる神の栄光のために」という精神は、イエズス会総長の下に、志を同じくするイエズス会士たちを集結させ、鉄の団結力と意志でもって、「全世界の中へ巡り行き全ての被創造物に福音を宣べ伝え(28)」に赴かせた。

またこの精神は、イエズス会士をして、実際に布教活動が展開される、地上の世俗社会とその現実への「柔軟な姿勢と適応」を実行せしめた。それは、当時の教団による世俗活動という姿をまとって現れ、その一端が本章で論じている貿易活動でもあった。この貿易活動は、日本イエズス会の財源の一角を担っていただけではなく、布教地を治める在地領主の「富国強兵」と引き換えに、日本人キリスト教徒を獲得するための「霊的手段」でもあった。事実、ヴァリニャーノは、日本人を改宗させるにあたって、極めて注目すべき、それゆえに等閑視のできない方法を、『東インド巡察記』の中で、次のように表明している。

> 神の恩寵と御援助に次いで我々がこれまで手にしてきた、そして今に至るまで手にしている、キリスト教徒を作り出すうえでの第一の援助は、毎年シナから来航するポルトガル人のナウ

船とジャンク船である。既述のように、日本の領主たちは非常に貧しいのであるが、ナウ船が領主たちの有する港に来航した際に、彼らが手にする利益は極めて多大なので、彼らは領内にナウ船が来航するように大いに尽力する。彼らは、ナウ船が向かう先は、キリスト教徒や教会の存する所やパードレが入港して欲しいと思っている所だと確信しているからである。(29)

一読して明らかなように、「ナウ船」のもたらす物的「利益」が、日本での改宗者創出のための手段として用いられていたことになる。

このヴァリニャーノの言葉がいみじくも語っているように、イエズス会の宣教改宗活動は、経済的裏づけのもとに進められていた訳である。ローマを遠く離れて日本にまで派遣されたイエズス会士たちのみならず、改宗者の衣・食・住を確保するには、神に祈ってさえいれば、お金が天から降ってくる訳ではなく、好むと好まざるとにかかわらず、やはり世俗社会と接触し、その世俗社会の力学が最も先鋭化した形態の一つである物質的財貨を獲得し、それを教団組織の一端に組み込まなければ、地上における神の言葉の宣布も、教会その他の施設の維持と運営も為し得ないことは言うまでもない。

イエズス会に限らず修道会にあっては、「清貧」の誓願を遵守し、世俗社会がもたらす「富の快楽」からの誘惑を断ち切り、財産を持たずに生涯を貧窮者や社会的弱者に捧げた、キリストの生き方に従うこと、つまり「キリストに倣うことimitatio Christi」が、至福の理想であったこと

は想像に難くない。(30)

そうは言うものの、ヨーロッパの外にある、海外の異教世界における布教活動の展開は、大規模宣教団の組織、海外布教地に至る船団の調達、当該布教地の政治実権者への贈答品の付与、貧者への施しや孤児院の運営などの社会的弱者に対する慈善事業、大規模布教施設の設営など、いずれも多額の経費を伴うものであったため、必然的に清貧理念に則った生活は、かなりの程度、制約を受け大きな変貌を余儀なくされざるを得なかった。(31)

したがって、教勢のさらなる拡大と維持に不可欠な「物質的基盤」を、清貧理念を免罪符にして蔑ろにすることは、必然的に日本はもとより、諸他の布教地におけるイエズス会の存続を危機に陥れることになる。実際、ヴァリニャーノはインド大陸での布教の進捗情況に関し「定収入を欠いているので、我々は他に教会を建てていないし、マラバール海岸全域での改宗も見合わせている。(32)」と報じ、経済的困窮による、改宗の見合わせという実害が生じていた事実をイエズス会総長に披瀝している。

(四) 神の商人mercator Dei

地上に「神の国」の創設を具現化する使命を負ったキリスト教修道会ではあるが、清貧とは対極的な位置にある、物質的基盤の確立と確保を無視しては、いみじくもヴァリニャーノが明言しているように、何事も立ち行かなかった訳である。

またこの点は、キリスト教史の中に政治や経済といった世俗的な問題や観点を持ち込むことなく、いたずらに信仰面を優先させ、最終的には布教の歴史の全てを「神の意思」に一元化するような姿勢では、見えてこない視点であり論点でもある。歴史研究が学問の主要な位置を占め、歴史学に固有の科学的方法に則って行なわれるべきものである以上、個人的な信仰を安易に歴史研究に持ち込み、信仰というフィルターのみを通して布教の歴史を再構成し解釈すべきではあるまい。

如上のような背景と論理のもと、当時の日本イエズス会は積極果敢に「前期的資本」と結びつき、諸種の貿易活動を展開した訳だが、だからこそこの行為は、日本という特殊な布教地の現実を知らない、ヨーロッパのカトリック教会の関係者から激しく糾弾されることになった。もちろん、当の日本イエズス会内部でも問題視され、貿易に偏重して経済基盤を依存することに批判的な宣教師もいたのだった(33)。

しかし日本布教のための財源の不安定性について、日本から様々な訴えや厳しい現状に関する報告がもたらされていた、その一方で、将来の日本教界の発展可能性に関する報告をも多々受け取っていたローマのイエズス会本部では、日本には日本の事情があることを理解し(34)、『イエズス会会憲』の機械的な押し付けを避けて、日本の実情を勘案した柔軟性のある態度を示すことにしたのである(35)。

こうしたイエズス会本部の柔軟で肯定的な判断を受けたがゆえに、当時の日本イエズス会は貿易活動を積極的に展開することが可能となった訳である。そして在日イエズス会士の貿易活動は、イエズス会総長とローマ教皇によって「公認」された、マカオ＝長崎間の生糸貿易に加えて、このルート以外での貿易や、生糸以外の商品の貿易を繰り広げるなどして、教団による貿易の規模を拡大して行くことになった。

イエズス会の会是である「より大いなる神の栄光のために」とはいえ、「結果」として清貧理念から逸脱し、「神の僕servus Dei」と言うよりは、むしろ「神の商人mercator Dei」と見まがうほどの姿が、リバデネイラによる糾弾の対象となったのである。そのありさまの一端は、リバデネイラが「イエズス会の司祭館は、キリスト教のものというよりは、むしろ売買取引のための司祭館のように思われる。(36)」と論じているほど嵩じていたのだった。

三　ヴァリニャーノの反論

では、これまで見てきたアセンシオンとリバデネイラからの糾弾に対して、日本イエズス会は、いかなる「反論」と「弁駁」を行なっているのか。この二人の反イエズス会文書に抗すべく作成された、ヴァリニャーノの『弁駁書(37)』の語るところを見てみよう。

（一）　教勢の拡大と財政

まず在日イエズス会士たちによる経済活動の発端についてヴァリニャーノは、それまでの日本布教の経緯を踏まえて、次のように反論をする。

日本布教を開始した頃の教団には、歴代ポルトガル国王がマラッカの税関で支払うよう命じた五〇〇ドゥカドの喜捨――実際にはマラッカ税関が徴収した関税――しかなかった。この五〇〇ドゥカドは、一五七四年にセバスティアン国王の命令で、一〇〇〇ドゥカドに増額されたが、これは日本でのコレジオ運営に充当させることを目的とした措置であった。

その後、在日イエズス会士および日本人信者の増加、教会その他の教団関係諸施設の増設など、教団規模が著しく拡大したために年間経費も増大し、件の一〇〇〇ドゥカドは大規模教団を支えるには、十分な財源ではなくなった。

加えて歴代ポルトガル国王は、日本のキリスト教界に対して必要な経済援助を、満足に履行できていなかった。このような事情から、日本教界を維持して存続させることを目的に、日本イエズス会は止むを得ず生糸を主商品とする貿易を行なって財源を確保することになった(38)。

これに続けてヴァリニャーノは、ローマ本部の歴代イエズス会総長の、日本イエズス会による生糸貿易に関する姿勢について、時系列に沿って明らかにする。すなわち、歴代イエズス会総長たちは、商行為に代わる財源を日本イエズス会が手にすることを常に希望していた、というものである。

しかし、その一方で総長たちは、商行為を完全に放棄してしまうと、在日イエズス会士らが生計手段を手にできなくなるばかりか、日本人のキリスト教徒たちを養えず、さらに日本での改宗を前進させられなくなってしまうことも、十分に認識していた。

そこで歴代イエズス会総長たちは、日本イエズス会が、商行為に代わる経済手段を新たに手にできるまで、在日イエズス会士の生糸貿易を黙認したことを指摘する。(39) このような事態に直面したヴァリニャーノは、

一五七八年に当地マカオに到着すると、私はこの問題に関して生じていた事柄の報告を受けた。それで私は、その当時にあっては、この生糸貿易という手段無しで済ませるのは不可能であること、併せて、必然的に生じているがゆえの、余りにも巨額で絶え間ない様々な経費に対し、確実で十分な定収入を有していないことが原因で、日本のパードレたちとキリスト教界が深刻な危機に陥っていることを理解した。そこで私は、我が総長猊下を介して教皇聖下および国王陛下に対し、日本に然るべき救済策を施されるように、と働きかけた。(40)


と記しているように、本来の教団の保護者である聖俗両世界の首領への「経済援助」の要請を行なったことを明らかにしている。

その一方でヴァリニャーノは、自らの才覚を以って、日本の教団の財源を確保すべく奔走する。その尽力の結果、マカオ市との間で締結されたのが、いわゆる「アルマサン契約」であった。この契約によって日本イエズス会は、マカオ市の日本向け輸出生糸総量一六〇〇ピコ（一ピコはおよ

て六〇キログラム）のうち、四〇ピコ（これは後に五〇ピコに増加された）を日本イエズス会への割り当てとして獲得することに成功した。日本イエズス会は、それを日本で転売し、その売却益を布教活動費に充当することが出来るようになった。[41]

このような形態での、ポルトガルの対日生糸貿易への教団の部分的参加は、宣教師自らが商行為を行なうものではなく、マカオ住民と同じように毎年「出資」をし、その利益配当を受けるものなので問題視されることはない、という解釈に基づいている。

こうした、言わば「後ろめたさ」の少ない貿易活動によって、日本イエズス会は、多い時には年間経費の三分の二以上を賄うことができたばかりか、その余剰金を蓄積して資産さえも拵えることができた。[42] またポルトガル国王も、この貿易を公認することで、日本イエズス会に対する「保護者」としての経済援助の義務を、間接的ながらも遂行することができ、支払い状況の好ましくなかった年度給付金の「穴埋め」をもできたことになる。

(二)　商行為には非ず

そこでヴァリニャーノは、このアルマサン契約に基づく在日イエズス会士の生糸貿易を「お墨付き」のものとすべく、

日本からインドに戻った後で、当時はドン・フランシスコ・マスカレーニャス伯爵であった

〔インド〕副王に、日本に収入を定期的に与える方法がほかにはないので、この契約を国王陛下の御名のもとに追認されますように、と請願した。(43)

との行動を取っている。つまりヴァリニャーノは、マカオ市という一自治体との間で結んだ契約の正当性と、契約内容の法的効力を確実なものとし、それに依拠した在日イエズス会士の生糸貿易も、外部から誹謗中傷されることのない、正当且つ合法的なものであることを保障するために、インド副王という「上級」の公的政治権力者による「追認」を求めたと言える。(44)

しかし、インド副王という、世俗世界の君主による是認だけでは、在日イエズス会士の生糸貿易は、批判の種を十分に刈り取れなかった筈である。というのも、アセンシオンが、本章の第二節（一）に引用した箇所で「福音の説教者たちが商人のような存在であることは、聖なる教会法によって司祭にも禁じられている。(45)」と非難しているように、カトリック修道会士に厳しく求められる「清貧」理念からの離反そして逸脱が、在日イエズス会士による貿易活動に対する糾弾の一因となっていたからだった。

この日本イエズス会の貿易活動に対する批判は、カトリック教会の「内部」と「外部」の双方において見られ、教会内部では一部のイエズス会士と他修道会士、またローマ教皇庁関係者による批判が行なわれた。教会外部ではマカオのポルトガル人やポルトガル政府関係者、プロテスタントの間での批判であった。(46)

もちろん、先述したように、当事者である日本イエズス会内でも、貿易活動ではなく、信者からの喜捨や、ポルトガル国王やローマ教皇からの財政援助を求めるべきであるとする「貿易批判論」者も存在していたが、こうした考えにある在日イエズス会士は全般的に少数派で、批判自体の内容も、貿易の行き過ぎやそれに付随する弊害の除去に論点を当てたものにすぎず、貿易収入で日本教界を維持運営してゆくことへの「賛成派」の方が多数であったと見てよいだろう(47)。

この批判を回避するには、世俗君主に加えて「聖界君主」からの是認を獲得しなければならなかった。少なくともヴァリニャーノは、そのように考えた筈である。

そこで彼が『弁駁書』の中で示した論法は、歴代イエズス会総長が、日本イエズス会の生糸貿易を是認する旨を明確に断言している「公的文書」を明示することであった。それは、一五八二年一月十日付けの、イエズス会総長クラウディオ・アクアヴィーヴァの「指令」であって、同指令の中でアクアヴィーヴァは、次のような注目すべき発言をしている。

そうした取引には、かの自明な原理、すなわち「隣人愛のために導入されたことは隣人愛に反してはならない Quod pro charitate introductum est, non debet contra charitatem militare.」という原理が存在していることは疑いない。……教皇聖下は私に明確に仰った――余が判断するに、この生糸貿易は純粋に必要あって行なわれたものなので、正確に貿易と称することはできない este no se podía llamar propriamente trato, pues se hacia por pura necesidad(48)。

ここに明らかにされていることは、イエズス会総長、そしてカトリック世界の首長であり、キリストの代理・聖ペテロの後継者たるローマ教皇が、在日イエズス会士による生糸貿易は、利潤追求を至上の使命とする本来の経済行為ではなく、隣人愛のために導入された、一種の「慈善行為」であって、世俗世界で行なわれている通常の経済行為とは別次元のものである、との解釈が下されていた事実である。

これら一連の過去における事実の蓄積、換言すれば、動かし難い歴史的「前例」の存在を確認したヴァリニャーノは、

以上の諸事情から、何はさて措いても、以下のことが理解される。すなわち、イエズス会が日本で行なっているような、この種の貿易は、マカオ市の許可を得たものであり、国王陛下の御名において〔インド〕副王によって追認され、また教皇聖下によっても承認されたものである。かくて、我がイエズス会総長およびローマの我がパードレたちの見解に基づいて実施されているものだ、ということである。(49)

との認識を表明するに至った。

ここまで引用してきたヴァリニャーノの反論から明らかなように、彼の考えによると、在日イエズス会士による生糸貿易は、聖俗両界の最高指導者によって、何ら違法性の存在しない、純粋

に「隣人愛」の「必要性」から行なわれたものであって経済行為ではない、との「お墨付き」を得た「特殊例外」である、ということになる。

たしかに在日イエズス会士たちが従事していたマカオ＝長崎間の生糸貿易は、外面的には、マカオで生糸を仕入れ、それを日本にもたらして転売し、その売却益を教団の利益として獲得するという、ありふれた貿易行為の域を出るものではなかった。

しかし、そこに神の意志と恩寵が働いた結果、その行為のもたらすところは、教団と信者の維持、そして教勢の拡大であり、その全ては「より大いなる神の栄光」に向かって結実するからこそ、利益追求の世俗的な貿易ではなくなる、と判断されたのであろう。

そのような論理は、先に引用した『東インド巡察記』の中でヴァリニャーノが、「神の恩寵と御援助に次いで我々がこれまで手にしてきた、そして今に至るまで手にしている、キリスト教徒を作り出すうえでの第一の援助は、毎年シナから来航するポルトガル人のナウ船とジャンク船である。」(50)と記し、生糸をもたらすナウ船が「神に継ぐ第二の援助」となって、教団に大勢の日本人信者をもたらしてきた、という事実が裏打ちしている。

このように、神の意志と恩寵の働きかけの結果、もはやナウ船は単なる貿易船ではなく「救霊船」であるとする、ヴァリニャーノの解釈は、『東インド巡察記』の中にも明瞭に示されている。

したがって、「イエズス会のパードレたちはこの上なく多量の商品を持ってきて」(51)「多額の金を稼いでいた」(52)「大商人且つ大仲買人」(53)などでは断じてなく、そのようなことは絶対にあり得ない、というのがヴァリニャーノの強く、揺るぎない信念であったと考えられる。

(三) 「経済」問題から「政治」問題へ

こうした在日イエズス会士の経済活動に対するフランシスコ会からの非難は、十七世紀に入っても、一向に止むことはなかった。しかも、江戸幕府が発布したキリスト教禁令の原因を、在日イエズス会宣教師による貿易活動と結びつける形での糾弾が行なわれた。

その糾弾の代表的な急先鋒がフライ・セバスティアン・デ・サン・ペドロである。[54] 彼が著した、大部のイエズス会批判書の一節を引用しよう。サン・ペドロがイエズス会士の対日貿易を、どのような論理で禁教令と迫害の原因に帰しているのか、という問題を理解するうえで、非常に興味深く重要な視点と論点を提供してくれているからである。

まずサン・ペドロは、在日イエズス会士たちの半世紀以上にわたる日本での宣教改宗活動の労を認めつつも、

イエズス会のパードレたちは、あのキリスト教界において六十年以上もの間、非常に働いてはきたが、一般に商品の取引・商業といった〔福音的方法とは異なる〕別の仕方で行動した。彼らには(彼らの偉大な判断により)、日本での改宗にとってこれが最も的確な方法だと思われたために、彼らは大いにこれを利用しはじめた。[55]

との解釈を示し、在日イエズス会士による布教のための経済活動を批判している。その経済活動の結果、日本におけるキリスト教布教は「結局すべて崩壊してしまった。」[56]と記し、布教への経済活動、特に貿易という商行為が、前途ある日本のキリスト教世界の崩壊をもたらした、と認識しているのである。

既述のように、サン・ペドロがこの報告書を執筆した目的が、幕府による禁教令発布とそれに付随した諸修道会士たちの追放の原因が、在日イエズス会士による修道理念を逸脱した、軍事・貿易諸他の世俗的活動にあることを証明する点にあったことを考えると、日本のキリスト教世界が全壊した、という一文には、イエズス会士による貿易活動に対するサン・ペドロの強い憤りを読み取ることができる。

さらにサン・ペドロは、禁教令発布をもたらしたイエズス会士の修道会士としてあるまじき行動は、彼らが存在する「すべての地域において」[57]見られるものだと述べ、問題を日本という極東の一国家の枠を超えて、世界規模にまで拡大して論じている。

右に記してきた認識の上に立ったサン・ペドロの批判はなおも執拗に続き、そうしたイエズス会士の非難されるべき経済活動の根本にあるのは、逼迫した教団財政の建て直しという目的ではなく「貪欲」[58]であり、それが在日イエズス会士による「大規模な取引と商業」[59]に結びつき、しかもその商行為が「自然法・神法および人の法に全く反して、極めて大量に行われた。」[60]と、サン・ペドロは厳しく糾弾する。これらの容赦ない告発を踏まえてサン・ペドロは、キリストを引

き合いに出しつつ、

我々の主キリストが彼の教会を建設するために我々に教えた方法は、取引や商業活動とはまるで反対以外の何ものでもなかった。それゆえ、予言者が次のように付言したのは、まさしく彼らのことを言ったものだ。「その土台をむき出させよう。それが倒れると、あなたたちは、そのくずれもののなかで、死ぬのだ」。イエズス会のパードレたちが、キリストによって与えられた方法によらずに肉の念で――これこそ、神が破壊し給うか否かを分けるもの、と聖パウロが言う――日本キリスト教界を建設したがゆえに、この予言がこの破壊されたキリスト教界において完全に的中したことは、先に述べたところから明らかに見てとることが出来る。[61]

と述べて、在日イエズス会士の「世俗的な事や取引に介入したがる」[62]姿勢と、それを許容した教団の体質こそが、日本というキリスト教世界の破壊をもたらした、と結論付けているのである。

ここにおいて、在日イエズス会士による貿易行為は、清貧理念の軽視と空洞化という宗教問題に加えて、幕府による禁教令発布の要因という「政治問題」としても議論の対象となり、この意味において「二義性」を帯びることになったのである。もちろん、日本イエズス会も、そうした理不尽な批判を甘受していた訳ではなく、様々な機会と報告書をとらえて反論したことは言うま

でもない。(63)

(四)「甘かった」読み

時間を遡れば、秀吉の発布した宣教師追放令が、「黒船之儀ハ商売之事」であるから「諸事商売いたすへき事」という、このたった一つの条文によって骨抜きにされ、イエズス会宣教師の布教活動がほとんど痛手をこうむることなく継続されたことは、よく知られた事実である。

この前例が記憶の底にあったとするならば、在日イエズス会士たちは、幕府が禁教令を発布したとはいえ、自分たちがポルトガル船の対日貿易を牛耳っている限り、日本での全面的な布教の禁止も、信者も含む教団関係者の日本からの追放もあり得まい、との見当を心の中のどこかでつけていたのではないだろうか。(64)

しかし、その「読み」は結果として「甘い」ものだった。日本イエズス会を取り巻く環境は秀吉時代とは大きく異なり、幕府すなわち「公儀」はポルトガル船という「黒船」ではなく、「商教分離」を標榜する新教国家のオランダ、イギリスの「紅毛船」という、新しい取引相手と貿易ルートを確保できていたからだった。この結果、半世紀以上にもわたってポルトガル船を操ってきたイエズス会とはいえ、その役目に終止符を打たれ、さらにオランダ、イギリス両国がカトリック勢力による対日武力征服の「脅威」をしきりに公儀に植えつけ、公儀もそれを無視できなかったことと相俟って、イエズス会の日本での布教は禁忌として「封印」され、イエズス会宣教師と日本人信者たちは「神国」日本から追われることになったのである。

ところが、日本イエズス会の貿易が禁教令を誘発した、と厳しく論断している、当の日本フランシスコ会の身の上にも、同様の事態が等しく降りかかることになった。当時の史料を読めば読むほど、イエズス会、フランシスコ会双方の修道会士たちが、自分たちこそ、相手とは異なって神の真の下僕である、と強固に「自負」していたことに気づかされる。

しかし公儀にしてみれば、イエズス会とフランシスコ会との間には、修道服以上の外見的な「差異」はなく、ともに日本征服の野心をもつ、いわば「同じ穴の狢」にすぎなかったと考えられる。この点の認識を欠いたまま、イエズス会とは違って、会の創設者であるアッシジの聖フランチェスコの清貧理念を墨守している我が身に限って、イエズス会士のようなことにはなるまい、とフランシスコ会たちが考えていたとするならば、その「読み」もまた、イエズス会同様に「甘かった」と言わざるを得まい。

注

（1） Archivum Romanum Societatis Iesu, Jap. Sin. 7-I, f. 308.
（2） 『イエズス会会憲』の成立とその性格、およびイエズス会における重要性の詳細については、高橋裕史『イエズス会の世界戦略』（選書メチエ三七二、講談社、二〇〇六年）「第二章　イエズス会――創立とその組織」五九～六六頁を参照されたい。

（3）　Monumenta Ignatiana series tertia: Sancti Ignatii de Loyola, *Constitutiones Societatis Jesu*, Romae, 1936, pp. 528-529.

（4）　S. I. de Loyola, *Constitutiones Societatis Jesu*, pp. 533-535. なお、『イエズス会会憲』の清貧規定と教団による経済活動をめぐる諸問題については、高瀬弘一郎「イエズス会『会憲』等に見られる経済基盤の理念とキリシタン教会」（『キリシタン時代対外関係の研究』吉川弘文館、一九九四年）を参照されたい。

（5）　Archivum Romanum Societatis Iesu, Goa 31-I, ff. 405v, 406.

（6）　Archivum Romanum Societatis Iesu, Goa 47, f. 45.

（7）　一五七八年十月二十日付け、ゴア発、ゴメス・ヴァスのイエズス会総長宛て「年度報告書」。Archivum Romanum Societatis Iesu, Goa 31-I, f. 410.

（8）　高瀬弘一郎『キリシタン時代の研究』（岩波書店、一九七七年）三六二頁。

（9）　Archivum Romanum Societatis Iesu, Jap. Sin. 8-I, f. 167.

（10）　Josef Franz Schütte, *Die Wirksamkeit der Päpste für Japan im ersten Jahrhundert der japanischen Kirchengeschichte* (1549-1650), Romae, 1967, p. 31. 前掲、高瀬『キリシタン時代の研究』三八六〜三八九頁。

（11）　一五七九年十二月五日付け、口之津発のイエズス会総長宛て書簡。Archivum Romanum Societatis Iesu, Jap. Sin. 8-I, f. 241.

（12）　Alessandro Valignano, *Sumario de las cosas que pertenecen a la Provincia de la India Oriental y al govierno de ella* (Josephus Wicki ed., *Documenta Indica*, vol. XIII, Romae, 1975.), pp. 223, 224. 高橋裕史訳注『東インド巡察記』（東洋文庫七三四、平凡社、二〇〇五年）二〇四頁。

(13) ここでいう前期的資本とは、資本主義以前に存在した、商業資本の古い形態である商人資本のことを指す。

(14) 前掲、高瀬『キリシタン時代の研究』三三四〜三六一頁。こうした批判の背景には、たしかに、イエズス会宣教師が余りにもその種の経済行為に走りすぎた、という側面がある。しかしその反面、ポルトガル国王やローマ教皇からの経済援助が、本文で見たように機能不全を起こし、イエズス会が自らの経済戦略を国王や教皇などに対する「他力本願」から「自力本願」へと、方針転換せざるを得なかった事実も存したことを見逃すべきではない。

(15) リバデネイラの生涯については不明な部分が多いが、リバデネイラはスペインのバレンシアで生まれ(生年不詳)、一五九四年に、同じフランシスコ会士のジェロニモ・デ・ジェズスと共に来日し、前年の一五九三年に来日していた、ペドロ・バウティスタを補助しつつ布教活動を行った。一五九七年の二十六聖人殉教を見届けるとマカオ経由でマニラに向かい、翌年にはマニラからヌエバ・エスパーニャを経てスペインに向かい、一五九九年にセヴィーリャに到着している。セヴィーリャに滞在後はマドリード、ローマへと渡り、一六〇六年一月に死去したと言われている。なおリバデネイラは一六〇一年、日本を含む東洋でのフランシスコ会の諸活動や、布教地の政治社会情勢や文化の特質等に関する重要な史料である、*Historia de las islas del Archipiélago Filipino y reinos de la gran China, Tartaris, Cochinchina, Malaca, Siam, Cambodge y Japón* を刊行している。Anna Busquetes Alemany, "Huellas de Japón en las crónicas misioneras del siglo XVII: la historia de Marcelo de Ribadeneira" in *Mirai: Estudios Japóneses* 1, 2017, pp. 169-170.

(16) Fray San Martin de la Ascension, *Relación de las cosas de Japón para nuestro Padre Fray Francisco Arzubiaga, Comisario General de todas las Indias en Corte*(José Luìs Alvarez-Taladriz ed., *Documen-*

tos Franciscanos de la Cristiandad de Japón, 1593-1597, Osaka, 1973.）p. 72.

（17）F. S. M. de la Ascencion, *Relación*, p. 72.

（18）F. S. M. de la Ascencion, *Relación*, p. 72.

（19）高瀬弘一郎「キリシタンと統一権力」（『キリシタン時代の文化と諸相』八木書店、二〇〇一年）二六頁。

（20）Fray Marcelo de Ribadeneira, *Queixas que os Padres da Companhia que estão em Japão, assi por palavra como por cartas, publicarão ter contra os Frades Descalços de São Francisco, que estavão em Japão, as quais responde hum douto Frade da dita Ordem por nome Frey Marçello de Ribadeneira, da Provinçia de São Gregorio das Felipinas, a quem os dichos Padres empedirão o martirio com quatro companheiros*（J. L. Alvarez-Taladriz ed., *Documentos Franciscanos.*）p. 200.

（21）F. M. de Ribadeneira, *Queixas*, p. 244.

（22）『大曲記』東京大学史料編纂所所蔵。

（23）A. Valignano, *Sumario de la India Oriental*, p. 206.　前掲、高橋訳注『東インド巡察記』一七三頁。

（24）*Regimiento para el Superior de Japón, ordenado por el Padre Visitador en el mes de junio del año de 1580*, Archivum Romanum Societatis Iesu, Jap. Sin. 8-I, f. 266.

（25）*Regimiento para el Superior de Japón*, Archivum Romanum Societatis Iesu, Jap. Sin. 8-I, f. 266v.

（26）この問題に関してヴァリニャーノは、一五七六年十一月三日付けで作成されたインド管区の統轄に関する総長書簡の抜粋集へのコメントの一つとして、「イエズス会士たちが住んでいる諸地域に適応して作成された規則が、何一つ存在しないことに私は気づいた。しかし、それらの地域に適応した規則を作成することは、非常に難しい。それぞれの地域の殆どには、様々な環境や特質があり、それが原因で、ある者たちにとっては役に立つ規則が、他の者たちには役に立たないからである。」と記している（*Extracto de las cosas que pertenescían al govierno desta provincial de la India que se hallaron de las cartas de nuestros Padres Generales para los superiors della desde anño de [15]43 hasta el presente de [15]76*. Biblioteca Nazionale Vittorio Emanuele II, mss. Gesuitici 1255, n. 16, f. 278.)。これを読む限り、ヴァリニャーノは自身の巡察の過程で、各布教地の実情が、ヨーロッパでの布教経験をそのまま適用することを許さず、個別布教地の特質等に合わせた規則の作成とその遵守と実行の必要性を認識していたと言える。この推測に立つならば、ヴァリニャーノが日本布教で実行した、布教拡大のための贈答品の授与は、あくまでも日本という地域に固有の戦略であることは、明確である。本文中でも記したが、それが突出して問題視されたのは、やはり日本布教の経験が無い、ローマのイエズス会本部に詰めている幹部イエズス会士たちの存在が大きく物を言ったからであろう。

（27）イエズス会創設の経緯とその修道会としての特色については、前掲、高橋『イエズス会の世界戦略』の「第二章　イエズス会——創立とその組織」を参照されたい。ちなみに、イエズス会士にとってキリストは、「最高の隊長Summo Capitán」「最高の司令官Summo Capitán General」として位置づけられている。また「イエズス会la Compañía de Jesús」という名称には、「イエスの同志」という意味にとどまらず、「イエスの軍団」「イエスの戦闘部隊」という意味をも内包されている（『イエズス会の世界戦略』四八頁）。

（28）『新約聖書』「マルコによる福音書」第一六章第一五節。"euntes in mundum universum et praedicate Evangelium omni creaturae."

（29）A. Valignano, *Sumario de la India Oriental*, p. 217. 前掲、高橋訳注『東インド巡察記』一九六〜

一九七頁。

（30）トマス・ア・ケンピス Thomas a Kempis（1380～1471）の著した『キリストに倣い、この世のあらゆる虚栄を蔑むことについて *De imitatione Chrisiti et contemptione omnium vanitatum mundi.*』が、中世以来、西欧キリスト教世界では、聖書についで読み継がれて来たことは、余りにも著名な事実である。蛇足ながら、このキリスト教修徳書の白眉は、一五九六年に天草のイエズス会のセミナリオで、『こんてむつす・むんぢ』として、いわゆるキリシタン版の一冊として印刷刊行された。

（31）その端的な一例として、ローマ教皇は自分にはできない海外布教のための諸種の準備を、世俗の国王に代替させた、との考えが生まれ、この考え方を論拠として教皇と世俗の支配者との関係が密接になって行った。この問題については、高橋裕史「一フランシスコ会士によるローマ教皇の「軍事行使権」論について」（明治大学国際武器移転史研究所編『国際武器移転史』第三号、二〇一七年）九五～一〇三頁を参照されたい。

（32）**A. Valignano, *Sumario de la India Oriental*, p. 176.** 前掲、高橋訳注『東インド巡察記』一一一頁。

（33）前掲、高瀬『キリシタン時代の研究』三三四～三六一頁。

（34）たとえばヴァリニャーノは「ヨーロッパから当地へやって来る者たちは全くの新参者に等しいので、食事、着座、〔日本人との〕会話の仕方、服の着方、礼儀作法その他、日本人が行なうあらゆる事柄を、子供のようになって〔最初から〕学ばねばならない。……その理由は次の通りである。つまり、日本では〔インドやヨーロッパとは〕別個の世界、別個の作法、別個の習慣や規範が通用しており、その結果、ヨーロッパでは礼儀正しく名誉あるものと評価を受けている事柄の多くが、日本では著しく不名誉で侮辱的なものと見なされているからである。」と記し、日本ではヨーロッパ世界の論理が通用しないことを訴えている。Valignano, *Sumario de la India Oriental*, pp .205-206 . 前掲、高橋訳注『東インド巡察記』一七三頁。

（35）高瀬弘一郎『キリシタンの世紀』（岩波書店、一九九三年）八一頁。

（36）F. S. M. de la Ascension, *Relación*, p. 200.

（37）第三章注（20）でも取り上げたが、ヴァリニャーノは、『弁駁書』の作成事情について、一五九七年十一月十日付け、マカオ発のイエズス会総宛て書簡において「托鉢修道会士たちの死去に伴って二つの論著が発見された。……私は一仕事してこの論著に対する弁駁書Apologíaを作成した。」と述べ、既に『弁駁書』が完成したかのように記されているが、同書の完成は一五九八年一月である。Archivum Romanum Societatis Iesu, Jap. Sin. 13-I, f. 91v.

（38）Alessandro Valignano, *Apología en la cual se responde a diversas calmunias que se escrivieron contra los Padres de la Compañía de Jesús del Japón y de la China*, Archivum Romanum Societatis Iesu, Jap. Sin. 41, ff. 79-80.

（39）A. Valignano, *Apología*, Archivum Romanum Societatis Iesu, Jap. Sin. 41, f. 80.

（40）A. Valignano, *Apología*, Archivum Romanum Societatis Iesu, Jap. Sin. 41, f. 80.

（41）この契約の詳細その他については、高瀬弘一郎「日本イエズス会の生糸貿易について」（キリシタン文化研究会編『キリシタン研究』第一三輯、一九七〇年）一四八～二〇五頁、および同氏『モンスーン文書と日本』（八木書店、二〇〇六年）七二～七四頁に詳しい。

（42）前掲、高瀬『キリシタン時代の研究』六一〇頁。

（43）A. Valignano, *Apología*, Archivum Romanum Societatis Iesu, Jap. Sin. 41, f. 80v.

（44）ポルトガル領東インドに駐在したインド副王と総督について若干の説明をしておこう。ポルトガルの海外領で「副王 vice-rei」の統治が行なわれていたのは、東インドとブラジルだけであった。しかし東インドでは新大陸のスペイン植民地とは異なり、副王領が形成されなかったので、インド領国の首長は「総督 governador」であり、この総督の中に副王の称号を与えられた者がいたのである。東インドにおいて、国王名代として王権を行使できるのは副王だけであったが、領国統治に関して発給する勅令の様式にしても、副王号を帯びた総督と帯びない総督との間には基本的な差異はなかった。

(45) F. S. M de la Ascencion, *Relación*, p. 72.
(46) 前掲、高瀬『キリシタン時代の研究』三三三頁。
(47) 前掲、高瀬『キリシタン時代の研究』三三四、三六一頁。
(48) *De otra [orden] de Nuestro padre General Claudio Aquaviva para el mismo Padre Visitadore, de diez de Hebrero de [15]82*, Archivum Romanum Societatis Iesu, Jap.Sin. 3, f. 3. Valignano, *Apologia*, Jap. Sin. 41, f. 81v. なお、本文で引用したラテン語原文のうち、「charitate」「charitatem」は、本来ならば、それぞれ「caritate」「caritatem」と記されるべきものである。ラテン語も、この時代になると、既に構文や単語の綴りなどは古典期の規範から脱し、近代語の用法や綴りが導入されることも珍しくなくなっていた。
(49) A. Valignano, *Apologia*, Archivum Romanum Societatis Iesu, Jap. Sin. 41, f. 81v.
(50) A. Valignano, *Sumario de las cosas de la India Oriental*, p. 217. 前掲、高橋訳注『東インド巡察記』一九七頁。
(51) F. M. de Ribadeneira, *Queixas*, p. 244.
(52) F. M. de Ribadeneira, *Queixas*, p. 244.

(53) F. M. de Ribadeneira, *Queixas*, p. 247.

(54) フライ・セバスティアン・デ・サン・ペドロは、一五七九年頃にサラマンカで生まれ、一五九〇年にフランシスコ会に入会し、一五九五年に司祭に叙階された。フィリピンおよび日本での宣教改宗活動に自ら志願して一六〇五年にスペインを出発、翌年フィリピンに到着している。同地滞在中は修練士の指導などの職務に従事するかたわら、日本布教の準備を進め、一六〇八年に来日した。日本では関東地方を中心に活動していたが、禁教令の発布を受けて一六一四年にマニラに向かい、その後はマドリードに帰還し、一六二四〜五年頃にヌエバ・エスパーニャで死亡したらしい。Bernward H. Willeke, O. M. F., "Die 'Resunta breve' des P. Sebastián de San Pedro OFM über die Ursachen der großen Christenverfolgung in Japan (1614)" in *Franziskanische Studien* 66, pp. 167-172.

(55) 高瀬弘一郎・岸野久訳注『イエズス会と日本 二』（岩波書店、一九八一年）二八四頁。なお引用に際しては、一部の平仮名を漢字に改めた。以下同。

(56) 前掲、高瀬・岸野訳注『イエズス会と日本 二』二八四頁。

(57) 前掲、高瀬・岸野訳注『イエズス会と日本 二』三二三頁。

(58) 前掲、高瀬・岸野訳注『イエズス会と日本 二』三二三頁。

(59) 前掲、高瀬・岸野訳注『イエズス会と日本 二』三二四頁。

(60) 前掲、高瀬・岸野訳注『イエズス会と日本 二』三二四頁。

(61) 前掲、高瀬・岸野訳注『イエズス会と日本 二』三二五頁。

(62) 前掲、高瀬・岸野訳注『イエズス会と日本 二』三二三頁。

(63) この問題に関するイエズス会側の反論は枚挙にいとまがないので、ここでは紙幅の関係から一例のみ挙げておく。「かの〔日本の〕地域のイエズス会士たちに対して、〔一〕六〇七年一月十四日に日本から書き送られた一通の書翰に対し、〔一〕六〇九年十一月にこの〔マドリード〕政庁において与えられた回答」と題する一史料には「故グレゴリウス十三世から現教皇パウルス五世に至るまでの歴代教皇や、ポルトガルの歴代国王は、日本にいるイエズス会士たちに対し、毎年マカオから日本に行くナウ船で、エウロパやインディアにおいて喜捨として彼らに与えられるかねの全額を生糸に投資して、シナから送る許可を与えてきた。それは、彼らが自らを養い、彼らが有するセミナリオの中で多数の日本人を育成し――異教徒たちの改宗のために育成しているのであるが――いろいろな国に存在している教会を建て、そして最後に、貧者たちや信仰のゆえに追放された人々――これはすでに何年も前から多数に上っている――を救済するのに、喜捨だけでは充分でないと認めたからである。」との一節が見える。この一文は、在日イエズス会士の貿易活動が原因で禁教令が公布された、とするフランシスコ会側からの強い糾弾を念頭に書かれたものであることは明白である（前掲、高瀬・岸野訳注『イエズス会と日本　二』三五〇頁）。

（64）もちろん追放令の発布は、日本イエズス会にとって、時の権力者からの初めての、公的迫害であったために、その衝撃が大きかったことは間違いない筈である。実際に教団は、秀吉政権からの追放令にどう対処すべきか、ということを論じるために、追放令発布から二年後の一五八九年二月に、当時の準管区長ガスパル・コエリョの主導で、長崎の高来《たかく》で協議会が開催され、当面教団の取るべき方策が検討されている。なお、この高来協議会議事録の全文は、高瀬訳注『イエズス会と日本　一』（岩波書店、一九八一年）四八～五三頁に訳出されている。

第五章　日本における「叙任権闘争」の復活

一　イエズス会の日本布教の特徴

（一）日本での予定調和

本書のキーパーソンの一人アレッサンドロ・ヴァリニャーノは、一五八二年二月に、天正少年使節の一行と共に長崎を発ってローマに向かう。その途上、インド管区長職就任の辞令を受け、ゴアに残ることになった。インド管区長となったヴァリニャーノは、一五八三年十月二十八日付けで、コチンからイエズス会総長のクラウディオ・アクアヴィーヴァに宛てた書簡の中で、次のように記している。

私が日本に抱いている愛は非常に大きいため、主はかの地で私に数々の恩恵を垂れ給うた。すなわち、私が日本の習慣や振る舞い方に順応すべく、実に容易な方法を与えて下さり、様々な困難と非常に深刻な障害に、いとも簡単に打ち勝たせて下さった。……私が疑いなく思っているのは、イエズス会が私を当管区のいかなる地の任務に従事させるよりも、私が日本へ赴く方が、比べようもなく、主とイエズス会に行ない得る大きな成果と奉仕となろう、ということである。(1)

これは「大きな愛情」の対象である日本への偽らざる心情を吐露している一節である。自分と日本との間には深い信頼関係が構築されている、との強い自負が、右に訳載した言葉の端々から窺える。だからこそ彼はアクァヴィーヴァに、「猊下は私を日本に派遣しなければならない。(2)」と直訴したのであろう。

そのヴァリニャーノが何よりも望んでいたのは、イエズス会の手で日本人信者が教導と司牧を受け、イエズス会が日本に「神の国」を具現化することであった。反対にヴァリニャーノが最も恐れていたであろうことは、イエズス会によるそうした「予定調和」が崩れることだった筈である。したがって、イエズス会による神の国の創設という予定調和の実現を阻止する存在は、絶対に排除されねばならない。その阻害要因こそ、イエズス会以外の修道会の日本布教における、イエズス会との布教方針の不一致であり、修道会士間の分裂と不和であった。

（二）現実への適応

日本イエズス会による日本布教の特徴がどこに求められるのか、それは実に回答の困難な問いである。しかし、右の問いに対する様々な回答の中から、敢えて一つだけ指摘するならば、それは、現状の的確な分析と把握に立脚した、柔軟な思考による「現実への適応」と言えよう。

もちろん、在日イエズス会士たちは聖書を手にして神の教えを説き、教会でのミサや告解への参加を求め、村から村へと足を運んでは福音を宣教し、信者たちを司牧するなど、ヨーロッパで培われ蓄積されてきた、伝統的な方法での布教活動を日本でも実践していた。その一方で彼らは、ヨーロッパ流の方法では立ち行かない、日本に固有の事情に規制された布教方法を創意工夫せざるを得なかった。それが現実への、また日本への適応だった。

「日本」の「現実」に「適応」すること。それは行き過ぎた教条主義や原理原則主義の殻を破り、本来の在るべき姿や方針、理念からの「逸脱の危険」を十分に認識しつつも、日本での宣教改宗の実を挙げるために、世俗社会の論理や力学に自己を順応させることをも意味していた。それは、「日本人は自分たちの土地において、自分たちのものを放棄するはずがない。(3)」という判断、「我々は日本人の間で生活しているのであるから、我々は日本人の諸習慣に適応しなければならない。(4)」という判断、言わば、日本経験というフィルターを通して体得された認識に基づく結論であった。では、イエズス会宣教師たちによる、日本での現実への適応には、どのようなものが代表的事例として確認できるのであろうか。本論に入る前に、その点の事実確認をしておこう。

（三）日本への適応の事例

1 在地領主の貧困と布教

最も顕著な事例は、日本イエズス会による貿易活動であろう。第四章でも取り上げたように、ヴァリニャーノはポルトガル人のナウ船を、日本人信者を獲得するための「神に継ぐ第一の援助」として位置づけていた。修道会の清貧理念に明確に反する商船を「神に継ぐ援助」として読み替えさせた、当時の日本布教の「現実」とは、いかなるものであったのだろうか。既に紹介したところではあるが、これについてヴァリニャーノは、次のように説明している。

日本の領主たちは非常に貧しいが、一方、ナウ船が領主たちの有する港に来航した際に、彼らが手にする利益は極めて多大であるので、彼らは自領にナウ船が来航するよう大いに尽力する。彼らは、ナウ船が向かう先はキリスト教徒や教会の存する所、パードレが入港して欲しいと思っている所に向かうことを確信している。この結果、大勢の領主たちが、たとえ異教徒であるにせよ、自領内にパードレが身を落ち着け、教会を設け、キリスト教徒を生み出すよう尽力する、という事態が生じる。……これが、洗礼を受ける者たちが大筋において最初に〔キリスト教信仰の中に〕入って来る扉である。このようにして、我々は日本に受け入れられ、各地でキリスト教徒を作り始めたのである。(5)

一読して明らかなように、在地領主層の支配する領国経済の脆弱性を見透かし、ナウ船による利益誘導と引き換えに、領主の支配地における布教環境の整備と信者の獲得、および宣教師の定着が実現したことが、包み隠さず明らかにされている。在地領主の「貧困」が新しい日本人キリスト教徒を教団に「提供」するというこの現実こそ、日本イエズス会がナウ船を「神に継ぐ援助」として読み替えて位置づけることになる要因であった。

このような、言わば領主層の「足元を見る」戦略の効果は絶大であり、だからこそヴァリニャーノは右に引用した史料の中で「このようにして、我々は日本に受け入れられ、各地でキリスト教徒を作り始めた。」と述べ、「日本人について、（ナウ船を介さずに）我々の法《のり》を直接受容し始めた者はほとんどいない[6]。」と誇らしげに書き残しているほどである。

日本イエズス会による貿易活動の読み替えはこれだけではない。それは、増大する日本での布教経費の財源確保のために行なわれる貿易を「隣人愛の行為」と位置づけ、隣人愛の実践という行為の必要から導入された貿易は「取引ではない」としたことである。この読み替えの経緯についても、本書第四章で詳述したとおりである。

2　日本以外での貿易活動

イエズス会による現実への適応戦略としての貿易活動に関して注意すべきは、それが日本以外の布教地でも実施されていたことである。一例を挙げると、イエズス会のインド管区はゴアに本拠を置き、日本、東南アジアを含む広大な布教地を、下部教会行政組織として管轄していたため、日本の場合と同様、布教活動費の捻出が大きな課題となっていた。

そこで教団が白羽の矢を立てたのは、モルッカ諸島域での丁字貿易であった。一五七五年十二月に開催された「インド管区協議会」では、「諮問第四五　我々イエズス会士がマルコで従事している丁字貿易、および日本で従事している生糸貿易を全廃すべきか。」の中で、この貿易の継続と廃止の問題が取り上げられた。その該当部分の「議事録」を訳出紹介しよう。

モルッカの窮状が判明すると、我がイエズス会士たちは、従来行なっていたように、丁字を注文しなければならなかった。この貿易によって大勢のキリスト教徒たちが維持され救われているからである。国王陛下が我がイエズス会士たちが生計を立てられるようにと、この丁字貿易を認可されている以上、これは言われているような躓きにはならない。この貿易は長年にわたり行なわれてきたものであり、またカーサ・プロフェッサ(7)〔の所在地〕であるサン・ロッケと共に行なわれているからである(8)。

訳出引用した議事録の内容から判明する、インドイエズス会の言い分は、①モルッカ在のイエズス会士とキリスト教徒の生計手段として、丁字貿易が長年の慣行として行なわれてきていること、②ポルトガル国王も生計手段として丁字貿易を公認していること、③それゆえこの丁字貿易は批判の対象にはあたらない、という三点である。とりわけここで注目すべきは、最後の点であろう。

本書第四章で確認したように、イエズス会の経済基盤は、原則として信者や篤志家からの喜捨に依存しなければならなかった。この原理原則主義から言うと、議事録に記されているイエズス会の丁字貿易は、明らかに本来の経済基盤の在り方とは相容れない収入源と言うことになる。

しかし、その丁字貿易によって、あくまでも「大勢のキリスト教徒たちが維持され、救われている」という現実、さらに「イエス会士たちが生計を立てられる」という現実、この二つの「現実」を論拠に、さらにポルトガル国王からの「認可」を「免罪符」に、丁字貿易は「躓き」との批判を受ける筋合いのものではなく、商行為とはまったく性格と次元が異なるものなのである、という論理をここには読み取ることができる。

3　現実適応を是認するローマ本部

日本およびインド双方のイエズス会は、布教現場における「現実への適応」のために、貿易を「超世俗」的経済活動と位置づけていたことは、先に確認したところである。日本とインドのイエズス会と同じように、教団とキリスト教徒を維持運営するための経済活動を、超世俗的次元の「特例」として認識しようとするスタンスは、ローマのイエズス会本部においても同様であった。

先に引用した「イエズス会インド管区協議会」の「諮問第十三　修練院およびコレジオではな

く、ポルトガル人のレジデンシアにいる我がイエズス会士あるいはキリスト教徒は、ポルトガル国王から恒久的な収入を手にできるか。」の「議事録」には、在インドのイエズス会関係者が、「喜捨だけで生計を立てることは不可能なので、国王陛下が我々をこうした永続的な収入で助けて下さることが必要である。(9)」との見解を有していたことを伝える記述が見られる。インドで宣教・改宗活動に昼夜を分かたず精励しているイエズス会士の経済的困窮を訴え、その解決策としてポルトガル国王から定期的に収入を獲得することの不可欠性が主張されている訳である。

協議会での結論を受けたヴァリニャーノは、ポルトガル国王から諸種の収入を恒久的に得る解決策は「適切である」とし、その理由として「これ以外の方法で、我がイエズス会士たちがそれらの地域で生計を立てるのは不可能だからである。non si potriano altrimente li nostril in quelli luoghi sostentare.」との裁決を下した(10)。

こうしたインド管区協議会が下した結論、およびヴァリニャーノの裁決を受けて、ローマのイエズス会本部に身を置く総長のエヴェラルド・メルキュリアンは、同じ一五七五年、インドの教団に対して、次のように回答している。

レジデンシアにいるイエズス会士たちがポルトガル人、あるいは土地の人たちからの施しだけで生活して行けないのは確かであるNimirum fieri non posse ut nostri in residentiis ex elemosinis tantum vel lustianorum vel indigenarum vivant.……当然、ポルトガル国王陛下が施しのために、毎年、イエズス会士たちに支払うよう命じられてきた金《かね》の総額は、イエズス会士が受領すべきものである(11)。

メルキュリアンの回答の後段に明記されている、「ポルトガル国王がイエズス会士に毎年支払うよう命じてきた施し」とは、マラッカのポルトガル税関が徴収した関税の一部を下賜することによって支払われる、ポルトガル国王からの年度給付金のことを指している。

本書第四章でも取り上げてあるように、当時のイエズス会では、清貧理念の遵守という側面から、コレジオ、修練院以外の教団施設が、資産を保有してそれを運用することを厳に禁じていた(12)。この原則から言うと、メルキュリアンの回答文に見られる「レジデンシア居住のイエズス会士」には、ポルトガル国王からの給付金を受け取り、財源として生活することは認められない筈である。

しかしインド管区協議会の議事録を受け取った総長メルキュリアンは、レジデンシアに身を置く「イエズス会士たち」が、ポルトガル人や現地の人からの「施しだけでは生活できない」という現実的な判断を下し、本来の原則を曲げて特例扱いをし、ポルトガル国王からの年度給付金の授与を是認したことになる。

4　盆行事への教団の対応

イエズス会による「現実への適応」は、これだけに留まらなかった。

在日イエズス会士たちが直面した、日本の宗教的・文化的問題は多々あるが、その一つが、改宗した日本人信者の盆行事への参加を認めるか否か、という問題であった。それは、キリスト教伝来以前に他界した祖父母その他、自分たちの祖先の場合、キリスト教徒になることなくこの世を去ったため、必然的にイエズス会士の説く来世での救いに与れないことになる(13)。そうした祖先たちの成仏と、霊魂の救済を強く懸念する日本人信者たちの疑問を解決する必要が生じてきたからであった。

この問題に対する教団の基本的な方針は、非宗教的色彩の行事への参加は認めるが、宗教色の強いものについては認めない、ただし、支配者が命令する場合は参加を制止することはできない、というものであった(14)。

また教団は、日本社会および日本人の行動律に対する仏教習慣の広く強い影響力を勘案し、故人へのミサの挙行に限って、日本人信者からの喜捨の受納を認めることにした。各種ミサの挙行は聖務であるため、そうした聖務の「代償」としての「喜捨の受納」は厳禁されていた。

しかしイエズス会士たちが眼にした日本では、仏教での葬式に遺族が布施を施す習慣が余りに広く深く定着していたこと、教団も故人に対するミサへの喜捨は、ミサへの代償という性格がない、と判断したことが、受納を許可する理由であった(15)。これらの事例も、日本社会における仏教行事の浸透と定着という現実に、教団の姿勢を部分的にではあれ、柔軟に順応させたものである。

5　キリスト教と利子徴収問題

日本人の社会文化的な慣行を尊重するために、日本イエズス会が断行した「もう一つの」大きな現実適応行為がある。それは、金銭の貸借にあたって利子を徴収したことである。今日では常識の利子徴収行為が、なにゆえ問題視されたのか、この問題の背景を考えるには、ヨーロッパ中世のキリスト教倫理神学にまで遡る必要がある。

中世キリスト教の倫理神学では、金銭貸借に際して利子、すなわち「ウスラ usura」を徴収することは、本来の貸付金に加えて利息分の金額だけ余計に懐中に入るがゆえに問題視され、その結果、利子の徴収行為を不正にして不当な「反社会的行為」である、と見なしていた。

ところが近世に入って海外貿易の規模が拡大し、ヨーロッパ以外の地との経済関係が深まると、中世キリスト教会で墨守されていたウスラ徴収に対する禁止の方針も、経済思想の発展もあって、徐々に軌道修正を余儀なくされた。もちろん、旧来のスコラ神学に立脚して、ウスラ徴収を罪悪視し、ウスラ徴収はすべきではない、と考える厳格派の人々も存在していた。

その一方で、基本的精神と原則を保ちながらも、前期的資本と結びついた貿易という新たな事態の展開に対応して、ウスラ徴収に関する考えにも柔軟性を持たすべきである、との立場に立つ人たちも存在し、現地の「商慣習」に則ってウスラを徴収することも行なわれるようになった。

日本イエズス会が、この問題をどのように扱ったのかというと、日本人の利子徴収は「止むを得ざる不知ignorantia invincibilis」から生じたものなので、日本人にそのまま受洗させ、その後で告解などを利用して説諭し、不当と思われる範囲の利子を返却させるのがよい、また利率については、年利二五〜三〇%までを許容範囲とし、これを超える分については不当な利子として、その徴収を禁じる、という方針を基本として立てた(16)。

二　フランシスコ会士からの批判

(一)　柔軟性は教勢拡大の原動力か

以上、イエズス会の日本布教の顕著な特徴の一つである「現実への適応」を、盆行事と利子徴収への対応を代表的な事例として紹介した。これを修道精神からの逸脱と見るか、それとも、柔軟性ある思考と見るかは判断の分かれるところであろう。

後者の見解の上に立つならば、イエズス会が創設後三十年ほどの短期間に、世界的な規模で教勢を拡大し得た原動力の一つが、イエズス会の柔軟な思考方法と適応力にあった、と考えられる。しかし、この柔軟性と適応力は、日本布教をめぐるイエズス会の論争相手であるフランシスコ会に、恰好の「攻撃の糸口」を与えることになった。

では、フランシスコ会は、どのような点を問題視し、いかなる論理でもって日本イエズス会の柔軟性と適応力を糾弾したのであろうか。

（二）アセンシオンによる批判

1　日本には複数の修道会が必要

まずフライ・サン・マルティン・デ・ラ・アセンシオンは、

様々な国が存在し、また他にも個別の教会が諸他の地域や王国に置かれたように、日本の教会には色々な修道会士たちの協力を得て、神の教会が置かれる必要がある。(17)

と述べ、日本に複数の修道会士が存在して協同しながら宣教改宗することの必要性を議論の出発点に置いている。

アセンシオンの考えによると、日本布教の場に複数の修道会士が必要とされるのは「このような方法を用いれば、神の教会はキリストの代理たる指導者と一緒に完全なる体cuerpo perfectoを作り上げることができるからだ。(18)」という理由によるものだった。

右に引用した記述から判明するように、アセンシオンは「キリストの代理vicarius Christi」であるローマ教皇と共に、「日本の教会」を「完全」なもの足らしめるには、単独の修道会士ではなく、複数の修道会士の存在が日本には不可欠だ、と判断していた訳である。

ところが現実の日本のキリスト教世界は、本書第二章で明らかにしたように、フランシスコ会に遅れること三三〇数年後に創立された、アセンシオンの眼から見れば「歴史も実績もない新参者」であろう、イエズス会が独占していた訳である。これはアセンシオンにとっては許し難い、かといって、書き直しの不可能な「重い歴史事実」であった。それは彼の「世界の果てにはイエズス会のパードレたちしか身を置いていなかったため、日本には彼らしか存在していなかった。[19]」という言葉からも、その悔しさが滲み伝わってくるからである。

2　糾弾されるイエズス会の独善主義

イエズス会が単独で日本布教を、そして日本人改宗者の教導を行うことは、アセンシオンにしてみれば、日本教界には「イエズス会の流儀」しかなく、在日イエズス会士たちは、他に範とすべき修道会の流儀を欠いたまま、「独善的」な布教方法を展開することを意味していた。実際この点についてアセンシオンは、

イエズス会のパードレたちは、誰からもその姿を目にされていないので、日本の改宗において、他の〔修道会による〕改宗で一般に用いられているものとは、著しく異なる事をいろいろ行なってきたし、また現在も行なっている。さらに、他の改宗で一般に用いられているものとも、著しく異なる行動様式を保持してきたし、現在も保持している。加えて、〔神学〕博士たちが一般に用いているものとは著しく異なる考え方をいろいろとし、始めから現在まで教会が用いてきた様々な典礼と習慣を、いとも安易に免除している。そのため、イエズス会の

パードレたちは、秘蹟の授与においても数々の典礼を放棄しているのである。[20]と記し、イエズス会の日本での活動の在り方が、通常のものとは著しく異なった「独善」先行主義であるとして、厳しく糾弾している。

引用文中に見える「〔神学〕博士とは著しく異なる考え方」が、具体的にどのようなものを指すものであったのか、アセンシオンは明記していない。

しかし、後段に続く記述内容から推測するならば、アセンシオンが記している「〔神学〕博士の考え」を、カトリックの教義からの逸脱を戒める、オーソドックスで伝統的な――その分だけ、在日イエズス会士の立場から見ると、保守的で硬直したものであったのかもしれないが――価値観とするならば、それとは「著しく異なった」在日イエズス会士たちの考えとは、先述したような、日本人信者に盆行事への参加や、日本の商慣習に応じて利息の徴収を認めたことを指しているることは十分に考えられる。

つまり、アセンシオンの立場にしてみると、彼の属するフランシスコ会こそ、長いキリスト教の歴史にあって保守本流の王道をゆく、言葉の真の意味での「正統」な修道会ということになる。それに比して、日本イエズス会の方は、教会の伝統ある典礼や習慣を放棄したり免除したりする、言うならば「異端」の修道会として位置づけられているのである。

3　日本での叙任権闘争

では、アセンシオンの眼に映った、在日イエズス会士による、教会の伝統ある典礼と習慣の放棄とは、どのような行為であったのだろうか。その具体的な一事例として、アセンシオンは、非常に重要な事実を書き残しているので、その部分を訳出する。

数人の日本人が我々の許に来て、キリスト教徒になりたい、と語った。教理教育を施す時に、その日本人たちは、我々に自分たちの窮乏をいろいろ述べてくれた。しかし我々は何も与えなかったので、キリスト教徒になろうとする気持ちが、その者たちから消えてしまった。イエズス会のパードレの一人は、七〇〇タエルを携えて長崎近郊の村に赴き、洗礼を受けたキリスト教徒一人につき一タエルを与え、このようにして七〇〇人のキリスト教徒を作った。しかしそのパードレの手元から七〇〇タエルが底をついたので、キリスト教徒を作るのを止めてしまったのである。(21)

日本イエズス会が、日本での宣教改宗活動を推進し、展開するにあたって、マカオからのポルトガルの商船を「神に継ぐ手段」として位置づけ、これを積極的に活用していたことは、先述した通りである。(22)

右に訳載したアセンシオンの報告書を見る限り、在日イエズス会士が金銭の授与と引き換えに

――この点は他の関係史料による裏づけその他、史料批判が必要となるが――日本人の受洗者を得ていたことが明らかにされている。つまり、商船の「富」と引き換えに九州地方の在地領主から布教の許可を得ていたのと同じ感覚で、今度は「金《かね》の力」の協力を得て、日本人の改宗者を求めていたことになる。

そのような金の力に依存しようとするイエズス会士の行動に対して、アセンシオンの所属するフランシスコ会士は、金で日本人の心を買収しなかったため、キリスト教徒を作れなかったと、引用史料の後段に明記されている。つまり、イエズス会士の行なっていた、金の力で獲得したキリスト教徒は、信仰心は言うまでもなく、信者としての存在そのものが「無効」であることを訴えている訳である。

このくだりは、まさしく中世ヨーロッパのキリスト教世界で見られた「聖職売買simonia」が、舞台を変えて近世の日本において、「洗礼売買」という姿をまとって再現されたといえる。アセンシオンの語るところが事実であるとするならば、ここには、教権と俗権という形ではなく、同じカトリックの修道会間における対立という図式ではあるものの、本書第二章で指摘した「日本版教会分裂」と並んで、中世ヨーロッパにおいて聖俗両世界が鋭く対立した、叙任権闘争と同等の構図が看取できるのである。

キリスト教史に暗い影を落とし、カトリック教会を長い混乱に導いた教会分裂と叙任権闘争、この二大問題が、中世ヨーロッパという時空間を越えて、当時の教皇であるレオ九世やグレゴリウス七世でさえ想像すらできなかった、十六世紀末の日本という極東の地において「再燃」したのであった。

(三) リバデネイラによる批判

在日イエズス会士による「異なる布教方法」はこれだけではなかったことが、アセンシオンと同じ時期に日本で活動していた、フライ・マルセロ・デ・リバデネイラの報告書にも確認できる。

1 典礼作法の問題——外面と内面のキリスト教化

まず、教会で行われる典礼「作法」についてリバデネイラは、

日本にいるイエズス会のパードレたちは、跪いて祈ること、ミサでは福音文の朗読の際に起立すること、跪いた状態で神を賞讃することを、〔日本人の〕キリスト教徒たちには教えなかった。(23)

と記しており、在日イエズス会士らが、教会での典礼に求められる「作法」を、日本人キリスト教徒に教えていなかったという。その理由としてリバデネイラが指摘しているのは、イエズス会士たちが、日本人にはキリスト教信仰を受容させるだけで事足りるのであって、日本人の行なっ

てきた仏前での典礼作法は問題外と考えているからだ、という論理である。(24)

仏前での典礼の作法が何を意味しているのか、リバデネイラは具体的に記していない。また仏前での典礼では、たとえば、現在でも正座が求められることが一般的であり、その意味では、リバデネイラの指摘している教会典礼の作法とは異なっている訳であって、この点がリバデネイラの目には、「不敬」と映ったのであろうか。

いずれにせよ、彼がここで問題視したのは、イエズス会士たちが「日本人の間でこの上なく尊崇されている偶像の数々を崇める際の儀式を禁じる必要はない。(25)」と判断し、日本人信者たちに、仏式の作法で教会の典礼に参加するのを容認していた点である。

右に紹介したリバデネイラの問題提起をさらに掘り進めると、「外面と内面」におけるキリスト教化の問題に突き当たる。

中世ヨーロッパのカトリック布教においては、「外面のキリスト教化」と「内面のキリスト教化」が重視されていた。そのうち、外面のキリスト教化とは、日常の生活習慣の中にキリスト教の習慣を取り入れさせ、それを実践・遵守させることで、つまり、「外枠」から人びとにキリスト教徒としての「自覚」を自己認識させる戦略であった。(26)

この戦略的観点から考えるならば、日本人キリスト教徒が教会での典礼の場で、典礼に求められている作法を知らないでいることは、外面からのキリスト教化が為されずに、信者としての自覚を欠いたまま、信仰心が中途半端のままの状態となり、やがて後退し弱体化する恐れがあることを意味している。

イエズス会に先行すること三三〇年余の歴史を有し、まさしく西欧中世盛期のキリスト教の歴史と共に歩んできたフランシスコ会に所属しているリバデネイラであるからこそ、先述したイエズス会士による「外面」からの「キリスト教化」を蔑ろにした「やり方」が、いずれもたらすであろう「顚末」を懸念せざるを得なかったと考えられる。

2 先鋭化する批判

ここからリバデネイラは、在日イエズス会士の独善的な「流儀」に対する批判を、さらに先鋭化させて展開してゆくことになる。長文の引用になるが、関係部分を以下に訳出してみる。

第一に、イエズス会のパードレたちは、日本語の知識があるのに公教要理を教えず、この責務を日本人イルマンたちに任せている。日本人イルマンの中には、ラテン語を知っている者もいれば、結婚している者もいる。私が知っているところなのだが、日本人イルマンたちは、非常にせっかちに公教要理を教えている。また一部のイルマンたちは、あまりに高邁な語をいくつも使って説教をするため、人々がそれらを理解できないのが一般である。……イエズス会のパードレたちはこの点、イルマンたちを信頼しているので、大勢の人たちに洗礼を授けている。ただしこの人たちは、神が存在し、また自分たちの偶像神を礼拝してはならない、ということしか知っていない。第二に、イエズス会のパードレたちもイルマンたちも、洗礼を授ける前に、洗礼を志願している異教徒たちについて、高利貸し〔をしているのか〕、横暴〔な人物であるのか〕、過分の年貢〔を課していないかどうか〕のことを調べないし、また彼らが大勢の女性を抱えて同棲していないかどうか、その当時、求められている諸事項〔を満たしているかどうか〕についても調べない。パードレたちもイルマンたちも、洗礼志願者はあらゆることについて、止むを得ざる不知〔の持ち主〕なのだ、と語るのである[27]。

やや分りにくい記述なので、リバデネイラの訴える論点を整理しつつ、考察を進めてみることにする。

まず前段では、在日イエズス会宣教師が、日本語の素養があるにも拘わらず、カトリックの教えである公教要理を日本人に教えなかったこと、その仕事を修道士である日本人イルマンに委ねたところ、日本人が公教要理の内容を十分に理解できるような方法が取られなかったことが記されている。

①基本的素養としての公教要理

「公教要理 Doctrina Christiana, Catechismus」とは、カトリックの基本的な教えを問答形式で著したもので、洗礼などの前に施される入門教育の段階において使用されるテクストのことである。

つまり、仏教に代表されるような、キリスト教とは異なる宗教を信仰してきた人々が、改宗してカトリック教徒となるために、最低限の素養として修めておくべきカトリック信仰の提要をまとめたもの、それが公教要理なのである。

したがって、これから旧来の宗教を棄てて、新たにカトリックに改宗しようとする者には、言葉と理を尽くして教え諭す際の論拠となるのが公教要理と言えよう。その場合、仏教や神道という「多神教」から、唯一神のヤハウェを崇める「一神教」へ改宗させるには、「初期教育」をいかに理解させるかが肝要となる(28)。

そのような重要な機能を有する書籍であるならば、神学の知識と改宗経験に富む司祭の地位にある人物が教えるべきところを、司祭になるための前段階にある、それも日本イエズス会内にあって、何かと能力面で批判を浴びていた(29)、日本人のイルマンがこの大切な任に当たっていたことが、リバデネイラには看過できず、それが先に引用した批判という形となって表面化したのであろう。

②高利貸しと妻妾の問題

先のリバデネイラ報告の後段では、受洗志願者の身上を事前調査することなく、イエズス会士たちが安易に洗礼を授けていることが厳しく批判されている。どのような人物がリバデネイラの「懸念」の対象となっているのか、ということについては、訳出した史料中に見えるとおりである。この中から、高利貸しと畜妾の問題について取り上げてみたい。

まず「高利貸し」の問題であるが、この問題についての要点は、本章第一節（三）の「5　キリスト教と利子徴収問題」の箇所で論じたとおりである。先述のように、最終的に日本イエズス会は、日本人の利子徴収は「止むを得ざる不知」に起因したものである、との考えから、利子徴収については柔軟な対応を取ることに決した。つまり、「違法ではあるが有効である illicitia sed valida」という解釈の立場を取ったのである。

しかし、フランシスコ会やドミニコ会は、中世以来の伝統的解釈と学説に従って、利子徴収を禁忌とする考えと実践を、日本にも厳格に適用すべきであるとし、この問題についてもイエズス会とは真っ向から対立した。(30)

このような利子徴収の是非をめぐる事実関係を前にするとき、リバデネイラが高利貸し業に従事している受洗希望者がいるかどうか、その事前調査の実施を強く訴えているのは、彼が中世以来の利子徴収「厳禁」派であって、おそらくリバデネイラの眼には「野放し」と映っていたであろう、日本イエズス会による利子徴収「緩和」の行為を糾弾せねばならなかったからである。

次に、最後の部分で言及されている「大勢の女性を抱え」云々という記述は、当時の日本社会で広く見られた畜妾の風習のことである。一夫一婦制の「厳守」を求めるキリスト教にあって、正妻以外の女性を妾として何人も侍らせることは、看過のできない道徳的退廃以外の何物でもなかったことは想像に難くない。

そもそも結婚という行為は、カトリックの教義にあっては、「七秘蹟」の一つであり、一五六三年のトリエント公会議では、結婚の「不解消性」と「単一性」が規定された(31)。

ザビエルに始まる日本でのキリスト教布教に従事したイエズス会宣教師たちは、「婚姻の秘蹟」を全否定するかのような、当時の日本社会に浸透していた蓄妾制の風習に大きな衝撃を受けた。特に彼らが問題としたのは、夫婦関係が上手く行っていたのに、正妻以外の女性に愛情を抱き、その女性を妻として迎え入れるために正妻と離婚した人物に、果たして洗礼を施すことが可能か否か、ということであった。

本来の婚姻の秘蹟が持つ原理原則からいうと、婚姻が「不解消」性なものであるからには、離婚した人物に洗礼を施すことは認められない行為となる。

しかし、カトリックの教えが入って来る前の日本社会では、そのようなことは決して珍しいものではなかったので、イエズス会士らが「たった今からその習慣を廃止せよ」と言っても、その瞬間から、畜妾の習慣が急に、しかも全面的に改まるものではなかった。

特にイエズス会士たちが、領内布教を認可してもらい、加えて教団や改宗日本人への保護を下賜してもらわねばならない、政治実権者である在地領主にあっては、なおさらのことであったろう。

そこで教団が考え付いた論理は、カトリックの教えが広まる以前の日本人が、婚姻の秘蹟について知らなかったのは無理もない、つまり、利子徴収の場合と全く同様に、日本人は婚姻の場合においても「止むを得ざる不知」の状態にあったのだから、上述した場合の離婚と洗礼は問題ではなく、有効性を持っている、というものであった。(32)ここにも、先に確認した利子徴収と洗礼の問題と同様に、「違法ではあるが有効」という解釈が見られる。

しかし、リバデネイラが受洗希望者の「素性」に強く拘っているのは、やはり、イエズス会士たちによる「対日適応」戦略に対する強い「疑問」「不満」「嫌悪」の表明であり、日本人に洗礼を施すにあたっては、「止むを得ざる不知」という伝家の宝刀を安易に抜くのではなく、あくまでも「原理原則」に基づく洗礼の授与を優先させて実施すべきである、との考えによるものであったことは明らかである。

3　人効論と事効論の日本での再燃

これまで確認してきた、リバデネイラの批判が意味するところは何であったか、ここで今一度、確認しなければならない。

リバデネイラの批判の根本にあるのは、離婚、蓄妾そして利子徴収といった「禁止事項」を、「止むを得ざる不知」を理由に「黙認」している在日イエズス会士たちには、洗礼という秘蹟を施す資格がないこと、したがって、授洗資格を欠いたイエズス会士たちから日本人信者に為された洗礼の有する秘蹟の効力も無効であること、また、利子徴収などの禁止事項を改めていない日本人信者には、カトリック教徒としての資格は認められないこと、以上の三論点である。

つまり、在日イエズス会士の布教方法を厳しく糾明するにあたって、リバデネイラの脳裏に去来していたのは、中世の叙任権闘争における「人効論 **ex opera operantis**」と「事効論 **ex opera operato**」の図式であったことは、これまでの論述から明らかであろう。

もちろん、中世ヨーロッパにおけるそれは、カトリック聖職者の妻帯問題（ニコライスム）と聖職売買（シモニア）に起因した、秘蹟の有効性等をめぐる神学的問題であったことは、いまさら多言を要しない。そのため、リバデネイラがここで取り上げている授洗資格、秘蹟の有効性、信者資格の問題には、中世時代のヨーロッパの場合とは、その要因等にいくぶんかの質的相違が見られることに留意しなければならない。

それを捨象して右に記してきた問題を改めて考えるならば、リバデネイラの場合、人効論あるいは事効論の、いずれかを認める二者択一の議論ではなく、その両者とも認めない「非人効論」であり「非事効論」である点に、この問題に対する彼の思考方法の特徴が存するのである。

三　ヴァリニャーノの反論

（一）　他修道会の日本進出は時期尚早

以上、二節にわたって取り上げてきた、アセンシオンとリバデネイラによる日本イエズス会の布教活動における現実適応主義政策への批判に対する、ヴァリニャーノの反論を見てみよう。

まず、アセンシオンが訴えている、日本における複数の修道会の存在と布教活動について、ヴァリニャーノは自著『弁駁書』の中で、次のように反論している。

スペイン領西インドは、スペイン国王フェリペ二世の完全な支配に服属し、当のフェリペ二世も西インドには司教、大司教その他、様々な修道会士と司祭を送り込むなど、一つの教会による秩序と完成を目指しているところの、一キリスト教君主に課せられた義務の一切を、これまで遂行してきた。

しかし日本は大勢の「異教徒の王reyes gentiles」に服属しているので、国王フェリペ二世は、日本に対する権限も命令権も波及させることができない。日本では、異教徒たちは思い通りのことを行なえるが、[33] 我々は何も行なえずにいて、むしろ異教徒たちからは、止むことなく様々な迫害を受けている。ヴァリニャーノは、このような現状分析と認識を踏まえたうえで、

日本人は異教徒で疑い深いので、托鉢修道会士たちを受け入れることを望まず、ひどい扱いをした後で彼らを自分たちの領国から追放したり、先に見たように、殺害したりする。マニラとヌエバ・エスパーニャの修道会士たちが、かの〔日本の〕諸地方に赴くことは、何一つ利益を生まないであろう。というのも、経験から判明しているのは、日本人が彼らに疑いと憎悪の目を向ける人びとで、彼らを国外追放し、ひどい扱いをした、ということだからである。[34]

という自論を展開している。

一読して明らかなように、托鉢修道会士は日本に受け入れられる可能性が無いこと、また、過去における日本での托鉢修道会士の扱われ方の歴史からも、上述の点は証明されていることを訴えている。右に訳出した文中でヴァリニャーノが引き合いに出しているのは、この『弁駁書』が完成される僅か一～二年前に発生した、一五九六年のサン・フェリペ号事件と、それに連動した翌年の二十六聖人殉教事件のことであろう。

説明するまでもないところであるが、この両事件は、秀吉政権による取調べの過程における、スペイン船サン・フェリペ号の水先案内人の不用意な発言によってもたらされたもので、長崎西坂で処刑された二十六人の中には、三木パウロらイエズス会関係者が三人も含まれることになった。

ヴァリニャーノが二十六聖人殉教事件の直接的な原因を、マニラのスペイン勢力およびフランシスコ会による日本布教にある、との認識を有していたことは明らかである。だからこそ、『弁駁書』執筆の一端ともなった、直近のサン・フェリペ号事件と二十六聖人殉教事件という、記憶に生々しい事実を持ち出すことで、フランシスコ会の日本進出と日本布教がもたらす「惨禍」を強調し、フランシスコ会の日本進出と日本布教への参入を峻拒する主張を展開しているのである。

さらに続けてヴァリニャーノは、

それに加えて托鉢修道会士たちは、日本人の間で生活することを認められた、イエズス会のパードレたちを危険に陥らせ、既に作り出されたキリスト教界を失わせ、キリスト教界を作るために設けられている門戸も、完全に閉ざしてしまう。さらに、同じ国王〔フェリペ二世〕の臣下であるポルトガル人たちに対しても、日本人は疑い深くなってしまう。それゆえ、経験と共に道理が明らかにしているのは、今現在は、日本人が他の修道会士たちの援助を受け入れられるほど整った時機にはない、ということである。(35)

との反論を記述している。

その論点を見てゆくと、まず前半部に記されている、在日イエズス会士らを危険に曝し、日本布教の門戸が閉ざされる云々、という箇所は、今後、マニラからフランシスコ会士等の托鉢修道会士が、さらに大勢日本に進出することで、先に検討したサン・フェリペ号事件の「余波」として、今後、日本イエズス会が蒙る恐れのある布教「有事」を指摘したものと考えられる。

次に後半部に見える、ポルトガル人に対する日本人からの疑い云々であるが、これは、サン・フェリペ号事件の取調べの過程で、スペイン人によるキリスト教と結びついた武力征服活動が明らかにされたことを受けて、日本と貿易を通じて長い信頼関係の歴史を築いてきたポルトガル人にも、同じようにイエズス会士と結んで日本を武力征服するのではないか、という嫌疑をかけられることを指しているものであろう。この点は、本書第二章第四節（二）で紹介した、ヴァリニャーノの『日本諸事要録』――この報告書は『弁駁書』に先立つこと、十五年前に完成されている――の記事にも、同様の趣旨のことが明記されているところからも裏付けられる。

このようにヴァリニャーノは、日本におけるフランシスコ会とスペイン勢力の、言うならば、日本における重大な「前科」の事実を例証に、それに加えて日本人の国民性も加味した結果、日本にマニラからフランシスコ会その他、托鉢修道会士らが入国して布教活動するには「時期尚早」との結論を引き出し、イエズス会以外の修道会の日本参入を否定する自己の立場を、これまで通りそのスタンスを些かも変えることなく打ち出した、ということである。

アセンシオンが、日本の現状分析からイエズス会以外の修道会士の来日の必要性を訴えているのに対し、ヴァリニャーノはアセンシオンとは異なる視点からの現状分析のほかにも、日本人の歴史的国民性と、これまでの日本布教の経緯、つまりイエズス会が日本で培ってきた歴史と日本体験の蓄積という側面も加えて、アセンシオン批判を展開しているのである。

(二) 二つの対抗軸

たしかに、極東のカトリック世界における、日本布教の発展と拡大という日本のキリスト教事情を踏まえると、托鉢修道会士の日本布教への参画は、日本イエズス会にとって解決すべき、否、何としても食い止めねばならぬ、喫緊の課題であったかもしれない。その点は、頭脳明晰の切れ者ヴァリニャーノも認識していた筈である。

しかもヴァリニャーノは、イエズス会東インド巡察師という、イエズス会総長の権限を付与された、事実上の総長名代であり、日本を含む東インド地方におけるイエズス会の利益を代弁し、それを具現化する立場にあった。そのためにも、スペイン勢力と結んだフランシスコ会を筆頭とする托鉢修道会の日本進出を阻止しなければならなかった。

しかし、日本教界の現状をアセンシオンとの論争の「共通論題」と設定するだけでは、勝算は得られなかったため、それとは異なる「対抗軸」を設定しなければならなかったのではないだろうか。その対抗軸の一つこそ、半世紀にわたるイエズス会の日本布教の実績という、否定のできない重く且つ深い歴史であり、他の対抗軸は、その歴史の蓄積から生み出された、イエズス会による日本人の国民性や日本社会、言うなれば「日本のエートス」に対する深い理解の表明と、それへの柔軟な対応であった。

この二つの対抗軸は、フランシスコ会の日本布教参入に先立つこと半世紀という、「絶対的な「時間差」が日本イエズス会にもたらしたものであって、フランシスコ会が、どのような手段をもってしても、この時間差は決して乗り越えることも打ちくだくこともできない「歴史の壁」であった。

イエズス会がザビエル以来、日本において営々と築き上げてきた、この「歴史の壁」は、本書第二章でも論じたところの、教皇グレゴリウス十三世が、イエズス会の日本布教の独占を公認するに際して、自身の小勅書「*Ex pastorali officio*」においても重視し、また実際に言及した要点でもあった。

だからこそヴァリニャーノは、この絶対に破られることのない対抗軸を持ち出し、托鉢修道会士たちの来日の不当性を強く訴えることにしたと考えられる。

(三) 歴史的正当性と新布教地への適応

次に、もう一つの、利子徴収問題に関するヴァリニャーノの反論を見てみよう。
最初にヴァリニャーノは「ウスラとして知られている一部の契約についても、その中に何がしかの不正alguna injusticiaが存しているのかどうかを知ることは非常に難しい。[36]」と述べている。つまり、ウスラの不当性の見極めが困難であることを指摘することで、フランシスコ会による批判の本質に疑義を呈している訳である。
こうした議論を踏まえたうえでヴァリニャーノは、利子徴収、つまりウスラに関する処置を余りに厳格に実行すると、日本のキリスト教徒の間では逆効果となり、改宗に深刻な支障となるので、日本で利子の徴収行為が「事情に応じてad tempus大目に見られているのは尤もである。[37]」とし、またヨーロッパのキリスト教徒の間でも大目に見られてきた、という日欧双方の事情を指摘したうえで、
かつては、キリスト教徒の皇帝たちがそれらの契約に関する様々な法律を公けにしたにも拘

わらず、ウスラも、またそれよりも明らかにずっと不正な契約も、ヨーロッパのキリスト教徒たちの間では、長い間にわたって大目に見られていたのだった。……〔日本という〕極めて新しいキリスト教界において、これらの不都合に対し、まとめて結論を下すのを望むことは、聖パウロの教えに沿っていないし、また、〔キリスト教〕信仰に改宗した、生まれたばかりのキリスト教徒たちを、最初はミルクで、その後は皮のついたパンで育てる、という教会が常に用いて来た方法にも沿っていないのである。以上が、〔イエズス会の〕パードレたちが実践していることであって、この托鉢修道会士〔リバデネイラ〕が指摘しているような、「止むを得ざる不知」(38)を口実に、偶像崇拝その他の色々な罪を見てみぬふりをすることを乱用しているのではない。

との見解を述べている。

右に訳出引用したヴァリニャーノの反論の要点は、以下のように集約ができよう。すなわち、ヴァリニャーノは、在日イエズス会士による利子徴収行為を正当化するために、歴史的正当性と新布教地への適応、この二つの論理を用いて反論していることである。

まず歴史的正当性の問題についてヴァリニャーノは、ヨーロッパでのキリスト教布教の歴史では、ウスラ以上に不当な契約も見逃されていた一時期があり、現今の在日イエズス会士による利子徴収の問題を、その歴史的正当性の系譜に連ねることで、フランシスコ会からの批判が的外れなものとしている。

次に、日本という「新」布教地の「事情に応じたad tempus」手段を用いねば、布教の果実は豊かに実を結ばないので、利子徴収という特例的な行為も、布教を実り豊かなものにするための「止むを得ざる」適応行為である、としてフランシスコ会に反論しているのである。

四　両修道会からの我々への問いかけ

以上、本章では在日イエズス会士たちの、日本の文化的伝統の実情に即した布教方法に対する二人のフランシスコ会士、アセンシオンとリバデネイラによる批判と、それに対する巡察師ヴァリニャーノの反論を取り上げてきた。

この三名の論争から窺い知れるのは、イエズス会とフランシスコ会の日本布教をめぐる軋轢は、布教上の神学的問題よりも、むしろ布教方法や、その在り方について、この両修道会が互いに異なる考えや理念、論理を持ち(39)、それに立脚して自己の信念に忠実に考え行動していた、ということであろう。

二十一世紀を生きる我々が、この両修道会の言い分に耳を傾けてみると、どちらの言い分にも一理があり、どちらの方が自らの行為や相手の行為に対して、適正且つ適切な判断をしているのか、俄かには判じ難い印象を受ける。

理想ばかりを追求しても、現状に応じた柔軟な対策を取らねば成果を手にできない、というイエズス会のスタンスも尤もであるし、現実に柔軟すぎると当初の理念が弛緩し、長い眼で見ると、結局は大きな損失を抱え込むことになる、と主張するフランシスコ会のスタンスもまた傾聴に値する。

ただイエズス会の場合、中国布教における「適応主義」政策が、かの「典礼問題」を惹き起こし、その結果として、中国皇帝がキリスト教信仰を禁じ、修道会士たちの国外追放を宣言した事実がある以上、日本布教にあっても、いま少し修道理念の尊重という姿勢があっても良かったのかもしれない。

本書第一章で記したように、マニラのスペイン総督の外交使節として来日した、ペドロ・バウティスタの一行は、事実上空洞化していたとはいえ、秀吉による宣教師追放令が公的に撤回されていない中、公然と布教を行い、自分たち独自の方法に則って活動していた。しかしこうした行為が、イエズス会士らによる対日適応主義に基づく活動とは、著しく異なるものであったことは説明を要しまい(40)。

この点を顧慮しつつ、フランシスコ会の方も、日本布教の歴史的経験が浅く、わけても、日本人および日本社会のエートスに対する「経験値」が低いことを考えるならば、ザビエルによる日本開教以来、様々な試行錯誤を重ねたうえで、日本という「キリスト教世界」を創出し発展させて来た、イエズス会の考え方や姿勢を、柔軟に受け入れて然るべきあったろう。

さすれば、本書第一章の末尾において紹介したファビアン不干斎の言葉に見られるように、在日イエズス会士、在日フランシスコ会共に「他ノ門派ノ伴天連ト威勢争ヒニテ喧嘩口論ニ及ブ」[41]ような「見苦シキ事」[42]も、それなりに回避できたのではないだろうか。

注

（1）Archivum Romanum Societatis Iesu, Jap. Sin. 9-II, f. 170v.

（2）Archivum Romanum Societatis Iesu, Jap. Sin. 9-II, f. 170v.

（3）*Consulta hecha en Japón por el Padre Alexandro Valignano, Visitador de la Compañía de la India, en el año de 80 y 81*, Archivum Romanum Societatis Iesu, Jap. Sin. 2, f. 58v.

（4）*Regimiento para el Superior de Japón, ordenado por el Padre Visitador en el mes de junio del año de 1580*, Archivum Romanum Societatis Iesu, Jap. Sin. 8-I, f. 265.

（5）Alessandro Valignano, *Sumario de las cosas que pertenecen a la India Oriental y al govierno de ella* (Josephus Wicki ed., *Documenta Indica*, vol. XIII, Romae, 1975.), pp.217-218. 高橋裕史訳注『東インド巡察記』（東洋文庫七三四、平凡社、二〇〇五年）一九六〜一九七頁。

（6）A. Valignano, *Sumario de la India Oriental*, p. 218. 前掲、高橋訳注『東インド巡察記』一九七頁。

（7）カーサ・プロフェッサcasa professaとは、イエズス会において最高位の盛式四誓願司祭professo de quatro votosの階位を有する司祭たちが居住する司祭館のことである。

（8）Archivum Romanum Societatis Iesu, Goa 47, f. 30.

（9）Archivum Romanum Societatis Iesu, Goa 47, f. 22.

（10）Archivum Romanum Societatis Iesu, Goa 47, f. 104v.

（11）*Responsiones Reverendi Patris Nostri Generalis ad Congregationem Indiae Orientalis celebratam Goae mense Decenbri anni Domini 1575*（Josephus Wicki ed., *Documenta Indica* vol. X, Romae 1968.）, p. 328.

（12）高瀬弘一郎『キリシタン時代対外関係の研究』（吉川弘文館、一九九四年）三〜一二、三八頁。なおイエズス会のコレジオが集金機関としても機能していたことの詳細については、高橋裕史『イエズス会の世界戦略』（選書メチエ三七二、講談社、二〇〇六年）一七〇〜一八八頁を参照されたい。

（13）因みに十六世紀には、本文で記した死後の霊魂の救済という伝統的なキリスト教神学の考えを経験合理主義的な立場から否定する思想も誕生していた。その代表的な論著が、ピエトロ・ポムポナッツイ Pietro Pomponazzi が一五一六年に著わした『霊魂不滅論 Tractatus de immortalitate animae.』である。同書は、霊魂が肉体の死滅後も生きながらえることはあり得ないことを主張したものだった。この考えは、死後の霊魂の存在を前提に、死後における霊魂救済の可能性を説く、カトリックの信仰の根底を大きく揺るがすほどの衝撃を与えた。清水純一『ルネサンスの偉大と頽廃』（岩波新書青版八二五、岩波書店、一九七二年）一二四〜一二五頁。

（14）前掲、高瀬『キリシタン時代対外関係の研究』八六〜九一頁。

（15）以上の記述は前掲、高瀬『キリシタン時代対外関係の研究』八五〜八六頁。

（16）以上の記述は前掲、高瀬『キリシタン時代対外関係の研究』一三五〜一四〇、一五五〜一六八頁。

（17）Fray San Martin de la Ascension, *Relación de las cosas de Japón para nuestro Padre Fray Francisco*

Arzubiaga, Comisario General de todas las Indias en Corte (José Luis Alvarez-Taladriz ed., *Documentos Franciscanos de la Cristiandad de Japón 1593-1597*, Osaka, 1973.), p. 49.

(18) F. S. M. de la Ascención, *Relación*, p. 49.

(19) F. S. M. de la Ascención, *Relación*, p. 51.

(20) F. S. M. de la Ascención, *Relación*, pp. 51-52.

(21) F. S. M. de la Ascención, *Relación*, p. 85.

(22) ここからポルトガル商船のもたらす富に惹かれて改宗した日本人が、真のキリスト教信仰を有していたか否か、という問題が論じられて久しい。例えば、イエズス会と深い関係を持っていた大村純忠の信仰心の在り方をめぐっては、外山幹夫「いわゆる「キリシタン大名」の実相」(『日本歴史』第三八七号、一九八〇年)同氏『大村純忠』(静山社、一九八一年)などを参照されたい。

(23) Fray Marcelo de Ribadeneira, *Queixas que os Padres da Companhia que estão em Japão, assi por palavra como por cartas , publicarão ter contra os Frades Descalços de São Francisco, que estavão em Japão, as quais responde hum douto Frade da dita Ordem por nome Frey Marçello de Ribadeneira, da Provinçia de São Gregorio das Felipinas, a quem os dichos Padres empedirão o martirio com quatro companheiros* (J. L. Alvarez-Taladriz ed., *Documentos Franciscanos.*), p. 209.

(24) F. M. de Ribadeneira, *Queixas*, p. 209.

(25) F. M. de Ribadeneira, *Queixas*, p. 209.

(26) 多田哲「キリスト教化と西欧世界の形成」(堀越宏一・甚野尚志編『15のテーマで学ぶヨーロッパ中世史』ミネルヴァ書房、二〇一三年)一七〜一八、二三〜二四、二八〜三四頁。

(27) F. M. de Ribadeneira, *Queixas*, p. 240.

(28) もちろん日本イエズス会でも、この点の重要性は認識済みで、日本布教の早い段階から、公教要理教育も含めた福音宣教の在り方が検討されていた。この詳細については、ヘスス・ロペス・ガイ（井手勝美訳）『キリシタン時代の準備福音宣教』（キリシタン文化研究会、一九七〇年）を参照されたい。

(29) 日本イエズス会では、将来の日本教界の発展を視野に、出来るだけ大勢の日本人を受け入れて、司祭に養成する方針が採用された。しかし、実際に日本人が修道士として教団に加わると、その能力に対する不安感や東洋人を西洋人よりも一段低く見る価値観等が理由となって、邦人聖職者養成の計画は事実上、頓挫したのである。この問題の詳細については、高橋裕史「キリシタン教会と邦人聖職者問題」（社会文化史学会編『社会文化史学』第二二号、一九八六年）を参照されたい。

(30) 以上の記述は、前掲、高瀬『キリシタン時代対外関係の研究』一三五～一四〇、一五五～一六八頁。

(31) イエズス会の時代にあって婚姻の秘跡は、変化する社会の実情に対して、カトリック教会はどのような姿勢を示し対応すべきか、ということを顕現する重要な問題として認識され、トリエント公会議Concilium Tridentiumにおいても様々な観点から議論された。その詳細については、アドリアーノ・プロスペリ（大西克典訳）『トレント公会議』（知泉書館、二〇一七年）九〇～九二、一四五～一四八頁を参照されたい（一般にはトリエント公会議が通用しているが、右に挙げたプロスペリの原著はイタリア語で執筆されており、トリエントはイタリア語ではTrento表記となる。ここでは訳者の大西氏の訳語のタイトルをそのまま用いた）。なお、イエズス会の日本司教ルイス・セルケイラが作成し、一六〇五年に長崎のイエズス会コレジオで印刷に付された、いわゆる『サカラメンタ提要』（正式名称は『*Manuale ad Sacramenta Ecclesiae minisitranda* 教会の秘蹟を執り行うための手引き』）には、婚姻の秘蹟に関する記述も見られる。詳細については、河野義祐「『サカラメンタ提要』における婚姻の秘蹟」（『キリシタン研究』第一八輯、吉川弘文館、一九七八年）を参照されたい。

（32）高瀬弘一郎『キリシタンの世紀』（岩波書店、一九九三年）一〇八～一一九頁。

（33）「西インドは、合法的且つ事実上 de jure y de hecho 我が主たる国王陛下に服しているし、国王陛下は西インドに完璧な支配権を有し、また西インドで考えるところを実行できる収入もお持ちである。だからこそ国王陛下は西インドに極めて首尾よく、何人もの司教、大司教、色々な修道会士、司祭を派遣し、大学を設け、偶像崇拝を破棄し、一つの教会の秩序と完全さのために、一キリスト教君主の義務であるところの他の一切を実行できたのだった。しかし、日本とシナは異教徒の王たちのものであり、国王陛下はそこには、何一つ支配力も命令権も収入もお持ちではないし、また高位聖職者たちも自らの強制裁治権を行使する権限を持ってはいない。結局のところ、日本とシナは、異教徒の現地人たちはしたいことができて我々は何もできず、彼らが我々を迫害し手荒く扱って〔我々が〕彼らを押さえ込めない諸領国なのである。」Alessandro Valignano, *Apología en la cual se responde a diversas calumnias que se escrivieron contra los Padres de la Compañia de Jesús del Japón y de la China*, Archivum Romanum Societatis Iesu, Jap. Sin. 41, f. 54.

（34）A. Valignano, *Apología*, Archivum Romanum Societatis Iesu, Jap. Sin. 41, f. 54v.

（35）A. Valignano, *Apología*, Archivum Romanum Societatis Iesu, Jap. Sin. 41, f. 54v.

(36) A. Valignano, *Apologia*, Archivum Romanum Societatis Iesu, Jap. Sin. 41, f. 104.
(37) A. Valignano, *Apologia*, Archivum Romanum Societatis Iesu, Jap. Sin. 41, f. 104v.
(38) A. Valignano, *Apologia*, Archivum Romanum Societatis Iesu, Jap. Sin. 41, f. 104v.
(39) Carla Tronu, "The Rivalry between the Society of Jesus and the Mendicant Orders in Early Modern Nagasaki" in *Agora*, No. 12, 2015, p. 28.
(40) C. Tronu, "The Rivalry", p. 27.
(41) 海老沢有道、H・チースリク、土井忠生、大塚光信校注『日本思想体系25　キリシタン書・排耶書』（岩波書店、一九七〇年）四四三頁。
(42) 前掲、海老沢他校注『日本思想体系25　キリシタン書・排耶書』、四四三頁。

付記　本章で論じたイエズス会、フランシスコ会双方の立場を見ていると、現代日本における、特に地方の大学の学生獲得の方法やその在り方をめぐる議論と重なる部分が非常に多いことに気づかされた。受験人口の減少という現実を踏まえると、入学条件を緩和させて、一人でも多くの学生を確保しなければならない、という現実主義的な立場。そのような言い分も理解できない訳ではないが、大学本来の社会的立場と役目、そして学生の学力の保証という点を担保するには、行過ぎた規制緩和を優先させるのではなく、大学本来の選抜手段を温存することこそ将来的な大学の存続を約束する、という理念重視の立場。

過度の規制緩和も規制強化も、それぞれに厄介な問題を惹き起こすものではあるが、眼前の利益に眼がくらみ、長期的視野と理念を欠如させると、結局は日本の地方大学の多くが「自分で自分の首を絞める」ことになるのではないだろうか。

対日布教方法をめぐるイエズス会とフランシスコ会の抗争は、平成日本の大学における学生獲得の方法にも、大きな問を投げかける今日的な性質を持った問題なのではないだろうか。

第六章　軍事活動をめぐる論争
――「魂」の指導者なのか、それとも「武」の指導者なのか

一　教会と武力との接近

戦国末から本格化する、日本におけるカトリック布教と武力の問題は、日本の「権力者の教会に対する姿勢にも大きな影響」[1]を及ぼすことになった。この事実は、その後の秀吉政権時における二十六聖人殉教事件や、徳川幕府による禁教令の発布理由からも明らかである。

本章では、在日イエズス会士による種々の軍事活動に対する、フランシスコ会からの批判と、イエズス会側の反論について取り上げるのだが、そもそも「汝、殺すことなかれNon occides.」というキリスト教の絶対的な教義と、殺傷がつきものの軍事行為は、どのような事情から結びつくことになったのだろうか。本論に入る前に、カトリック教会の武力化の過程を確認しておこう。

（一）古代ローマ帝国のキリスト教と軍隊

政治力と経済力を手にしたカトリック教会が、やがて「軍事」力をも有するに至ったことは、歴史の「必然」であったのかもしれない。その引き金となったのが、滅亡間近のローマ帝国を舞台とするキリスト教徒の兵士milites Christianiの登場であった。

よく言われているように、キリスト教が戦争に対して、必ずしも「否」としない姿勢を表明し出したのは古代にまで遡る。

共和制ローマ帝国の時代、無産階級出身のキリスト教徒にとって、我が身が軍隊に所属するということは、社会的エリートに上昇するための有力な手段であり、ゆえに、西暦二世紀末から三世紀にかけて、キリスト教徒の軍人と兵士が増加することになった。

また当時のキリスト教と軍隊との問題は、国家権力および皇帝権力の問題にも連動する側面を有していた。具体的には、国家がキリスト教の信奉する神の心に適う限り、国家を支える軍隊は法的に正当な存在とされ、神の心の体現者として位置づけられてもいた皇帝の命令とあらば、キリスト教徒の兵士たちは、自らに課された軍務を遂行しなければならず、同時にそれは当然のこととされた。

このような状況変化を前にして、西暦一世紀末〜四世紀初頭にかけて活躍した「教父Patres Ecclesiae」は、キリスト教信仰の自由が侵害されない限り、キリスト教徒は兵役に服して国家に仕えることが可能であるとし、また外敵から平和を守る防衛軍としてローマ軍の存在を是認し、ローマ軍への参加をキリスト教徒たちに呼びかけた。

その代表的人物が、言うまでも無く、ヒッポの司教アウレリウス・アウグスティヌスであり、彼は『神の国 *De civitate Dei.*』の随所において、たとえば、

神の権威において戦争を行う者は、殺人の掟を決して踏み越えはしなかった。(2)
上位の権力に従って人を殺す兵士は、殺人という犯罪者ではない。(3)

と記し、神の権威および公的義務を理由とする殺人は罪とはならないと規定し、帝国の兵務を遂行するキリスト教徒の身を、刑事罰の適用から除外することを明言するに至った。

加えてコンスタンティヌス帝が発布した、「ミラノ勅令」によるキリスト教信仰に対する公認、アルル宗教会議での、キリスト教徒の兵役義務の明示などが要因となって、キリスト教は暴力否定と平和主義の立場を堅持できなくなり、教会はキリスト教と軍事の接近に正当性を付与し始め、多数のキリスト教徒も軍職に就くようになった。

「ミラノ勅令」を発布したコンスタンティヌス帝は、自己の権力基盤をさらに強化するためにも、キリスト教徒の兵士が帝国軍には不可欠であると判断し、三三七年の臨終の際に、自らもキリスト教に改宗した経緯がある。

コンスタンティヌス帝によって、キリスト教の信仰が認可されただけではなく、保護されたこ

とへの感謝として、教会側はこれまでの暴力全否定の態度を軟化させ、兵役に就くキリスト教徒が軍隊に留まることを認めるようになった。さらに、キリスト教徒であることを理由に兵役を拒否したり、軍籍を離脱したりすることを「不可」とし、兵役拒否と戦争反対が許されるのは、聖職者身分に限る、との考えを表明したのであった。

この結果、キリスト教の神は「軍神」「戦勝の神」として啓示され、キリスト教徒と兵士との間の境界線は消滅し、キリスト教徒の兵士は「皇帝の兵士milites Imperatoris」として生まれ変わったのだった。

このような状況が現れたのは西暦四世紀頃のことであり、秀吉による宣教師追放令を受けて在日イエズス会士による日本への武力導入が、本格的に検討され始める一二〇〇年以上も前に、キリスト教と武力との「共生」関係の論理が構築されたのである(4)。

(二) ローマ教皇の軍事活動

時代が変わってルネサンス期になると、カトリック教会の首長たるローマ教皇たちの中にも、これまで確認してきたような、ローマ時代に整えられた教会による軍事活動の正当性という歴史の系譜に立脚して、主体的且つ積極的に軍事活動に手を染める教皇が出てくることになった。ローマ教皇による軍事活動は、教皇兵の組織・派遣行為と、カトリック諸侯への準備金その他の軍資金援助、この二種類に分類が可能である。

まず教皇兵の組織と派遣の事例であるが、グレゴリウス九世はイタリア中部のスポレート公領を防衛するために、スウェーデンやフランス等から軍資金を徴集して自ら傭兵を組織し、枢機卿の一人にそれを率いさせた。ピウス二世は、教皇庁の年収の半分に相当する十六万八〇〇〇ドゥカドの巨費をつぎ込んで、オスマントルコ帝国に対する軍事活動を展開している。レパントの海戦では、ピウス五世の編成したガレー船十二隻が出陣し、グレゴリウス十四世は、フランス国王アンリ四世治下のフランス侵攻を目的として教皇兵を編成し、実際にフランスに派遣した。次に教皇による軍資金援助の事例であるが、教皇ヨハネス二十二世は、数百万フローリンをカトリック諸侯への供与に支出しており、クレメンス六世は十字軍の組織化のために、約七十万フローリンをフランス国王に提供している。(5)

ローマ教皇が、自らの存在を絶対不可侵なるものとして確定し、それと共に俗的政治力を強大化して「聖界内世俗君主」化したことは、同時に教皇をして「聖界内軍事君主」せしめることになった。そして、ローマ教皇自らが聖界内の軍事君主として、「教皇軍事権」と「教皇交戦権」を発動したことは、(6)自らの存在を「聖界内軍事君主」と位置づけることになり、キリスト教と武力の歴史に新たな頁を加えることになった。

これまで概観してきたように、カトリック教会の首長であるローマ教皇の、聖界内軍事君主化とその軍事活動が、以降の各時代、各地の教会や修道会の軍事活動に「史的前例」として大きな影響を与え、その「史的正当性」の「拠り所」となったであろうことは想像に難くない。

たとえば、十一世紀のカトリック教会の場合、教会の呼びかけによる戦争での戦死を殉教と位置づけ、これが、カトリック指導者の理想とする騎士理念を形成し、騎士修道会の誕生へと至ることになったことが明らかにされている。(7)

本書の分析対象であるイエズス会の日本における軍事活動もまた、そうした古代教会やローマ教皇による軍事活動の歴史に、自らの軍事行為の史的正当性を見出し、展開されることになる。(8)次に節を改めて、この問題について記述することにしよう。

二 イエズス会の軍事活動とその諸相

(一) イエズス会の軍事活動――日本の場合

在日イエズス会士たちは、日本布教の拠点である長崎への定着までの間、キリスト教に改宗した在地領主の支配地を転々とし、局地的で不安定な宣教改宗活動を強いられざるを得ない状態に置かれていた。したがって、日本でのイエズス会の保護者である、有馬・大友・大村各氏に代表される「キリスト教徒領主」(史料ではlos señores chrisitianosと表記される)の滅亡は、宣教師と信者を含む教団全体の滅亡に直結することを意味していた。このことを裏付けているのが、ヴァリニャーノの主導で一五九〇年に加津佐《かづさ》で開催された、第二回日本イエズス会全体協議会の、以下に訳出する議事録の一節である。

日本では戦争が絶え間なく、戦争の行き着く先は極めて不確実である。そのため、心の中で我々のことを敵対者であると考えている者たちが、勝利を収めるようなことが起きるならば、その者たちは我々を敵として処置するので、大勢のパードレが殺害されて、キリスト教徒とイエズス会に、深刻な破滅がもたらされる可能性がある。(9)

右に訳出引用した議事録に記されている危機意識があったからこそ、キリスト教徒領主が存亡の危機にさらされた時、教団は保護者だけではなく、教団自体の破滅をも回避するにとどまらず、将来的な教勢をも潜在的に確保するため、キリスト教に改宗した在地領主に武器の供給を積極的に行ない、領主自身はもとより、教団および信者に対する、外敵からの防衛を保障してもらわざるを得なかった。言わば、キリスト教徒領主という教団外の軍事力に依存する、軍事的「他力本願」を選択したのだった。

ところが、キリスト教徒領主の側には、教団を保護するだけの軍事的な余力がなかったため——この点は特に大村純忠が顕著な事例であることは周知のところであろう——、日本イエズス会はその欠を自らの手で埋め合わせなければならなくなった。そこで日本イエズス会は、これまでのような、教団の「安全保障」としてキリスト教徒領主の軍事力に依存する、軍事的「他力本願」から、自らの身は自らの手で守るという、軍事的「自力本願」へと、危機管理戦略と方針を大きく転換することになった。

ここに教団は、巡察師ヴァリニャーノの指示に基づいて、日本におけるイエズス会の拠点である長崎に銃、大砲、弾薬等の武器類を配置して要塞化し、教団自体の武装化を進めたのである。(10)

この間の教団内部における、自らの軍事活動をめぐる議論の推移を概観しておこう。

まず、第一回日本イエズス会全体協議会（一五八〇～八一年）では、日本国内の戦乱が教団の存亡に直結しかねないので、このような事態を打開する必要がある、との認識が共有されている。(11)次に、先述した、第二回日本イエズス会全体協議会では、好ましいことではないが、教団の軍事活動は「不可避」として是認する方針が、教団の「総意」として打ち出された。(12)

このように、日本イエズス会では、「汝、殺すことなかれ Non occides.」というキリストの教えに反していることを明確に自覚しつつも、日本での教団を取り巻く諸種の環境の悪化と共に、教団による主体的な軍事活動への傾斜と従事を、止むを得ざる「不可避」の行為として「是認」し、軍事活動を展開して行った。

キリスト教倫理に従えば、武器の調達・供給を始めとする軍事活動は、到底容認され得ない行為である。しかし、眼前の現実や現状を「全否定」するばかりで、いたずらに修道理念やキリスト教倫理だけを優先且つ墨守させるだけでは、教勢の拡大と維持、布教の展開と信者の獲得を現実のものとすることは、全面的に不可能となる。

ここに古代教会を嚆矢とするキリスト教と軍事問題の親近性、あるいは親和性をめぐる前史、すなわちキリスト教関係者による軍事活動の史的正当性とその系譜が前面に押し出されて、在日イエズス会士による軍事活動の正当性と妥当性の論拠とされた結果、言わゆるキリスト教の「道徳的な問い」は後背に押しやられることになったのである。(13)

(二)　イエズス会本部の意向

一方、在日イエズス会宣教師たちの政治的・軍事的介入が起因となって、深刻な迫害が豊臣秀吉によって引き起こされたことを伝える、各種報告を受け取ったローマのイエズス会本部では、一五九七年四月十日付で総長のクラウディオ・アクアヴィーヴァが、在日イエズス会士たちの軍事介入を禁じる「指令」をヴァリニャーノに宛てて公布した。非常に重要な内容を含むものであるので、かなりの長文引用とはなるが、以下に訳載しよう。

戦争の問題について、我がイエズス会士たちは日本人領主に対して、どのように振る舞うべきであるのかということについては、我々が送付した指令の中で、既に〔日本の〕準管区長に書き送られている。その目的は、イエズス会総会が要請していること、つまり上長は〔イエズス会総会の〕大部分〔の決議〕に反した行動はできない、ということ〔を遵守させる〕ためである。結局のところ〔日本の〕キリスト教界を裨益するために、〔戦争問題に関して〕何らかの助言や援助を与えるのが妥当であると判断している〔御地の〕決議を、たとえ他に重大な差し障りが起らなくしも、尊師たちに無理に遵守させるつもりは我々にはない。

同様に、〔日本の〕我がイエズス会士たちが、上長からの指示でこれらの問題について、〔日本人の領主たちに〕助言したり取り上げたりする場合には、次の条件を付すことで、彼らの不安を除去することができる。その条件とは、いかなる者といえども、異教徒の領主もしくはキリスト教徒の領主に対して、他の領主たちに戦争を起こすようにと頻りにけしかけてはならない、またこれらの問題を買って出る使者の役目を果たしてはならない、以上である。それというのも、このようなことが引き金となって重大な支障が色々と生じるからである。この件については、我々はこの決議が遵守されることを望む。

しかしながら、尊師が付言されている件については、日本およびシナにいる我がイエズス会士たちに対して、次のように禁じる。たとえ〔異教徒の領主やキリスト教徒の領主が〕征服あるいは〔領国〕統治の変更に関する助言を色々と求めてきても、何人たりといえども、そうした折衝が開始される言質、もしくは書簡を用いて論じたり、介入したりしてはならない。また、フィリピナスの総督や我がイエズス会士たちその他、それについて彼らに書き送ったり、〔彼らから〕情報を求めたりする者たちに、この件に関して回答してはならない。

さらに我々は回答する。〔上述の〕事柄を〔尊師によって〕提案されている通りに禁止すること。このような事柄が過度に具体化されると〔日本の我がイエズス会士たちの〕幾人かに危害が加えられたりする可能性があるので、〔日本人領主たちの戦争問題への我がイエズス会士たちによる介入が〕行なわれることは有益ではないからである。

したがって、このような問題を回避し、我がイエズス会士たちがそうした振る舞いや企てから身を引くには、ここまで記してきたことを彼らに説明し、理解させれば十分であろう。〔日本の〕キリスト教界に裨益せず、同時に隣人あるいはイエズス会の名声に汚点と弊害をもたらす可能性のある如上の全てにおいて、〔尊師は〕汝の全権と全力を尽くして、前述した決議〔を日本のイエズス会員たちに遵守させること〕。したがって〔本指令の決議に〕反する振る舞いをするような者は、決議に言明されている処罰をうけることとなろう。それゆえ尊師は、汝の思慮分別を以ってこの全てを〔日本の我がイエズス会員たちに〕理解させ且つ遵守させること。(14)

長文の指令ではあるが、その要点は簡明で、①在日イエズス会士はキリスト教徒領主や異教徒領主に対して、他の領主に戦争をさせるよう働きかけてはならない、②キリスト教徒領主や異教徒領主から、征服や国替えに関する助言を求められても応じてはならない、③在フィリピンの同僚や総督にも、書簡などで上記の問題について相談してはならない、という三点に集約できよう。『イエズス会会憲』によると、イエズス会総長はイエズス会全体を統轄し、その義務はイエズス会を発展させることにあった。(15)また総長は、「服従の誓願」のもとに全イエズス会士に命令を出すことができ、当然のことながら、全イエズス会士は総長命令に服従しなければならなかった。(16)したがって、右に訳出した総長クラウディオ・アクアヴィーヴァの「指令」は、在日イエズス会士たちの間において、絶対に「遵守」されねばならなかった。

しかし、この総長「指令」が公布される以前から、軍事介入の禁を議決した当の日本イエズス会内部では、本章の第二節（一）で引用したように、教団に敵意のある政治的実権者が戦乱に勝利をおさめると「大勢のパードレを殺害されて、キリスト教徒とイエズス会に深刻な破滅がもたらされる」[17]との悲観的な見方がくすぶっていた。一読して明らかなように、この「くすぶり」は、日本イエズス会に対する「不当な攻撃」を想定した見解である。

このような懸念が在日宣教師たちの間に存している限り、ローマのイエズス会本部が在日イエズス会士たちの戦争問題への介入を禁じたとはいえ、彼らの間で戦争介入を含む「武力導入」を是とする考えがくすぶり続けていたことは、決して不可思議なことではなかったと言えよう。

（三）イエズス会の軍事活動――インドの場合

次にインドイエズス会の場合、一五七五年にゴアで開催された「インド管区協議会」では、「諮問第二十九」において取り上げるべき問題の一つとして、戦争問題へのイエズス会士たちの介入の是非が上程・審議された。この案件に関してインドイエズス会は、

全員が判断したのは、この問題に関しては一般的な指針 regla universal を示せないので、慎重さと分別を十分に備えているような上長全員の判断に委ねる、ということだった。……上長は、我が主への更なる奉仕となると思われることを実行するように haga lo que parece que es más serivitio de nuestro Señor[18]。

という結論を、教団の「総意」として下した。右に訳出した議事録には、見落とすことの出来ない二つの論点が見られるので、以下に分析と考察を加えてみたい。

一つ目の論点であるが、右に訳載した議事録には「一般的な指針を示せない。」という文言が確認できる。「一般的な指針を示せない」ということは、インド大陸内の布教地の有する特殊性が原因で、ヨーロッパ大陸内の布教地で適用されている布教上の原則や常識が通用しないため、個別の情況に応じた特例を設けねばならない、ということを明示していると考えられる[19]。

そこで、現在は軍事活動への介入を是とすべき特殊な状況にあるのか否か、その最終判断を、「上長《じょうちょう》」という指導的立場の人物に委ねることで、戦争への介入行為を「合法なものである」と「是認」するための余地を残すことを考案したものと言える。

次に注目すべきなのが、引用文に見える「我が主への更なる奉仕となると思われること」という文言である。この中にも、原理的には許されない戦争への介入が、「結果として」インドイエズス会とインド大陸のキリスト教徒たちの益となるならば、それは軍事行為ではなく「神への奉仕」を目的とした「別次元」の戦争であるので許される、との論理が垣間見える。

この結論に至る思考過程においても、贖罪と引き換えの十字軍への参加の呼びかけなどに代表される、過去のカトリック高位聖職者たちの軍事活動が、「前史」あるいは「史的正当性の系譜」

として持ち出された可能性が考えられる。(20)

(四) ヴァリニャーノ「裁決」とローマ本部の指針

先に見た「諮問第二十九」に関して示された、インド管区協議会が下した決議に対して、巡察師のヴァリニャーノは「本協議会の解決策が適切である、と私には思える。というのも当地では、良心を除くと、我々がこれらの問題から全く無関係ではいられないように諸事情が推移する le cose vanno qui de maneira che par non possiamo appartar dei tutto di queste cose からである。(21)」との裁決を下し、協議会が出した決議を支持している。本諮問については、イエズス会士はそれらの事案に深入りすべきではないが、巡察師、インド管区長、コレジオ院長などの要職にあるイエズス会士は、ある程度それらの問題に介入せざるを得ない、との見解が表明された。

インド管区協議会での決議、およびヴァリニャーノの裁決を受け取ったローマのイエズス会本部では、次のような回答を表明した。やや長い引用となるが関係箇所を訳出しよう。

> その〔インド〕管区に駐在している我がイエズス会の上長たちが、配下の会士たちに禁止するよう求めているのは、第一に、これら〔インド〕の諸地域のある首長たちと、戦争を始めたり、和平を講じたりすることが協議される集会に、配下の会士たちが巻き込まれないようにすることである ne in conventibus ubi de bello inferendo vel de pace ineunda cum aliquibus huius

regionis regulis agitur se immmisceant。……行政官たちが一般人たちに甚大な損害をもたらしたり、この領国にも甚大な不利益をもたらしたりする、何がしかのことをしている、と気付いた時には、我がイエズス会の上長たちが、敬虔且つ適切に、また、聖霊のかの神聖なる独立自尊を以て文官たちに向かって、主の名において〔行政官らが〕適切であると判断するであろうこと quod in Domino expedire iudicaverint を示すよう尽力するのは当然のことである。(22)

総長のエヴェラルド・メルキュリアンは、在インドのイエズス会士たちが在地の戦争問題等に巻き込まれることを回避したがっていることを認識し、そのうえで、ポルトガル本国から派遣された駐インド大陸行政官が、「甚大な不利益」をもたらす「何がしかのこと」、つまり戦争、あるいはそれに準じる軍事活動を起こそうとしているならば、行政官らが適切と判断する行為を取れるよう助言すべきである、との見解を表明している訳である。

この回答を一読する限りでは、総長のメルキュリアンは、在インドのイエズス会士たちが、戦争回避のための行動を取ることを求めているようである。しかし、明白な言葉で表明していないとはいえ、「主の名において〔行政官らが〕適切であると判断すること。」という一節は、何を意味しているのであろうか。

一つは、言うまでも無く、甚大な被害がもたらされないように、戦争や軍事活動を回避することである。それが「主の名において適切な行為」であることは、多言を要しまい。

もう一つは、何らかの軍事活動を行なうことが、「主の名において適切な行為」であるならば、それに沿った助言を、在インドのイエズス会士たちが行なうことは認められる、ということではないだろうか。

もし後者の推論が妥当であるならば、「主の名において適切な行為」という抽象的な、さらに言えば、軍事活動に訴えた方が「適切」な場合もあれば、訴えないほうが「適切」な場合もある、という、両義的な解釈の成立する表現を明記することで、インドのイエズス会関係者が、先述したように、個別の布教地の特殊事情に応じて軍事活動に介入できる余地を残しておいたのではないだろうか。

三　イエズス会の軍事活動に対するフランシスコ会の批判

では、如上のような日本布教の歴史と論理に立脚して行なわれた、日本イエズス会の軍事活動に対して、日本フランシスコ会は、いかなる批判を展開することになったのであろうか。これまでと同様、フライ・マルセロ・デ・リバデネイラと、フライ・サン・マルティン・デ・ラ・アセンシオンの所論を読み解いて行くことにしよう。

（一）リバデネイラの批判の場合

1　長崎要塞化への批判とフスタ船

最初に取り上げるのは、フライ・マルセロ・デ・リバデネイラが書き残した批判である。

本章の第二節（一）において、イエズス会が長崎に大砲その他の武器を配備して、同地を軍事要塞化したことを論じたが、リバデネイラは日本イエズス会による長崎の「軍事要塞化」に対して、次のような批判を行なっている。

イエズス会のパードレたちはこの場所〔長崎〕を一重、二重もの柵で取り囲み、自分たちの司祭館のそばに要塞を一つ築いて数門の大砲 **algunas piezas de artillería** を保有し、長崎港の入り口を防備していた。またパードレたちは一隻のフスタ船を、同じように数門の大砲で武装していた。このフスタ船には、〔イエズス会の〕某イルマンが司令官として搭乗していた。そのイルマンはかの港を、敵である近隣の異教徒から守っていた。またイエズス会のパードレたちは、マカオから来航するナウ船が長崎港に入港するならば、自分たちに停泊料として七〇〇～八〇〇クルザドを支払うよう命令したのだった。パードレたちはその村〔長崎〕の支配者だったので、彼らは正義に応じて宗教上の問題と世俗上の問題を、自分たちの意のままに協議し治めていた。(23)

右に訳出した内容を検証してみる。まず、イエズス会による長崎の軍事経営の問題であるが、これは、大村純忠がイエズス会から借入した軍資金を返済できず、[24]その代替措置として一五八〇年に長崎が教団に寄進されたことに端を発する。一五八〇年頃の長崎は、イエズス会の日本における、聖俗に渡る活動の拠点となっていたが、一方で佐賀を治める龍造寺隆信からの執拗な侵攻にもさらされていた。[25]

日本国内の戦乱に教団が巻き込まれ、宣教・改宗活動や信仰生活が脅かされていることを、ローマのイエズス会総長に訴えた記録は数多い。ヴァリニャーノは、来日四ヶ月後の一五七九年十二月五日付け、口之津発のイエズス会総長エヴェラルド・メルキュリアン宛て書簡では、「これら肥前の諸地方では戦争や変動が原因で諸事情が混乱に向かって推移しており、そのため本年は何事も為し得ないであろう。[26]」と記し、またその五日後の十二月十日付け、同じく口之津発の総長宛て書簡では、

キリスト教徒たちは絶え間ない戦争が原因で極めて容易に異教徒たちに支配され、滅ぼされてしまう。キリスト教徒たちは絶えず非常に深刻な危険の中に置かれており、パードレたちも彼らも領内に然るべき基礎を造りあげることができない。[27]

との危惧を表明している。さらに彼は『東インド巡察記』においても、「日本で起こっている絶

え間ない戦争と変動が原因で、我がイエズス会員の生命と資産は、いつ滅亡に瀕するかもしれないという大きな危険にさらされている。(28)」と繰り返し総長に訴えている。

これら一連の史料から確認できるのは、国内の戦争によって日本イエズス会が諸種の布教活動を満足に行い得なかったこと、改宗した日本人信者の信仰の維持と在日イエズス会士の生命が脅かされていたこと、コレジオなど修道生活に不可欠な教団施設の建設ができないでいたことである。これを一言で表現するならば、日本イエズス会が「霊的機能不全」に陥っており、しかもその状態が慢性化していたことである。

ヴァリニャーノ書簡に記された宣教師・信者という人材、コレジオ・教会といった、布教諸施設、信仰生活および修道生活という霊的実践とその環境の喪失は、イエズス会日本教界の消滅に直結することを意味する。このような状況では、宣教・改宗活動の主体となる宣教師と、その布教活動の成果である信者双方の、「身の安全の確保」が必然的に喫緊の課題であった筈である。ヴァリニャーノの「我々は皆、〔コレジオを〕建設することよりも、どこに逃げることができ、また我々が当地に擁している僅かな〔キリスト教徒〕をどこで救うことができるのか、ということの方を考えることに忙殺されている。(29)」という書簡の一節からも、宣教師や信者らの「安全の確保」に追われている日本イエズス会の姿を読み取ることができる。

そこで教団は、龍造寺その他の反キリスト教勢力から、教団の心臓部である長崎を防衛するために、長崎の軍事経営を本格的に着手し実行することになった。その中心的な推進者がヴァリ

ニャーノで、彼は一五八〇年六月に自ら作成した『日本布教長規則』の中において、

キリスト教界とパードレたちの裨益と維持のために、通常ポルトガル人たちのナウ船が来航する長崎が十分堅固なものとされ、弾薬、武器、大砲その他必要な諸物資を供給することが非常に重要である。……このようにしてあらゆる危険に対し、長崎をより堅固で安全なものにするためである。また住人と兵士で以って長崎を強大にし、大きくするよう努めること。さらに彼らの資質と能力に応じて、全員に武器を持たせ、生じ得るあらゆる事態に備えること。(30)

という指示を明記し、その速やかな実行を当時の日本布教長（間もなく日本準管区長に昇格することになる）ガスパル・コエリョに命じたのであった。

ヴァリニャーノの指示には大砲をどこに、どのように配置すべきか、その他具体的な記述は確認できない。しかし、リバデネイラの報告書には、先に訳出した一節に見られるように、イエズス会による長崎の軍事要塞化の具体相の一端を知ることができることからも、このリバデネイラの記載内容には、非常に興味深いものがある。

次にリバデネイラは、イエズス会が大砲を搭載した軍艦のフスタ船を所有し、イエズス会のイルマン、すなわち修道士がこのフスタ船を指揮していたことを伝えている。イエズス会側がいつ

フスタ船を所有したのか、という点については詳らかにし得ない(31)。

ヴァリニャーノの指示を受けたガスパル・コエリョは、一五八五年三月三日付け、有馬発の、アントニオ・セデーニョ宛て書簡で「兵士、弾薬、大砲、兵士のために必要な食糧、及び一、二年分の食糧購入用の金銭が十分に備わったフラガータ船を三、四隻、当地日本に派遣してもらいたい(32)。」と訴えており、教団がフスタ船の導入と保有を強く志向していたことは間違いない。

また大砲についても、一五九〇年十月十四日付け、長崎発、ヴァリニャーノのイエズス会総長クラウディオ・アクアヴィーヴァ宛て書簡には「件のパードレ〔コエリョ〕は、フスタ船 una fusta を造らせ数門の大砲 alcuni tiri d'artiglieria を購入した(33)。」との一節があり、コエリョが、布教長という、日本イエズス会の最高統轄責任者という立場から、フスタ船や大砲の確保に主導的な役目を果たそうとしていたことが確認できる。

長崎の防備に調達されていた大砲その他の武器であるが、豊臣秀吉が宣教師追放令を発布すると、日本イエズス会では、ヴァリニャーノが中心になってそれらをマカオに売却している。右に引用したのと同じ一五九〇年十月十四日付け、イエズス会総長宛ての書簡でヴァリニャーノが、

戦争に際して、これらキリスト教徒の領主たちに一層便宜を与えて援助することを目的に、件のパードレ〔コエリョ〕は命令と理性に反してフスタ船を造らせ、数門の大砲を購入した fece fare una fusta e compró alcuni tiri d' artiglieria contra ordine e ragione。……私は当地に到着

すると、パードレ・コエリョが集めた全ての武器、弾薬をすぐ秘密裏に売却させた。またマカオで誰か我々の友の手を介して売却されるように、全ての大砲をナウ船に積み込むよう命じた。(34)

と報じているとおりである。

布教拠点の自衛という目的であれ、やはり教団主導による長崎への武器の集中配備と軍事経営が、教団と日本人信者による対日武力蜂起の懸念を秀吉に起こさせ、宣教師追放令の発布を招いた、との判断があったからこそ、既得の武器類をマカオに売却する措置が取られたのであろう。

2 軍事費としての停泊料徴収

三つ目の論点として、リバデネイラは、在日イエズス会士たちが、マカオから長崎に入港するポルトガル船から、停泊税を徴収していたことを記している。

この停泊税の徴収については、ヴァリニャーノが一五八〇年八月十五日付けで、長崎からイエズス会総長のクラウディオ・アクアヴィーヴァに送った書簡で、

長崎受領によって我々は、ドン・バルトロメオの諸領地にあるレジデンシアデンシアを維持してゆけるほどの潤沢な収入を、毎年、手にするだろうからだった。当港にナウ船を六ヶ月

間、停泊させるために、ポルトガル人が我々に毎年一〇〇〇ドゥカドを支払うからである。(35)

と報告しており、金額に相違はあるものの、ポルトガル船が停泊料をイエズス会側に支払うことになっていた事実が確認できる。

右に指摘した停泊税の額の相違であるが、ヴァリニャーノの『弁駁書』には、

日本にいるポルトガル人たちは、古くからの慣行と、ナウ船が赴く地に彼らがもたらしている利益のゆえに、ナウ船を停泊させるために物惜しみをせず、その地の領主〔大村純忠〕に七〇〇ドゥカドの税金だけ支払い、またこの長崎港でも同じ事をしていた。……パードレたちはポルトガル人たちの代理商人から七〇〇ドゥカドを受け取った。この代理商人は、自らの責任で以ってナウ船の全商品をもたらしている。その七〇〇ドゥカドは一括して一日の内に支払われた。(36)

と記されており、実際には七〇〇ドゥカドの額であったと考えてよいだろう。

イエズス会が長崎入港ポルトガル船から手にしていた停泊税の用途であるが、その一部は、長崎の軍事経営費として充当されていたようである。先に引用したヴァリニャーノの『日本布教長規則』に見える、長崎の軍事要塞化を命じた指示の中には、

長崎と茂木の二つは、我々が管理する重要な地なので、上長たちは、それらの両地が十分に供給を受けるよう、大いに配慮し尽力することが適切である。そのため、〔要塞化〕第一年目の今年は、それらの地を奪い取ろうとする敵たちからの、いかなる激しい攻撃にも堅固であるよう、要塞化に必要な経費を全額費やすこと。それ以後は、それらの地を一層強化し、大砲その他必要な諸物資をより多く供給するために、ポルトガル人のナウ船が支払うものの中から、毎年一五〇ドゥカドを費やすこと。[37]

という指示が確認できる。文中に見える一五〇ドゥカドが、長崎の軍事経営に関する諸他の出費の中で、どのくらいの割合を占めていたのかは精確なところを明らかにし得ない。

しかし一五八〇年十月二十日付け、ロレンソ・メシアの『年度報告書 Carta Annua』には、龍造寺隆信と交戦中の有馬晴信を援助するために、ヴァリニャーノが主導して、教団側が約六〇〇クルザドを費やしたことが記されている。[38] この金額は、当時の日本イエズス会の年間経費の一割ほどに相当しているので、[39] 長崎の軍事経営が要した一五〇ドゥカドは、一五八〇年前後における教団の年間経費の〇・二五％という、微細な規模のものであったことが窺える。

3　コエリョの言動について

フランシスコ会士による日本イエズス会の軍事活動批判は、如上の問題だけにとどまらない。

その矛先は、秀吉を刺戟して追放令を発布せしめた、と指摘されている、イエズス会日本準管区長のガスパル・コエリョにも向けられた。フライ・サン・マルティン・デ・ラ・アセンシオンの報告書の一節には、極めて興味深い記述が見られる。

「神のために務めを果たしている者で、世俗の問題に介入している者は一人もいないNemo militans Deo se immiscet negotiis saecularibus.」というように、世俗の諸事が大手を振ることは福音の聖職者、とりわけ修道会士には非常に不都合であるので、イエズス会士たちがしてきた、また現在もしている、世俗の諸事に応じることは、経験から判明しているように、土地の人々にはほとんど教化をもたらさず、多くの醜聞を生んでいる。その理由であるが、イエズス会士たちの準管区長は、大砲が装備され、三〇〇人の兵士で武装したフスタ船に乗って関白の許に勝利の祝いの言葉を述べに行った。関白がそのフスタ船に大いに満足したので準管区長は、パードレたちの大敵である某領主が所有する長崎近郊の土地をくれるならば、そのフスタ船を差し上げましょう、と語った。その時関白はしらばくれ、準管区長には返事をしなかった(40)。

という内容であり、イエズス会日本準管区長コエリョの、政治面および軍事面での介入の具体相を伝えている。

アセンシオンの記述に見られる、イエズス会日本準管区長という立場を弁えない、ガスパル・コエリョの「軽率」な言動については、イエズス会側の史料にも等しく確認できるところである。その一例として、一五八九年十月五日付け、マカオ発、ヴァリニャーノのイエズス会総長宛て書簡には、次のような記述が確認される。

準管区長〔コエリョ〕が自らの日本統轄に際して仕出かしたある種の過ちは、暴君の関白殿が我々に示していた愛情を一変させ、イエズス会とキリスト教徒に、このたびの迫害を惹き起こす大きな要因にして好機でもあった。……そこには多くの行き過ぎがあり、この暴君自らが語ったところによると、その行き過ぎは、パードレたちが大勢のキリスト教徒を掌中にし、いつか、日本の君主政治に何がしかのことを企むのではないか、ということを暴君が危惧する引き金となったのである。(41)

ヴァリニャーノの書簡に記されている「ある種の過ち」とは、コエリョが日本の政争、わけても領主間の戦争にいろいろな形で介入したことを意味している。たとえば、同じヴァリニャーノは、すでに引用紹介した一五九〇年十月十四日付けの書簡中で「ここ何年もの間戦争が絶え間ないため、有馬や大村の領主、それに豊後のフランシスコ王が、深刻な危険に置かれているのを知ると、パードレ・ガスパル・コエリョは、彼らがそれらの戦争において〔有利な〕状態になるのを熱望するあまり、彼らを援助するという名目で、それらの戦争にあまりにも介入し、極めて無遠慮且つ慎重さを欠いた振る舞いをした。(42)」と記し、コエリョがイエズス会の日本布教の昔から誼を通じている有馬、大村、大友という「教会の保護者」を救済するために、戦争事案に行過ぎた「介入」をしていた事実を明らかにしている。さらにヴァリニャーノは、同じ書簡の別の部分で、コエリョが有馬、大友の両氏に対して秀吉側に与させようと働きかけていたのに、追放令が発布されると、今度は秀吉に敵対するよう働きかけた、と記しており、日本の政治・軍事問題に対するコエリョの介入が秀吉の追放令を招いた、と批判している。(43)

先に引用したアセンシオンの報告書の後段には、「信長の総司令官であった時に関白は、〔イエズス会の〕パードレたちが、さらに勢力を強めて長崎という都市を手に入れ、稜堡のある二つの塹壕、多くの大砲その他の武器とフスタ船を備えた要塞で、その都市を取り囲み、二十万人のキリスト教徒を抱えているのを知った。(44)」という一節が確認される。

つまり秀吉は、長崎がイエズス会の軍事拠点化していた事実を認識していた、という訳である。常識を働かせるならば、秀吉の教団に対する怒りを回避するには、長崎に配備した武器類を撤去しなければならず、だからこそヴァリニャーノは、既述のように「パードレ・コエリョが集めた全ての武器、弾薬をすぐ秘密裏に売却」することを決断し実行に移したのだった。

ところが、一五八九年三月十日付、長崎発、オルガンティーノのイエズス会総長宛て書簡には、コエリョがそれとは全く逆の行動に出たことが記されている。

戦争に関する準管区長の言動が噂となって五畿内地方にいる我々の信者の間で広まり、その重立った人たちが私に頼み込んだ――日本では修道士が戦争問題に介入することは非常に憎悪され、関白殿はそのようなことを甚だ憎悪しているので、そうした振る舞いから身を引くよう、件のパードレに忠告してほしい、と。私はできるだけ最善且つ適切な方法で準管区長に忠告を与えた。……ところが準管区長は私の助言に気を留めず〔迫害から〕身を守るために、火縄銃の弾薬その他の武器で、有馬の要塞の防御工事を行ない、有馬には砲門がいくつかあった。パードレ・コエリョは復活祭の時に大砲を撃たせたが、その大砲〔の音〕は肥後の関白殿の軍隊にまで達した(45)。

長崎で撃たれた大砲の音が熊本まで達したとは、常識から言っても考え難いが、とにかくコエリョが秀吉の追放令を前にして、自重どころか、それに逆行するように軍事力への依存を高めた事実が判明する。

紙幅の関係でこれ以上の記述は控えるが、リバデネイラとアセンシオンの報告書が、往時の日本イエズス会の軍事活動を批判するだけではなく、その実態をもかなり精確に伝えているものであることは、これまでの検証から明らかであろう。

四　ヴァリニャーノの反論

以上のようなリバデネイラとアセンシオンによる、日本イエズス会の軍事活動への批判に対して、ヴァリニャーノはどのように反論しているのだろうか。彼の『弁駁書』の記述をこれから取り上げて検証してみたい。

（一）長崎の軍事経営に関する反論

ヴァリニャーノは、日本イエズス会が長崎を含む町や村落をいくつも所有し、要塞を築いて武器を配備している云々という批判に対して、「この托鉢修道会士〔リバデネイラ〕に尋ねる。イエズス会のパードレたちが日本に所有している港、都市、村落、土地はどこにあるというのか？また兵士、弾薬、大砲を十分に供給されている要塞もどこにあるのか？　それらは何と呼ばれているのか？」(46)と問い返し、リバデネイラが述べている内容が事実であるのか否か、その説明責任を求めている。そして、リバデネイラの批判は事実無根であるとしてヴァリニャーノは、「この托鉢修道会士が著しく間違っていることが判明する。というのも、パードレたちは日本で港、都市、要塞化した町を決して所有したことはなかったし、要塞化の目的で所有したこともなかったからである。」(47)との見解を記し、日本イエズス会の行為の正当性を強く訴えている。

ただしヴァリニャーノは『弁駁書』の中で、

我々は長崎に村落を一箇所所有していたが、それは追放されたキリスト教徒たちを救済するためであった。また長崎の近隣住人が作った、その地の稜堡二つであるが、これは長崎港が、同港を奪いたがっている海賊と、その地の反乱兵士に無防備な状態にならないようにするためであった。(48)

と記し、教団が保有した唯一の例外が、長崎であり、それは「信仰難民」である「追放されたキリスト教徒たち」を受け入れるためのものであったことを認めている。

右に引用した『弁駁書』の中でヴァリニャーノは、要塞化を目的として日本の港や都市などを教団が保有した事実はない、と強く訴えている。確かに当時のイエズス会関係の記録を見る限り、大村純忠から譲渡された長崎と茂木以外に、「教団保有」という性格や位置づけの可能な港や都市、村落は確認できない。しかし長崎の場合はどうだったのだろうか。この問題を考察するには、今一度、『日本布教長規則』の中の、長崎要塞の指示の文言に立ち戻らねばならない。

本章第三節の（一）で紹介した『日本布教長規則』の中で、ヴァリニャーノが長崎の軍事経営について与えた指示の箇所、すなわち「長崎が十分堅固なものとされ、弾薬、武器、大砲その他必要な諸物資を供給することが非常に重要である。(49)」という箇所のスペイン語原文は、「importa mucho que el puerto de Nagasaki sea bien fortificado y proveido de municiones, armas, artilleria y otras cosas necesarias.」となっている。

「堅固なものとされ」という訳語に相当するスペイン語は、接続法現在による受動態の文章が用いられており、その該当箇所は「sea fortificado」という部分である。「fortificado」は fortificar という動詞の過去分詞であり、この動詞は「〜を強くする・強化する」という一般的な意味のほかに、軍事用語として「〜を要塞化する・〜の防備を固める」という意味もある。

またヴァリニャーノが明文化した、長崎の軍事経営指示の後段に見える「要塞化に必要な経費を全額費やすこと。(50)」の部分のスペイン語原文は「gastarán todo lo que fuere necesario para los fortificar」であり、ここにも fortificar という動詞が、右に記した意味を持つ軍事用語として使用されている。

このように、長崎に対する軍事経営に関するヴァリニャーノの指示を、そのスペイン語原文で見る限り、「fortificar＝長崎の防備を固める→長崎を弾薬、武器、大砲で防備する→長崎を要塞化する」という一連の図式が、この指示を作成したヴァリニャーノ当人のみならず、それを読んだコエリョの脳裏にも浮かんだ筈であるし、逆に浮かばなかった方が、むしろ「不自然」というものである。

これに加えて、秀吉の宣教師追放令発布に機敏に反応して、ヴァリニャーノがコエリョの手で集められた各種武器を処分したことは、既に見たとおりである。もし長崎がイエズス会の軍事拠点として要塞化していなかったならば、このような措置を講じる必要はなかった筈である。

以上の考察から、ヴァリニャーノが『弁駁書』において記している、イエズス会は要塞化した都市など持っていなかった、という主張は、少なくとも長崎に関する限り、十分な説得力あるものとは思われない。

(二) フスタ船保有批判への反論

イエズス会は、軍艦であるフスタ船を保有して大砲も装備させていた、というリバデネイラからの批判に対するヴァリニャーノの反論を見てみよう。

武装フスタ船についての真相は以下の通りであった。日本の色々な領主たちと絶えず戦争状態にあった信長が(その頃は現在の太閤様のような、全体の支配者ではなかったからである)支配をしていた当時、海という海はどれも、海賊と私掠船で満ち満ちていたため、ある地方から別の地方へと航海が可能となるには、数々の困難と危険が避けられなかった。イエズス会のパードレたちは、色々な領国に各種の司祭館とキリスト教徒を抱え、それらには海上からあらゆる食糧を送り、またパードレたちと上長たちは、海を通ってそれらの領国の視察に赴いていた。そのため、パードレたちが送る食料が失われたり、パードレたちも盗みにあって捕らえられ、救出されねばならなかったりすることが何度も起きた。……そこで日本準管区長は、快速船を一隻建造し、日本のパードレたちとキリスト教徒を視察しに行く時には、より安全に行けるようにし、またパードレたちと食糧を、前述した司祭館に供給できる

ように決心した。(51)

右に訳出したヴァリニャーノの反論の要点は、①信長時代の海上航行は安全性が低く、航海には海賊の攻撃などの危険が伴っていた、②イエズス会士たちは、布教地視察等のために航海に出た際に、海賊や私掠船に捕えられることがあった、③そのため準管区長のコエリョは、航海をするイエズス会士たちの安全のために快速船を建造することにした、以上の三点に集約できる。

在日イエズス会士が、遠方の地域での宣教改宗活動や布教地視察のために、船を使って移動することは決して珍しくなかった。しかし、その航海の途上で海賊などの攻撃をしばしば受けていたことは、当時のイエズス会史料にも散見される。たとえば、日本布教長のフランシスコ・カブラルは、一五七四年五月三十一日付けの書簡で、島原から高瀬までの海路における海賊からの攻撃に備え「武器を持った数名のキリスト教徒が高瀬まで同道した。」ことを書き残している。(52)

当のヴァリニャーノの場合、一五八一年三月初め、ルイス・フロイス、ロレンソ・メシアらと共に、府内港から乗船して都地方の巡察に向かった。一行の乗船した船は、海上での海賊からの攻撃に備えるために、火縄銃その他の軍事品で武装したことが、一五八一年四月十四日付け、都発のフロイス書簡に記されている。(53)

こうした事情は、長崎来航ポルトガル人の場合も同様であったことが、ヴァリニャーノの『弁駁書』に記載されている。具体的には「ポルトガル人たちは、長崎港を出たり入ったりする時に危険な状態に置かれることが何度もあった。そこでポルトガル人たちは、フスタ船を一隻建造することを望んだ。ナウ船を曳航するには、このフスタ船だけが日本の数多くの船よりも適していて強いからである。」[54]という一節である。

長崎が龍造寺隆信に代表される、キリスト教勢力に反感を持つ近隣の在地領主から侵攻を受けていたことは、ヴァリニャーノ書簡その他、当時のイエズス会史料に散見されるところであり、ここに詳述するまでもない。

こうした長崎と、そこを拠点とするイエズス会の状況を踏まえて、岡本良知氏は、フスタ船は教団と長崎のキリスト教徒たちが、海上からの敵対勢力の侵害を回避するために保有し、フスタ船は「武備に於いても遥かに当代の日本船に優るものであった」がゆえに、長崎がたびかさなる侵攻を受けても「破滅の運命を免れたのは、一にはこのフスタ船の威力による。」との見解を表明されている。[55]

如上のような経緯があってのことであろうか、ヴァリニャーノの『弁駁書』には、コエリョがフスタ船を建造させた動機について、明確に書き残されているので訳出しよう。

私が日本を発った後に、ポルトガル人のナウ船が一隻日本に到着し、それには櫂と帆船のついた小型船もしくはフスタ船を建造できる大工が一名乗船していた。そこで日本の準管区長〔コエリョ〕は快速船を一隻建造し、日本のパードレたちとキリスト教徒を視察しに行く時に

は、より安全に行けるようにし、またパードレたちと食糧を前述したカーサに供給できるように決心した。(56)

右の『弁駁書』の記事には「快速船」とあって「フスタ」とは記されていないが、引用史料中には「フスタ船を建造できる大工」と明白に記されていることから、文中の「快速船」が「フスタ船」を言い換えた表現であることは、明白であろう。

以上見てきたように、ヴァリニャーノはイエズス会のフスタ船保有の理由を、海上での教団関係者とポルトガル人の「安全保障」のためである、としていた。つまりイエズス会のフスタ船保有の論拠は、それを用いての軍事活動にはなく、あくまでもイエズス会による、イエズス会関係者のための「自衛」を目的とした保有であることを訴え、リバデネイラの糾弾する軍事目的とは、明確に一線を画するものであることに重きを置いて反駁しているのである。

(三) 有馬晴信への軍事援助

しかし、布教地の視察に赴くイエズス会士たちの海上移動時の安全確保、というヴァリニャーノが述べている理由は、フスタ船保有の一理由にすぎないと思われる。その端的な事例が、日本イエズス会側から有馬晴信に提供された軍事援助行為の中に確認できるからである。

教団は、ヴァリニャーノ来日翌年の一五八〇年に、龍造寺隆信との交戦で苦境に陥っていた有馬晴信に軍事援助を行なっている。一五八〇年十月二十日付け、ロレンソ・メシアの『年度報告書』には、ヴァリニャーノがナウ船のポルトガル人と連繋し、晴信へ食糧のほか、硝石や鉛など、総額六〇〇クルザドにも上る軍事援助が行なわれた旨、明記されていたことは、本章第三節(二)で確認した通りである。(57)

教団による、問題のフスタ船を用いての有馬晴信への援助行為は、メシアの記録から四年後の一五八四年に、肥前島原半島を舞台とした「沖田畷の戦い」での出来事である。この戦いで見られた、イエズス会側から有馬晴信への軍事援助行為を、他の史料でもう少し追究してみよう。最初に、イエズス会側の記録として、一五八九年三月十日付け、長崎発、オルガンティーノのイエズス会総長宛て書簡の一節を訳出する。

先年、肥前国の領主〔龍造寺隆信〕は、この下地方で威勢、軍事力、戦勝の面で優位に立っていた。彼は不当で横暴な手段ではあったが、我々の掌中にあったキリスト教界、つまり大村、有馬の地を自分の服従下においた。有馬殿は肥前の領主からの圧迫を、長期間、耐えられなくなった。……我が主の御加護、そして我々の司祭館から有馬殿に与えられた大砲の助けのおかげで、有馬殿は肥前〔の領主〕に勝利し、件の領主は自分の兵士大勢とともに戦死した。(58)

右に訳出したオルガンティーノの書簡の一節を見る限り、そこにはフスタ船による援助のことは一言も記されていない。しかし、その当時の大砲は重量が尋常ではないほど重く、十六世紀末までの大砲の場合、一門を移動させるには、一般に二十〜三十頭の馬が必要とされていた。[59]
もちろん、教団が事前に陸上輸送したうえで、有馬晴信に大砲を貸与していた可能性も考えられるが、長崎港から陸路、島原半島の戦場まで、大重量の大砲を運ぶには、当然、大変な労力を要する訳で、その点を考慮すると、やはり大砲を装備したフスタ船での援助という選択肢の方が妥当にして合理的であると思われる。

そこで、次に同じ沖田畷の戦いについて記した、一五九三年五月二十九日付け、マニラ発、マルコ・アントニオの証言録の一部を見てみると、

有馬殿が肥前の王と戦争となった時に、肥前の王は大軍を抱えており、有馬殿に対して優勢であった。キリスト教徒である有馬殿は、イエズス会のパードレたちから援助を受けた。彼らは、自らの所有する兵士と、性能の良い大砲で武装したフスタ船 una fusta que tienen los padres aramada con gente y buena artilleria で有馬殿を助けた。有馬殿がパードレたちから受けていた援助が原因で、肥前の領主は有馬殿に報復できなかった。[60]

との記載があるように、イエズス会「保有」の「フスタ船」から軍事援助がなされたことが、はっきりと記されている。しかも引用文中の最後には「有馬殿がパードレたちから受けていた援

助」という、過去において継続、あるいは繰り返し行なわれていた行為を示す「未完了過去」の時制を用いた文章が記載されていることにも注目される。未完了過去時制が使用されているこの一文から、教団が継続的に有馬晴信に軍事的梃入れを行なっていた可能性のあることを、を窺い知ることができるからである。

さらに、コエリョによるフスタ船建造の目的の一端が、軍事行為にも存していたことを裏付けているのが、一五九三年十一月二十日付けで、ベルチオール・デ・フィゲイレドが、ゴアからイエズス会総長のアクアヴィーヴァに書き送った書簡の一節である。そこには、

同パードレ〔コエリョ〕は、自分の〔日本準管区長という〕職務を始めるに際して、小型のものではあったが、ほぼガレー船仕様の船を一隻建造することを命じた。幾問もの大砲と防御兵器が、非常に十分に整えられ且つ用意されたこの船に同パードレは乗り、自ら視察をし、また日本と都の海上やいくつもの港で、この軍船の素晴らしさと精巧さを誇示した。(61)

フィゲイレドも「ガレー船仕様の小型船」と表現しているだけで、それが「フスタ船」とは明記していない。しかし、一六一一年に出版された『カスティーリャ語、すなわちエスパーニャ語宝典 *Tesero de la lengua castillana o española.*』によると、フスタ船とは「船の一種。小型のガレー船で、船体は軽量。海上で略奪行為を働く海賊船が使用している。」と説明されており、この説

明はその後の一般的な辞書や、海事用語辞書などにも引き継がれていくことになった。(62) この辞書の定義からも判明するように、フスタ船とは略々ガレー船のことだった訳であり、したがって、フィゲイレドが記している「ガレー船仕様の小型船」とは、実際には「フスタ船」を指していたと考えても大過あるまい。

フィゲイレド書簡が伝えているところは明白であり、コエリョの命令で建造された小型船は、大砲その他の武器を装備した、いわば「軍船」と称するに相応しい「フスタ船」であったことが報じられている訳である。

以上の諸史料から判明するように、イエズス会のフスタ船は、キリスト教徒領主への軍事援助という目的からも、保有されていたと考えてよく、この点、先に確認したヴァリニャーノの主張は、若干、説得力に欠け、片手落ちの感が否めない。

(四)　コエリョとフスタ船の擁護

本章第三節（一）の3では、イエズス会日本準管区長のガスパル・コエリョが、兵士三〇〇人の搭乗したフスタ船に乗って、博多滞在中の豊臣秀吉のところへ戦勝祝いの挨拶をしに行ったことを批判する、アセンシオンの報告書の一節を取り上げた。これに対するヴァリニャーノの反論を、『弁駁書』の記述内容を手掛かりに検討してみよう。

この托鉢修道会士〔アセンシオン〕は次のように語っている――〔イエズス会の〕パードレたちの準管区長が、大砲を備え、三〇〇人の兵士で武装したフスタ船に乗って、戦勝のお祝いの言葉を述べに関白のところへ出向いた、と。別の箇所では、三〇〇人の守備兵だったと述べている。これは非常に滑稽な事柄である。まず、三〇〇人もの守備兵が一隻のフスタ船に乗って行くなどということは、信じられず、あり得ないことが良く分かるからである。このほかにも、準管区長がお祝いの言葉を述べに関白のところに行ったのならば、坊主たちの習慣に反し、何ゆえ兵士たちに取り囲まれた司令官の姿をして行かねばならなかったのか?(63)

右に引用した箇所でヴァリニャーノが問題としているのは、まず、コエリョが乗船していたフスタ船の定員数のことである。フスタ船が、一般に小型のガレー船として認識され、辞典にもそのように説明されていたことは、本節の(三)で記したとおりである。

大航海時代に使用されていた帆船の種類と機能は、時代や目的等によって多種多様であるが、既述のように、フスタ船は小型ガレー船のことでもあった。その当時の小型ガレー船の平均的な規模は、全長約四〇メートル、幅約五メートルの細長い船体で、乗船可能な人数は二五〇～三〇〇人ほどであった。(64)

コエリョが乗船したフスタ船については、実物が残っていないので、その排水量や定員数その他詳細は不明だが、右に記述した平均的な水準のものであったとするならば、ヴァリニャーノが拘泥している三〇〇人という人数は、アセンシオンに対する反論の有力な論拠にはなるまい。

むしろヴァリニャーノが反論の支柱として重視したのは、引用文後半の、戦勝祝いのためならば、なぜ兵士を三〇〇人も随わせる必要があったのか、という点であろう。文中の「坊主たちの習慣に反し」という一文が何を意味しているのか、具体的に詳らかにし得ない。しかしヴァリニャーノは、その一文を記すことで、仏教僧侶との対比を強調している訳であり、武力争いを否定する宗教者という立場上、コエリョが兵士を大勢引き連れて、自らも「司令官」という軍人の立場で秀吉に面会する必然性は皆無なのだ、ということを主張したいのだろう。

（五）土地取引交渉問題への反論

コエリョがフスタ船に乗って秀吉に謁見した際に、教団と敵対関係にある某領主の土地をくれるならば、秀吉にそのフスタ船を提供しても良い、と交渉したことをアセンシオンが記していたことは、先に取り上げたとおりである。そこで、このコエリョの土地問題にからむ秀吉との間の政治的交渉に関する、ヴァリニャーノの反論を考察してみよう。

関白殿がそのフスタ船に満足して、準管区長にそれを求めたところ、準管区長は、長崎に隣接している所に居て、パードレたちの大敵である某殿 un tono の所有する土地を下さるなら、そのフスタ船を差し上げよう、という件については、その全てが想像である。なぜなら、もし関白殿がフスタ船を求めたならば、準管区長はそれを差し上げざるを得ないので、関白殿はかのフスタ船を求めなかったからであり、また準管区長も、その殿の土地を下さるならフスタ船を差し上げよう、とは返答しなかったからである。というのも、その殿はパードレたちの敵ではなく、大村と長崎の領主であるドン・バルトロメの敵だったからである(65)。

訳出した内容を整理してみよう。まず前半部に見える、秀吉がフスタ船を求めたら提供せざるを得ない、という箇所についてであるが、ヴァリニャーノは、フスタ船を引き連れたコエリョの行動を危惧する高山右近と小西行長が、コエリョに対して、そのフスタ船は秀吉のために建造したものとして提供するのが適切だ、と勧告したことを報じている。しかしコエリョはその説得に耳を貸さなかったという(66)。ヴァリニャーノの言葉を真とするならば、コエリョが自ら秀吉にフスタ船の提供を持ちかけたことは無かった、ということになり、アセンシオンの記述の信憑性が問われることになる。

次に、アセンシオンの記事の後段に記されている、フスタ船との交換による土地入手の問題についてであるが、文中に記されている「某殿」とは深堀純賢《ふかほりすみかた》のことである。深堀純賢は実兄の西郷純堯《さいごうすみたか》や後藤貴明《ごとうたかあきら》らと組んで、教団の保護者でもある大村純忠、長崎純景に何度も攻め込み、一五七四年には、トードス・オス・サントス教会を焼き払うなど、教団の「永遠の敵 perpetuo enemigo として長崎港に戦乱を仕掛けてきた(67)」人物である。

ヴァリニャーノは、この深堀純賢と敵対関係にあるのは、大村純忠であって教団ではない、と述べている。この言葉を聞く限り、日本イエズス会は、長崎開港以前からの、古くからの信者である大村純忠とは、一定の「距離」を置いているかの印象を受ける。

しかし教団が日本布教の推進に当たって大村純忠を頼り、本章第三節（一）で記したように、純忠に軍資金を提供するなど、濃密な関係を持っていたことは否定できない[68]。ヴァリニャーノのこのような、ある意味、不自然ささえ感じられる「よそよそしさ」は、公儀の専権にかかわる日本国内の土地のやり取りには、教団が一切関与していないことを表明するために採られた姿勢であると考えられないだろうか。

（六）宣教と日本征服

以上見てきたように、ヴァリニャーノの反論には、いささかなりとも、強引で牽強付会とも思われる論法もあることが確認された。

そこまでしてヴァリニャーノが教団の正当性を強調しなければならなかったのは、宣教師追放令が発布されたのは、秀吉がキリスト教宣教師たちの本心は日本征服にあると考えており、秀吉のそうした疑念もまたイエズス会の日本における、これまでの政治的活動や軍事的活動によって惹起された、との批判を受けていたからであろう。実際にヴァリニャーノは『弁駁書』の中で、次のような注目すべき言葉を書き残している。

カスティーリャとポルトガルの王位が、ただ一人の国王の下に併合されている、ということを日本人の領主たちが知って以降、この疑いは非常に増幅した。そのため、君臨しているこの太閤様は、今から十年前になろうか、イエズス会のパードレたちと日本のキリスト教徒たちに、最初の全般的な迫害に駆られたのだった。太閤様が公然と、歯に衣着せずに語ったところは、自分はパードレたちを日本に置きたくはない、彼らが自分たちの法《のり》を説くことを口実に日本人を集めてキリスト教徒にし、その後でキリスト教徒と一緒になって蜂起し、日本を然るべき外国人の国王の手に渡そうとしているからだ、ということだった(69)。

右に訳出した部分を読む限り、宣教師追放令発布の原因の一端が、イエズス会の日本における、修道会には似つかわしくない「世俗」活動にあるように受け止めることが出来る。また事実、本節（三）で取り上げた、マルコ・アントニオの証言録の中にも、秀吉がイエズス会士らの日本からの追放を決めたのは、

イエズス会のパードレたちは、霊魂救済のことも福音の宣布のことも論じずに、自分たちにとってより良い存在であるように、ある王を援助しなかったり助けたり、別の王を援助しなかったり助けたりすることを論じている。その目的は、パードレたちが権勢ある存在になった時に、その王の国に蜂起できるようになることであろう。このことに納得して、またあれ

これが原因となって、関白殿はいくつもの教会、とりわけ、要塞となって大砲を所有している教会の破却を命じたのだった。(70)

という一節が確認される。特に注目すべきなのは、秀吉が取り壊しの対象とした教会が「要塞となって大砲を所有」していた、という部分である。

イエズス会が日本で開設した教会の多くは、無住職の仏教寺院の転用であったことは良く知られているところであり、現代の我々がイメージするような、西欧の建築様式に基づいて作られた教会ではない。堅固な石造りの西欧教会ならば、火急の際の要塞としての機能も考えられなくもないが、木造建築の寺院では、仮に要塞として使用されるとしても、その外からの攻撃に対する耐久性については期待できまい。

また、教会が「大砲を所有している」との指摘であるが、この一文によって、外敵による攻撃に対処するために、教会に大砲が武器として据え付けられていたのか、(71)武器庫として教会が機能していたのか、それとも単に一時的に保管されていたのかは不明である。

管見の限り、在日イエズス会士が残した史料には、要塞として大砲を保有していた教会についての記述は見当たらないので、要塞機能を付与されていたイエズス会の教会の存在について、マルコ・アントニオの記述がどの程度の信憑性があるものか即断できないところがある。仮にマルコ・アントニオの記述内容が事実であるとするならば、大砲の所有があくまでも教団の自衛目的であったものとしても、教団の武器保有は、秀吉の脳裏では、イエズス会士―信者ラインでの対日武力蜂起と容易に結び付けられ、それが宣教師追放令発布を引き起こす要因となったとしても、不自然な思考の流れではあるまい。

しかし、それはヴァリニャーノをはじめ、決して当時の日本イエズス会関係者の本意でもないし、コエリョの思慮を欠いた言動に問題があったとしても、自分たちの存在が追放令の張本人として名指しされることは、絶対にあってはならなかった筈である。

フランシスコ会側から、イエズス会に着せられた、追放令発布の原因という、濡れ衣と汚名を晴らすこと。それには、イエズス会と抗争関係にあるフランシスコ会の存在こそ、追放令発布の原因であり、さらに、その十年後の秀吉による最大の迫害となった、「二十六聖人殉教事件」を惹き起こしたのであって、自分たちはその「とばっちり」を受けたに過ぎない、という形でイエズス会の日本におけるこれまでの存在と活動を正当化しなければならなかった。そのような論法で『弁駁書』に記されたのが、次の一節である。

ポルトガル人が五十年以上にも渡って、シナの色々な港で生活し、日本人と通商取引をしていること、決して戦争も征服も話題にしたことがないこと、日本には兵士ではなく商人しか置いていないこと、〔日本人が〕ポルトガル人に、さらに信を置きつつあることを、太閤様は熟知していた。しかし、フィリピナスから托鉢修道会士たちがやって来てから後、太閤様はこの疑い〔宣教師が布教を口実に日本を奪うこと〕を非常に強め、彼らと三人の我々イエズス会士を、何人かのキリスト教徒とともに殺害するように命じたのである。(72)

これまで秀吉と自分たちは、厚い信頼関係を構築していたが、日本にスペイン勢力と結んだフランシスコ会士が入ってくるに及んで、それまでの関係が一転し、イエズス会士とポルトガル人にも征服の嫌疑の目が向けられ、二十六聖人殉教事件に「連座」させられてしまった、ということである。ここには、まさしく、フランシスコ会の日本進出の「被害者」としての立場を強調する論法を読み取ることができるのである。

以上、本章ではイエズス会の対日軍事活動をめぐるフランシスコ会の批判と、それに対するヴァリニャーノの反論を取り上げて考察してきた。

修道会士による世俗的活動を代表するものは、商行為その他の「経済」活動と「軍事」活動の二つと言える。同じ世俗的活動とはいえ、経済活動に比べて軍事活動の場合は、事の本質上、イエズス会にとって日本での存在の是非に直結する、より重大にして深刻な問題であったことは、本章で紹介してきたヴァリニャーノの『弁駁書』における反論を見れば明らかであろう。

だからこそ、アセンシオンとリバデネイラは、在日イエズス会士たちによる軍事活動の「不当」性と「反宗教」性を糾弾し、清廉潔白な自分たちこそ、イエズス会に代わる日本布教の「新たな」担い手に相応しい、と主張したのだった。

一方、半世紀にわたる日本布教の歴史を積み重ねてきたイエズス会は、フランシスコ会の批判を、根拠も無く事実を歪曲した「虚構」であるとして厳しく指弾し、自らの活動の潔白性と立場の正当性とを強く訴えたのだった。イエズス会、フランシスコ会双方共に、相手の不当性と自分たちの正当性を、精緻な論理を尽くして明らかにするための論陣を張った、ということである。

一五八九年三月十日付けで、オルガンティーノは長崎から、在ローマのイエズス会総長クラウディオ・アクアヴィーヴァに宛てて書簡を認めているが、その中で彼は、軍事介入で教団に波風を立たせたコエリョを評して「霊魂の司牧者というよりも、武の司令官というに相応しい」。(73) più presto di capitano d'arma che di pastore d'anime」との判断を下している。

両修道会の言い分を史料から読むにつけ、彼らは「霊魂の司牧者」だったのか、それとも「武の指令官」であったのか、あるいはその両者であったのか、容易には答えの見つからない問いかけが、四〇〇年以上も前に書き残された、スペイン語やイタリア語による諸史料の行間から聞こえてくるのである。

注

（1）高瀬弘一郎『キリシタンの世紀』（岩波書店、一九九三年）九六頁。

（2）“Qui Deo auctore bella gesserunt, preceptum non occidendi nequaquam transgressi sunt.” *De civitate Dei*, lib. I, c. 17.

（3）“Non est reus homicidii miles qui potestati obesiens hominem occidit.” *De civitate Dei*, lib. I, c. 17.

（4）以上の記述に当っては、次の諸研究を参照した。荒井献「初期キリスト教における非戦の思想」（荒井献『「同伴者」イエス』新地書房、一九八五年）、荻野弘之「キリスト教の正戦論」（山内進編『「正しい戦争」という思想』勁草書房、二〇〇六年）、木寺廉太『古代キリスト教と平和主義』（立教大学出版会、二〇〇四年）、高尾利彦「キリスト教における戦争観の変遷」（法政大学社会学部学会編『社会労働研究』第三一号第一・二巻、一九八五年）、宮田光雄『平和の思想史的研究』（創文社、一九八九年）、室根郁男「テルトゥリアヌスの「ローマ帝国軍隊」論」（『立教大学キリスト教学』第二四号、一九八二年）、高橋裕史「一フランシスコ会士によるローマ教皇の「軍事行使権」論について」（明治大学国際武器移転史研究所編『国際武器移転史』第三号、二〇一七年）一〇五頁。

（5）以上の記述に当っては、林亮「中世キリスト教指導者層による騎士理念の構築と称揚」（日本大学文理学部人文科学研究所『研究紀要』八一号、二〇一一年）八五頁、Peter Partner “Papal Financial Policy in the Renaissance and Counter-Reformation” in *Past and Present*, No. 88, p. 53. を参照した。

（6）前掲、高橋「一フランシスコ会士によるローマ教皇の「軍事行使権」論について」九五～一〇三頁。

（7）前掲、林亮「中世キリスト教指導者層による騎士理念の構築と称揚」八～一二頁。

（8）このような観点から組織されたのが、社会経済史学会第八三回全国大会（二〇一四年五月二五日、於同志社大学）におけるパネルディスカッション④「武器移転の連鎖・還流と道徳的な問い」であり、筆者も「近世カトリック修道会の軍事活動と宗教倫理の有効性について――イエズス会の対日軍備問題と正当戦争論を事例に――」と題して報告を行なった。なお、この時の報告内容の一部を大幅に加除筆し論考としてまとめたのが、前掲、高橋「一フランシスコ会士によるローマ教皇の「軍事行使権」論について」である。

（9）Alessandro Valignano, *Adiciónes del Sumario de Japón*, ed., José Luis Alvarez-Taladriz, Osaka, 1954, Apendice I, p. 599.

（10）高橋裕史『イエズス会の世界戦略』（選書メチエ三七二、講談社、二〇〇六年）二二〇～二三〇頁、同「近世東アジアにおける武器移転の諸問題」（横井勝彦・小野塚知二編著『軍拡と武器移転の世界史』日本経済評論社、二〇一二年）五三～五五頁。

（11）Archivum Romanum Societatis Iesu, Jap. Sin. 2-I, f. 62v.

（12）A. Valignano, *Adiciónes del Sumario de Japón*, Apendice I, pp. 649-650.

（13）前掲、高橋「近世東アジアにおける武器移転の諸問題」五九～六〇、六二～六三頁。

（14）Archivum Romanum Societatis Iesu, Jap. Sin. 3, ff. 20-20v.

（15）Monumenta Ignatiana series tertia: Sanctii Ignatii de Loyola, *Constitutiones Societatis Jesu*, Romae 1936, pp. 615, 659.

（16）S. I. de Loyola, *Constitutiones Societatis Jesu*, p. 683.

（17）A. Valignano, *Adiciones del Sumario de Japón*, p.599.

（18）Josephus Wicki ed., *Documenta Indica* Vol. X, Romae, 1968, p. 278.

（19）ヴァリニャーノは『東インド巡察記』において、インド大陸はもとより、ポルトガル領東インドの布教地は、ヨーロッパのそれとは著しく異なる特質があり、そのような特殊性を理解・経験しない者に、インド等での布教方法は奇異なものとし考えられてしまう。その結果、「インドでは適切なものとして行なわれていることが、ヨーロッパでは全く適切ではない、と判断されてしまうことがしばしば起る。」と報告している。Alessandro Valignano, *Sumario de las cosas que pertenecen a la Provincia de la India Oriental y al govierno de ella*(Josephus Wicki ed., *Documenta Indica*, vol. XIII, Romae, 1975.), pp. 139-140. 高橋裕史訳注『東インド巡察記』（東洋文庫七三四、平凡社、二〇〇五年）一九頁。

(20) 前掲、高橋「一フランシスコ会士によるローマ教皇の「軍事行使権」論について」一〇六～一〇八頁。

(21) Archivum Romanum Societatis Iesu, Goa 47, f. 106.

(22) *Responsiones Reverendi Patris Nostri Generalis ad Congregationem Indiae Orientalis celebratam Goae mense Decenbri anni Domini 1575*(Josephus Wicki ed., *Documenta Indica* X, Romae, 1968.), pp. 328-329.

(23) Fray Marcelo de Ribadeneira, *Queixas que os Padres da Companhia que estão em Japão, assi por palavra como por cartas, publicarão ter contra os Frades Descalços de São Francisco, que estavão em Japão, as quais responde hum douto Frade da dita Ordem por nome Frey Marçello de Ribadeneira, da Provinçia de São Gregorio das Felipinas, a quem os dichos Padres empedirão o martirio com quatro companheiros*(José Luis. Alvarez-Taladriz ed., *Documentos Franciscanos de la Cristiandad de Japón 1593-1597*, Osaka, 1973.), p. 200.

(24) 日本イエズス会が大村純忠や有馬晴信等に軍資金を貸与していたことは、ヴァリニャーノ自身も「戦争の時には、巨額の費用をかけて幾人かのキリスト教徒領主たちにも援助を施さねばならない場合があった。彼らには、大村の領主ドン・バルトロメや有馬の領主に対して、何度も行なったように、金銭で援助する必要がある。」と明言している。Alessandro Valignano, *Sumario de las cosas de Japón*(1583), editado por José Luis Alvarez-Taladriz, Tokyo, 1954, p. 310. 松田毅一他訳注『日本巡察記』(東洋文庫二二九、平凡社、一九七三年)一四一頁。

(25) その一例として、一五八〇年八月十五日付け、長崎発、ヴァリニャーノのイエズス会総長メルキュリアン宛て書簡の一節がある。「大村殿は竜造寺(この者は異教徒で、現在、肥前の国全域の支配者である)が、自分に当長崎港を渡せ、と要求して来るのではないか、と大いに心配していた。というのも、竜造寺はそれを非常に望んでいたからである。もし長崎港を竜造寺に渡せば、大村殿は、長崎が維持されているナウ船の関税を失ってしまうだろうし、長崎港を竜造寺に渡すのを拒否すれば、大村殿はすぐにも竜造寺と戦争をしなければならなかった。大村殿は、何よりもこのことを心配していた。このような窮地から逃れるには、長崎港を教会に渡すのが最善の策である、と大村殿は考えた。なぜなら、長崎港は関税と共に〔大村殿の手に〕残るし、教会のものとなれば、竜造寺は長崎港を求めることはしないだろうからだ。」Archivum Romanum Societatis Iesu, Jpa. Sin. 8-I, f. 277.

(26) Archivum Romanum Societatis Iesu, Jap. Sin. 8-I, f. 237v.

(27) Archivum Romanum Societatis Iesu, Jap. Sin. 8-I, f. 246v.

(28) A. Valignano, *Sumario de la India Oriental*, p. 221. 前掲、高橋訳注『東インド巡察記』二〇二頁。

(29) 一五七九年十二月五日付け、口之津発のイエズス会総会長宛て書簡。Archivum Romanum Societatis Iesu, Jap. Sin. 8-I, f. 237v.

（30）*Regimiento para el Superior de Japón, ordenado por el Padre Visitador, en el mes de junio del año de 1580*, Archivum Romanum Societatis Iesu, Jap. Sin. 8-I, ff. 262-262v.

（31）岡本良知氏の「長崎のフスタ船」は、『庫物長崎記』の記事を引用し、深堀茂宅の攻撃をフスタ船によって防御した、とされている。深堀の長崎攻撃は一五七三年と七八年なので、そのどちらかの年代までには所有していたことになる（同氏『桃山時代のキリスト教文化』東洋堂、一九四八年、九四頁）。

（32）Archivum Romanum Societatis Iesu, Jap. Sin. 10-I, f. 23.

（33）Archivum Romanum Societatis Iesu, Jap. Sin. 11-II, f. 234v.

（34）Archivum Romanum Societatis Iesu, Jap. Sin. 11-II, ff. 234v, 235v.

（35）Archivum Romanum Societatis Iesu, Jap. Sin. 8-I, f. 277v.

（36）Alessandro Valignano, *Apología en la cual se responde a diversas calmunias que se escrivieron contra los Padres de la Compañía de Jesús del Japón y de la China*, Archivum Romanum Societatis Iesu, Jap. Sin. 41, f. 68v.

（37）*Regimiento para el Superior de Japón*, Archivum Romanum Societatis Iesu, Jap. Sin. 8-I, f. 262v.

（38）Archivum Romanum Societatis Iesu, Jap. Sin. 45-I, f. 19.

（39）高瀬弘一郎『キリシタン時代の研究』（岩波書店、一九七七年）一七八〜一八三頁。

（40）Fray San Martin de la Ascension, *Relación de las cosas de Japón para nuestro Padre Fray Francisco Arzubiaga, Comisario General de todas las Indias en Corte*（J. L. Alvarez-Taladriz ed., *Documentos Franciscanos*.）, p. 127.

（41）Archivum Romanum Societatis Iesu, Jap. Sin. 11-II, ff. 175, 175v.

(42) Archivum Romanum Societatis Iesu, Jap. Sin. 11-II, f. 234.
(43) Archivum Romanum Societatis Iesu, Jap. Sin. 11-II, ff. 234v, 235.
(44) F. S. M. de la Asención, *Relación*, p. 127.
(45) Archivum Romanum Societatis Iesu, Jap. Sin. 11-I, ff. 70, 71-71v.
(46) A. Valignano, *Apología*, Archivum Romanum Societatis Iesu, Jap. Sin. 41, f. 68.
(47) A. Valignano, *Apología*, Archivum Romanum Societatis Iesu, Jap. Sin. 41, f. 72.
(48) A. Valignano, *Apología*, Archivum Romanum Societatis Iesu, Jap. Sin. 41, f. 70.
(49) Archivum Romanum Societatis Iesu, Jap. Sin. 8-I, f. 262.
(50) Archivum Romanum Societatis Iesu, Jap. Sin. 8-I, f. 262v.
(51) A. Valignano, *Apología*, Archivum Romanum Societatis Iesu, Jap. Sin. 41, f. 69v.
(52) Archivum Romanum Societatis Iesu, Jap. Sin. 7-II, f. 208.
(53) José Luis Alvarez-Taladriz, "Apuntes sobre la Fusta del Padre Gaspar Coelho, Viceprovincial de Japón (1583-1587)" in *Sapientia* 22, p. 134.
(54) A. Valignano, *Apología*, Archivum Romanum Societatis Iesu, Jap. Sin. 41, ff. 69v-70.
(55) 前掲、岡本「長崎のフスタ船」一〇八、一〇九頁。ちなみに岡本氏はこの論文の中で、内外の諸種の史料の内容からは、①イエズス会士の乗用フスタ船、②天正年間を通して長崎の軍船として用いられたフスタ船、③イエズス会から有馬晴信への軍事援助として用いられたフスタ船、の三種類のフスタ船の存在の可能性を指摘され、果たしてこの三種のフスタ船は同一のものであったのか否か、という問題を提起されている。結論として氏は、フスタ船は基本的には日本イエズス会が保有管理して宣教師、長崎の住民信者の別なく使用していたこと、フスタ船は複数あったとは考えにくいが、少なくとも一隻はあったと考えられる、との判断を下されている（同論文、一〇一～一〇四頁）。

(56) A. Valignano, *Apologia*, Archivumm Romaum Societatis Iesu, Jap. Sin. 41, f. 69v.

(57) Archivum Romanum Societatis Iesu, Jap. Sin. 45-I, f. 19.

(58) Archivum Romanum Societatis Iesu, Jap. Sin. 11-I, f. 69v.

(59) マイケル・ハワード（奥村房夫他訳）『改訂版　ヨーロッパ史における戦争』（中公文庫一〇四八、中央公論新社、二〇一〇年）六一頁。

(60) Francisco Colín & Pablo Pastells ed., *Labor evengélica, ministerios apostolicos de los obreros de la Compañía de Jésus, fundación y progressos de su Provincia en las Islas Filipinas*, tomo II, Barcelona, 1900, p. 67.

(61) Archivum Romanum Societatis Iesu, Jap. Sin. 12-I, f. 133.

(62) J. L. Alvarez-Taladriz, "Apuntes sobre la Fusta" p. 140. 蛇足ながら、本文の該当箇所で記したフスタ船の説明は、西和辞典にも踏襲されており、たとえば小学館『西和中辞典』の「fusta」の語義説明には「十五～十六世紀に用いられた小型ガレー船」と記されている。

(63) A. Valignano, *Apología*, Archivum Romanum Societatis Iesu, Jap. Sin. 41, f. 76v.

(64) 松本典昭「サント・ステファノ騎士団の船舶」（『阪南論集　人文・自然科学編』第三五巻第一号、一九九九年）二〇～二一頁。

(65) A. Valignano, *Apología*, Archivum Romanum Societatis Iesu, Jap. Sin. 41, f. 76v.

(66) 一五九〇年十月十四日付け長崎発、ヴァリニャーノのイエズス会総長宛て書簡。Archivum Romanum Societatis Iesu, Jap. Sin. 11-I, f.234.

(67) 一五九〇年七月二十五日付け、加津佐発、ヒル・デ・ラ・マタのイエズス会総長宛て書簡。Archivum Romanum Societatis Iesu, Jap. Sin. 11-II, f. 202v.

(68) A. Valignano, *Apología*, Archivum Romanum Societatis Iesu, Jap. Sin. 41, f. 19. ローマ教皇のグレゴリウス十三世は、一五七三年十月三日付けで大村純忠に書簡を認め、その中で純忠の受洗や、イエズス会士およびキリスト教布教に対する長年の援助に対する感謝の意を表明している(Leo Magnino, *Pontifica Nipponica*, parte prima, Romae, 1947, pp. 14-15.)。グレゴリウス十三世による、こうした破格の行為は、やはりイエズス会士が大村純忠と昵懇の関係にあったからこそ為されたものである。

(69) A. Valignano, *Apología*, Archivum Romanum Societatis Iesu, Jap. Sin. 41, f. 19.

(70) Francisco Colin & Pablo Pastells ed., *Labor evengélica*, p. 67.

(71) インド大陸のバンドラにあった、イエズス会の司祭館では、イスラム教徒からの攻撃に備えて大砲が常置され、またポルトガル人の兵士が八〜十ケ月ほど駐在していたことを、ヴァリニャーノは報告している(前掲、高橋『イエズス会の世界戦略』二三六〜二三七頁)。

(72) 一五九〇年十月十四日付けの書簡。Archivum Romanum Societatis Iesu, Jap. Sin. 11-I, f. 67.

(73) Archivum Romanum Societatis Iesu, Jap. Sin. 11-I, f. 66v.

第七章　教団内の国家対立――宣教師たちの冷戦

一　一枚岩の崩壊

ヴァリニャーノは一五七三年に、三四歳の若さでイエズス会東インド巡察師に任命された。彼は東インド地方に散在するイエズス会の布教地巡察のためにリスボンを出航し、インド大陸やマラッカ、モルッカ諸島での滞在と巡察を経て、一五七九年八月、口之津に日本巡察の第一歩を踏み出す。

そのヴァリニャーノは、翌一五八〇年八月に滞在先の長崎で、それまでの巡察の結果得られた、各布教地の事情等をまとめた大部の報告書である『東インド地方とその統括に関する諸事の要録』（以下、『東インド巡察記』と略記する）を完成させた。その中で彼は「ポルトガル人こそ傑出した国民であり、しかも他の国民よりも多大な成果を挙げる国民なのである。(1)」という、注目すべき発言をしている。

この発言の背景にあるのは、日本がポルトガル王室の支配・通商・征服・布教領域にあること、そしてイエズス会が王室布教保護権の制度に基づいて、ポルトガル王室から経済面を中心とする援助を受けていたことである(2)。ポルトガルの盛衰は、イエズス会のそれに直結する側面を持っていた訳で、言わば、イエズス会とポルトガルとは、利害を共有する「運命共同体」の関係にあった訳である。

だからこそイエズス会は、利害を異にするスペイン勢力、およびそれと結びついたフランシスコ会が、日本その他のポルトガルの勢力圏に進出し、イエズス会とポルトガルの権益が侵食されることを、何が何でも阻止せねばならなかった。このことは、本章に先行する各章の随所で見たとおりである。

たとえば早くもヴァリニャーノは、第一次日本巡察の途上のゴア滞在中、一五七六年十一月十日付けで、イエズス会総長宛ての書簡において「シナと日本にイエズス会以外の修道会が赴くのは不都合である。……日本に別々の修道会が赴いて矛盾が生じてしまうならば、これは異教徒を改宗するにあたり、極めて深刻な騒動と障害grandissimo scandalo et impedimentoになろう(3)。」と記し、フランシスコ会の本格的な来日に先立つこと、十年以上も前から日本へのイエズス会以外の修道会の進出と改宗を「否」とする立場を鮮明にしている。

では、在日イエズス会士の全員が一糸乱れずにスペイン勢力、それと結んだフランシスコ会の日本進出に反対の論陣を張っていたのか、というと、決してそうではなかった。

イエズス会はヨーロッパ各地から人材を集めた、一種の「多国籍」修道会であった。特に日本布教のために派遣されたイエズス会士たちの国籍は、ポルトガル、イタリア、スペインの三色で塗り固められていた。

柔軟で多用な思考方法を確保し、また特定の一国出身者の影響が支配的となることを回避するためには、特定の国籍に偏重することなく、文化土壌を異にする様々な国や地域の出身者を抱えることが必要である。しかし、そうした「多国籍」要員が仇となり(4)、フランシスコ会の来日をめぐって、耳障りな不協和音が教団内に響き渡り、「より大いなる神の栄光のために」鉄壁の「一枚岩」を誇っていた筈の在日イエズス会士の間に、自分の出身国の国益を背景とした「冷戦」を生み、無残にも一枚岩が崩壊してしまったのだった。

その日本イエズス会内の不協和音は、スペイン勢力の日本進出を、必ずしも全面的に排除すべきではないとの見解を有する、主にスペイン出身の在日イエズス会士たちによって奏でられることになった。それは、フランシスコ会士への擁護論、フランシスコ会士への援助行為、同僚への批判(5)、という音源から構成されているものであった。以下、節を新たにして順を追って検証して行こう。

二　教団内における一つ目の不協和音——擁護論

（一）フランシスコ会士来日擁護論

1　クリターナの場合

在日イエズス会士が様々な理由を挙げて日本へのフランシスコ会士の進出と、彼らの日本布教に異議を唱えたことは、本書の第二章で論じたとおりである。そうした反対論はポルトガル国籍のイエズス会士によって表明されたものが多い。たとえば、ポルトガル出身のアントニオ・ロペスは、一五九四年十月十八日付け、長崎発のイエズス会総長宛て書簡において、

この節に托鉢修道会士たちが来日するのは、非常に有害なことである。というのも、彼らが来日して一年しか経っていないのに、その渡来によって著しい弊害がいくつも、〔日本の〕キリスト教界に見られたからである。……日本に大勢の修道会士、特に托鉢修道会士たちをまだ増やすべき時機ではない、というのは本当であり確実なことなのである。(6)

と記し、日本へのスペイン勢力と結んだ托鉢修道会士の進出に反対している。

このような各種反対論に対して、スペイン国籍の在日イエズス会士たちは、いかなる論理を用いて反駁し、日本へのフランシスコ会士たちの進出を擁護したのであろうか。

まず、フランシスコ会その他の修道会の来日は認められない、という反対論に対して、スペイン出身のアントニオ・フランシスコ・デ・クリターナは、一五九八年十月二五日付け、長崎発のイエズス会総長宛て書簡で、(7)

> 日本にイエズス会以外の修道会士たちが渡来する問題についてであるが、……今や、司教が渡来され、太閤様の死去に伴って迫害も止み、福音への扉も開かれ、しかも「収穫は多いのに働き手は少ない messi multa et operarii pauci」のであるから、我々の側から、〔イエズス会以外の修道会士たちの〕入国を邪魔すべきである、とは私には思われない。この日本の六六箇国の内にある霊魂という畑には、日本とシナのイエズス会士だけでは、明らかに不十分だからである。……イエズス会以外の修道会士たちが福音を宣布しに来ることの障害となる理由の数々が無くなっているのに、なぜ今、その渡来を妨害できるのか？(8)

と記し、クリターナ自身が所属するイエズス会は他修道会士の来日を阻止すべきではない、と明確に主張している。その理由としてクリターナは、秀吉による二十六聖人殉教事件が沈静化していること、日本で改宗に従事する宣教師が不足していること等を挙げている。

クリターナが言及している二十六聖人殉教事件については、イタリア出身のヴァリニャーノやポルトガル出身の在日イエズス会士の多くは、世界各地を征服しているスペイン人たちが日本に来たことが原因である、と位置づけていた。一例を挙げると、一五九七年十一月十日付け、マカオ発の総長宛て書簡の中でヴァリニャーノは、

托鉢修道会士たちの無分別な宗教的情熱が原因で、日本の支配者である太閤様は、カスティーリャ人たちが征服を行なっていることを知って彼らに大いに不審の念を抱き始めて怒りだし、托鉢修道会士たちを、彼らの家屋で抱えていた数名のキリスト教徒たち、その巻き添えを喰った我々の日本人イルマン三名ともども磔に処するように、との命令を出した。(9)

と書いている。

先に訳出引用した書簡の中でスペイン出身のクリターナが、その殉教事件を逆手にとって日本への托鉢修道会士、つまりフランシスコ会士の来日のための好機として、この事件を利用していることに留意すべきであろう。事実クリターナは同じ書簡の別の箇所で「主において私が判断するに、諸他の修道会に属する修道会士たちが来日するのは、適切にして必要なことである。(10)」と明確に言い切っている。この二十六聖人殉教事件の解釈をめぐっても、ポルトガル人イエズス会士と、スペイン人イエズス会士とは対立するのだが、これについては後述する。

ところでクリターナは、日本でのイエズス会とフランシスコ会の、日本布教をめぐる抗争を回避することを目的に、自ら興味深い「案」を思いつき、イエズス会総長に提言している。それは

一五九九年二月二十六日付け、長崎発の書簡に見られる、次の一節である。

〔日本での宣教活動における両修道会の〕振る舞い方が違うために生じる障害についてであるが、次の二つの条件を用いれば、この障害は発生しない。一つ目の条件は、ヌエバ・エスパーニャやフィリピナスで行なわれたように、管区と〔福音〕宣布を行なう領国とを〔双方の修道会の〕宣教師たちに分配すること。二つ目の条件として、日本司教が出す命令を全員が遵守するよう、教皇聖座が命令されること。それゆえ、日本司教は命令に服さない者たちを罰するために、教皇聖下の有していらっしゃる数多くの権能を手に入れなければならないだろう。(11)

右に訳出引用したクリターナの提言が、彼の思惑どおりに実現し得るものであったのか否かを検討してみよう。

まず「条件一」であるが、ザビエル来日頃の東洋での布教はイエズス会ポルトガル管区の管轄下に置かれていたが、一五五一年には新設のイエズス会インド管区に管轄権が移され、日本もインド管区に編入された。その後、第一章その他の箇所でも言及したように、教皇グレゴリウス十三世は一五七五年一月二十三日付で、大勅書「*Super specula militantis Ecclesiae*」を発布してマカオ司教区の創設を表明し、日本も同司教区の管轄下に組み込まれた。(12)

一五七九年に来日した巡察師ヴァリニャーノは日本布教区を、名義的にはインド管区に所属させて、実質的にはそこから独立した管区に等しい準管区Viceprovinciaに昇格させ、一五八一年にはガスパル・コエリョを初代日本準管区長に指名した。日本準管区を早い段階から管区へ昇格させる気運が高まっていたこともあり、最終的に日本準管区は一六一一年に日本管区としてインド管区から独立する。

管区Provinciaは、イエズス会の教会行政組織にあって、最も重要な単位である。管区の設立には十分な人員と財政基盤が認められ、管区昇格を希望する準管区に存在している修道会が有するいくつかの修道院や施設が、一人の上長《じょうちょう》Superiorのもとに統一されることが可能である、と判断されて初めて管区の誕生となる[13]。

以上記してきた諸点を考えに入れると、ポルトガルの布教保護権下にあって五〇年の日本布教の実績を誇り、既に日本を下《しも》・豊後・都の三地区に分割して堅固な基盤を有していた日本イエズス会が[14]、フランシスコ会との間で日本の布教地の分割に応じるとは考えにくい。

そもそも分割以前に、フランシスコ会の日本進出に強固に反対していたのが日本イエズス会であった。したがって、クリターナの説く「分割案」は簡単に実現されなかったであろうし（これは、ルイス・ソテロのフランシスコ会東北司教区の設立騒動を見ても明らかである）、ましてや、それによって両修道会間の抗争問題が抜本的に解消されるとは思われない。

次に「条件二」について考察してみよう。この二つ目の条件において、クリターナが司教のことを取り上げているのは、司教権限が論点となっているからである。

カトリックにおける司教Episcopusとは、カトリックの諸管区において司祭職や教導職、そして司牧職等をローマ教皇と共に管理する、いわば、キリストの使徒が有していた司牧職の正当な伝承者のことである。司教には「品級権」——助祭、司祭、司教に品級の秘蹟を授ける適性のこと——、および「裁治権」——信者を霊的に支配し教会内の司教団の行為に参与する権利のこと——という、二つの優越権が付与されている。

また司教は、自身の管轄する司教区episcopiumを指導するために、「司教権」（堅振・品級の秘蹟を授けたり、聖油の祝別を行なったりする権利）、「教導権」（信者に信仰を純粋に保持させる責任を果たすのに必要な一切を行なう権利）、「裁治権」（先に記したものとは異なる。こちらの裁治権は教会法内における立法権・免除権、下位の教会勤務者の任免や教会財産の管理等に関わる権利。特に狭義には聖職者・平信徒・修道会を監督する権利）の三権を有している(15)。

このような広範にして強大な権限を有する司教の指示に、諸修道会士たちが絶対服従をすれば、衝突や分裂を回避できるというのが、クリターナが条件二の中で提示した考えである。

クリターナ書簡に言及されている日本司教とは、ルイス・セルケイラのことを指している。イエズス会士のセルケイラが、日本司教としてイエズス会の権利を擁護する立場にあったことは言うまでもない。そのセルケイラに対してフランシスコ会やドミニコ会は、彼を司教として認めず、自分たちの修道会の布教長の指示に従って行動し、セルケイラ司教の干渉に対抗する動きさえ見せていた(16)。

つまり、双方の修道会がこのような状態を呈していた以上、クリターナの提案した条件二は成立不可能であって、既に起案の段階で実質的には破綻していたに等しいと言える。しかも「終章」で記してあるように、司教管轄権に関する問題は、セルケイラの死去に伴う空位司教位をめぐって、両修道会間の対立をさらに深めることになる。

したがって、クリターナの計画は、一見したところ実効性があるかに見えるものの、当時の日本布教をめぐるイエズス会とフランシスコ会の対立の現状を考えると、それは机上の空論の域を出るものではなく、スペイン出身のクリターナが、フランシスコ会士たちの日本駐在を援護射撃するために案出した計画という性格が濃いと思われる。

2　クルスの場合

ポルトガル人を中心とした在日イエズス会士が、フランシスコ会の来日に反対した理由の一つに、異なる修道会の存在は布教方針の不一致を生み出し、延いては日本人信者の間に動揺と不信感を招く恐れがある、という主張があった。これに対するスペイン人イエズス会士の反論を見てみよう。訳載するのは、一五九九年二月二十七日付け、長崎発、ペドロ・デ・ラ・クルスのイエズス会総長宛て書簡の一節である。

我々がいろいろな修道服をまとい、〔様々な〕生活様式の中にあっても、同じ一人の主《しゅ》を崇めていることが理解されるならば、人々の信仰を固めさせる証となるだろう。同様に、様々な証は一つの真実をさらに固めさせよう。諸宗派の仏僧たちの中には、釈迦を崇める者もいれば阿弥陀を崇める者もいる。来世は存在する、と語る者もいれば、来世などない、と語る者もいる。こうした仏僧や在俗の一般信徒の多くは、同じ釈迦を崇めているのだが、一宗派の教えに従っている世俗の人々は、他の宗派の仏僧たちとは親交を結んでいない。反対に、我々〔イエズス会士たち〕や托鉢修道会士たちが洗礼を授けている異教徒たちは、我々が唯一の主を崇拝し、十戒を説き、同じ罰で〔悪魔を〕脅し、神の側に立って同じ栄光を約束している、ということを、直ぐにも理解するだろう。一方の側で告解をする者も、他方の側でも告解ができるので、分裂は存在しないのである(17)。

この書簡を認めたクルスは、一五六〇年にセゴビアで生まれ、一五七六年にイエズス会に入会した。入会後は神学者として活躍し、一五九〇年に来日して長崎のコレジオで神学教授を務めている(18)。そのクルスは、神学者らしく、当時の日本の仏教界の動きや教えを把握したうえで、右に訳出したような、仏教諸宗派は足並みが乱れているが、カトリック修道会の方は、唯一神を崇めているという点で統一されているので、修道会側の分裂はあり得ない、との見解を総長に表明している訳である。

しかし、現実にはクルスの主張どおりにはならなかった。日本布教をめぐるイエズス会とフランシスコ会間の抗争は、日本人信者にまで波紋を及ぼし、信者の間からは「自分はフランシスコ会の信徒」「自分はイエズス会の信徒」といった声が出されるようになった。しかも改宗の際に与えられた洗礼名にしても、それがポルトガル様式のものなのか、スペイン様式のものなのか、ということも問題にされていたからである。(19)

またイエズス会も、自らの手で改宗した信者には、フランシスコ会士などの托鉢修道会士のもとへ告解に赴くことを禁じただけではなく、自らもまた、托鉢修道会士によって改宗した信者からの告解を拒否したこともあった。(20)

日本人信者をめぐる抗争は、禁教令下の時代になっても顕著に見られた。

全国を対象にして、一六一三年に発布された禁教令に伴う、諸修道会士たちの国外退去によって、日本の教会組織は大きな痛手を蒙ったが、そうした状況にあって重要な役割を果したのが、平信徒の組織である「組(講)」であった。イエズス会系の組には「殉教の組」「ゼススの組」「サンタ・マリアの組」が、ドミニコ会系の組には「ロザリオの組」、アウグスティノ会系の組には「帯紐の組」などがあった。(21)

これらの「組」組織の中では、ドミニコ会系のものを筆頭に、托鉢修道会系の組組織の活躍が顕著であったため、イエズス会は自派の組勢力を守ることを目的に、イエズス会側の信者には他修道会の組組織への参加を禁じた。

こうしたイエズス会側の組組織をめぐる対抗策に対して、たとえば、ドミニコ会のディエゴ・

コリャードは、イエズス会による対抗策を「不当である」としてローマのカトリック関係者に書き送るなど、修道会間の抗争問題が、一般の平信徒の慈善団体をも巻き込んでしまうことになったのだった。[22]

このような、一般日本人信者をも巻き込んだ抗争の実情を前にしたとき、「〔イエズス会と托鉢修道会の〕勢力範囲が分割されても、真の慈悲の模範として我々が〔托鉢修道会士たちと〕一緒に居て、兄弟として彼らを助けて公認するならば、〔日本人が分裂する〕危険はほとんど無いだろう。[23]」というクルスの自信に満ちた発言は、現状の厳しさを的確に分析把握し得てはいない、楽観的な判断と言わざるを得ない。

（二）フランシスコ会士の財源保証論

日本イエズス会がフランシスコ会の日本進出に反対した理由の一つに、フランシスコ会は日本で財源基盤を確立できず、日本での活動に財政面から行き詰まるので、来日すべきではない、というものがあったことは、本書第二章で言及したところである。

フランシスコ・ザビエルによる開教以来、日本イエズス会は比較的順調に教勢と教団組織を拡大させ、在日宣教師数や日本人信者数も増加させて行った。しかしこうした教団の発展と教勢の拡大は、必然的に大規模化した布教活動に伴う各種の出費を増大させ、日本イエズス会の財政を圧迫することになる。[24]

日本イエズス会が要した年間経費は、教団規模や時期によってバラツキがあるため、均一化して把握することは困難である。しかし、一五七九年のヴァリニャーノ来日以前の年間経費は、おおむね六〇〇〇クルザド以下であったが、彼の来日による日本布教の組織化と拡大路線によって、一挙に一万クルザドを超えるようになった。この趨勢は江戸時代に入ってもあまり変化せず、一六一三年の禁教令発布までの年間経費は、一万二〇〇〇～一万六〇〇〇クルザドにまで達した。(25)

このような教団規模の拡充と発展に伴う経費の増大という事情に加えて、一六〇三年七月に発生した、マカオでのポルトガル船略奪事件をきっかけに、教団の財務内容は極端に悪化して日本イエズス会の財政は慢性的に債務超過となり、その負債額は一万数千クルザドに上った。(26)

右に記してきたような、教団の「財政難」という自らの「実体験」を引き合いに、日本イエズス会は、他修道会の財政面における日本での生活と布教の困難性を指摘していた訳であるが、それに対するクルスの反論を見てみよう。

〔托鉢修道会士たちは〕ほとんど生計を立てられず、よって、ほとんど〔何事も〕為し得ないだろう、云々と言われていることに、私は次のように回答する。日本人たちは、托鉢修道会士たちが、自分たちと一緒に働いており、しかも、彼らには資産も定収入もないことを知っているので、必ず施し物に訴えてくるだろう。というのも、日本人の仏僧たちに対しても、そうしているからである。またこれらの托鉢修道会士たちは、我々ほど増えすぎはしないだろう。

なぜなら、我々は経験によって、京都では食糧の点で、ごく少数の者が増えすぎたにすぎない、ということを知っているからである。尤も、彼らが自分たちの司祭館と教会を作るには、喜捨を求める必要はあったのだが。……エスパーニャ人たちも托鉢修道会士たちの維持には手助けしてくれようし、かの地域〔マニラやヌエバ・エスパーニャ〕からも、托鉢修道会士たちの許には施し物がもたらされるだろう。(27)

日本での生計手段として、クルスは日本人からの施しや、スペイン人などからの援助を指摘している。右に紹介したクルスの見通しの、それぞれについて検証してみよう。

まず、クルスが期待している日本人からの施し、つまり喜捨の件であるが、フランシスコ会は後に、京都に会系係として狩野ペドロ道味、イラリオ孫佐衛門、コスメ庄屋らを擁しており、特に狩野は堺商人の木屋弥三右衛門と親しかった。(28)さらに寛永年間に入るとフランシスコ会は、長崎在住のスペイン人商人を取引相手とする、いすぱにやパウロ、ホウゾ・パウロ、四郎兵衛などとは、商貨の委託や販売を依頼するほど深い関係にあった。(29)

このような「親フランシスコ会」派の日本人商人が存在し、彼らが日本国内のフランシスコ会の商品販売ルートの口添えをしていたのならば、フランシスコ会は、そのような商人たちから、金銭だけではなく、それ以上に大きな、日本での商取引の「お膳立て」という援助も手に入れ、日本での財政基盤も獲得できていたものと思われる。したがって、クルスの主張は、あながち机上の空論ではなかったかもしれない。

次にスペイン人からの援助について考察する。一五九〇年代末から十七世紀初頭にかけて、マニラが東アジア商業圏の中心地の一つとなり、覇権を確立した徳川家康の積極的な対スペイン通商政策なども手伝って、日本とマニラのスペイン勢力との通商関係が、それまで以上に活況を呈するようになった。その結果、たとえば、一六〇五年、一六〇六年、一六一二年来航のスペイン船によって、大量の生糸がマニラからもたらされた結果、ポルトガル船の生糸価格が下落し、マカオ市の損失も五万タエルにもなった[30]。

また一六一〇〜二〇年代には、フランシスコ会以外にドミニコ会なども、積極的に日本での貿易活動に従事し始めた。彼らはマニラで生糸の給付を受けて日本で売却したり、長崎でポルトガル船から生糸を購入し、それを高値で転売したりして利益を得ていた。さらにポルトガル船を介しマカオの商品を買い入れ、しかも、それをポルトガル船で日本に持ち込むなど、ポルトガルの対日商業網に食い込む形で対日貿易活動を展開していた[31]。

このような、マニラを根拠地としていたスペイン勢力、およびそれと結びついた托鉢修道会士たちが、ポルトガルの勢力圏下にある日本に、陸続として進出し始めたのは、上述した政治面および経済面での状況変化に加えて、一六〇八年に時のローマ教皇パウルス五世が小勅書「*Sedis Apostolicae providentia*」を発布し、渡航経由の制限を廃して、イエズス会以外の修道会士たちが来日して布教に参入することを公認したからであった[32]。

パウルス五世の小勅書が発布される十年も前に、フランシスコ会が実質的に日本布教を展開していたことは、本書第二章その他の箇所で見てきたとおりである。しかし、教皇による日本入国の制限が解除されない限り、それはある意味、幾分かの「後ろめたさ」の伴う、それゆえに、周囲の顔色を伺いながらの行動であったとも言える。

ところが、パウルス五世小勅書によって、日本入国の制限が事実上の「撤廃」の運びとなったことは、フランシスコ会士その他のスペイン勢力と連携した諸修道会が、大手を振って日本に向かうことを、大きく促進したことは明らかである。それが、如上のような現象となって反映されたと考えられる。

ローマ教皇パウルス五世の肖像
（出典　Wikimedia Commons）

托鉢修道会が、イエズス会と結びついているポルトガル船や、マカオ市にも食い込んで貿易活動を行なっていた事実は、本書でも取り上げているような、日本布教をめぐるイエズス会との抗争関係が、必ずしも二項対立という単純な図式で割り切れるものではなかったことを我々に示している。

以上、検証してきたように、日本での財源問題の捻出方法に関するスペイン人イエズス会士クルスの読みは、それほど見当外れのものではなく、ある程度実現性の高い提言を含んでいるものであったと考えられよう。

(三) 日本征服論への擁護

本書第二章第四節（二）で指摘したように、日本イエズス会が、他修道会の来日に反対した理由の一つは、イエズス会以外にも外国から修道会士が大勢来日すれば、日本の為政者たちが、キリスト教勢力による日本侵略を疑い迫害を起こすであろう、というものであった。事実、秀吉の宣教師追放令発布から二年後の一五八九年十月四日付け、壱部発、フランチェスコ・パシオのイエズス会総長クラウディオ・アクアヴィーヴァ宛て書簡の一節には、

> 準管区長〔ガスパル・コエリョ〕とパードレ・ルイス・フロイスはこの迫害の原因を、日本の支配者である関白殿が、長年にわたって我々の〔聖なる〕法《のり》を憎悪し、日本から我々を追放しようとの欲望を抱いていたからだ、ということに帰した。この時までに関白殿が施してくれた好意は、一つ残らず偽りだった。日本全体の絶対的な君主となって以来関白殿は、〔我々に対する〕旧来からの憎しみを実行してきたのだが、これが本物であるのか偽りであるのか

は、主が御存知である。しかし、次のことが考えられ得るし、日本人たちも語っている——この迫害は突然の出来事ではあるが、関白殿は、我々が我々の〔聖なる〕法を広めようとの熱意からで日本に滞在しているのではなく、日本を征服して支配するために **per conquistare e signoregicare Giappcne** 身を置いている、[33]と判断したのだった。

との看過のできない指摘が見られ、宣教師追放令がイエズス会士たちによる日本征服への危惧から公布された、との認識が明示されている。

このような危惧は、江戸時代になると、一人の日本人背教修道士の論著によって、公儀の側にもたらされ、それまでの脳裏の中の危惧が、現実味を伴った問題となって立ちはだかることになった。その背教修道士とは、序章および第一章で取り上げたファビアン不干斎であり、その論著とは、一六二〇年に幕府に献呈された、彼の『破提宇子《はだいうす》』である。そこには、

> 王法ヲ傾ケ仏神ヲ亡シ、日本ノ風俗ヲノケ、提宇子、己ガ国ノ風俗ヲ移シ、自ラ国ヲ奪ントノ謀ヲ回ラスヨリ外、別術ナシ。呂宋、ノウバ・イスパニヤナドノ、禽獣ニ近キ夷狄ノ国ヲバ、兵ヲ遣シテ奪之、吾朝ハサシモ勇猛他ニ越タル國ナルガ故ニ、法ヲ弘メテ千年ノ後ニモ奪之思フ志シ、骨髄ニ徹シテアリ。[34]

という記述が見られ、スペインによるフィリピン、ヌエバ・エスパーニャの武力征服の事実と、その具体的な方法が述べられている。イエズス会修道士として教団に身を置き、当時のカトリック布教とイベリア国家との結びつきを、直接間接に見聞きしていた可能性のあるファビアンの告発が、実情を知る者のみが伝え得る重みがあったればこそ、幕府当局に与えたであろう衝撃は、想像に難くない。

『破提宇子』が幕府当局に提供された前年の、一六一九年に棄教し、イベリア列強の植民政策と結びついていた当時のカトリック修道会の実情や実態に関する知識を武器に、幕府のキリスト教政策の協力者となった、トマス荒木の存在がその前振りとなって作用していたため、このファビアンの告発は、キリスト教勢力に対する大きな「脅威」を幕府に植え付けることになった。(35)

以上のような、イエズス会内で共有されていた、日本征服疑惑の増長を理由とするスペイン系修道会の来日否定論に対して、ペドロ・デ・ラ・クルスは、先ほどから引用している同じ書簡中で、どのような論理をもって反論し、フランシスコ会の来日を容認すべきである、としているのであろうか。関係箇所を次に訳出してみよう。

これらの修道会士たち、とりわけフィリピナスの修道会士たちに対して、彼らは福音の説教を口実に〔日本の〕諸王国を〔奪うことを〕目論んでいる、との疑念が抱かれている、云々と持ち出されていることに、私は次のように回答する。こうした話は日本では古くからあり、これが原因で、大勢の領主たちが我々に厚意を示すのを止めるということはなかった。そして現在も領主たちは、我々の方法あるいは我々のとりなしを介して、彼らが手にする然るべき便益のゆえに、我々に厚意を示している。豊後の王は、キリスト教徒になる以前は、我々の友人であり、我々の国王が日本を征服しようとしている、ということを説き伏せられていたにも拘わらず、いつも〔イエズス会の〕パードレたちを自領内に置いていた。[36]

クルスによると、キリスト教の修道会士が日本を征服し支配するという懸念は、イエズス会の日本開教の頃より見られたものであり、それゆえにこそ、教団には同情が寄せられていることを挙げ、その実例として大友宗麟の行為が紹介されている。そうした過去の歴史の積み重ねが保障してくれるので、クルスは「これらの修道会士たちに〔日本布教の〕様々な扉が開かれるならば、領主たちが作り上げている疑念を重視する必要は無い。[37]」とまで言い切っているのである。

しかし、クルスが教団の理解者として名を記した大友宗麟は、宣教師追放令が発布された、同じ一五八七年に亡くなっており、しかも事態はクルスの見通しとは違い、秀吉がサン・フェリペ号の漂着事件をきっかけに、スペインの植民地獲得政策とキリスト教宣教師との間の「不即不離」な関係を疑い、それが二十六聖人殉教事件を招いたことは、本章第二節（一）の中で引用した、一五九七年十一月一日付け、マカオ発、ヴァリニャーノのイエズス会総長宛て書簡が、雄弁に物語っているとおりである。

ところで、このクルスであるが、彼は一五九九年二月二十五日付け、長崎発のイエズス会総長宛て書簡のほぼ全体を、稠密な対日武力征服計画に充てている(38)。

クルスの軍事計画は多岐にわたっているが、彼が主に主張しているのは、日本のキリスト教界を磐石なものとするには、外部勢力からの援助が大いに必要である、それには優秀なスペイン人兵士を派遣してもらい、日本人と連合且つ同盟させねばならない、ということである(39)。

スペイン兵の日本への導入となると、本国スペインはもとより、ヌエバ・エスパーニャでは地理的にあまりに遠方であるので、日本に一番近いマニラのスペイン勢力との連繫が前提となる。それには、日本にフランシスコ会を進出させ、在日フランシスコ会士に、そのための交渉役や取次ぎ役を担ってもらわざるを得なかった筈である。

日本に対する武力行使という問題については、必ずしも征服支配のみを目的としたものばかりとは限らないが(40)、この問題についてはスペイン人イエズス会士の方が、他国籍の同僚よりも積極的な姿勢を示していた(41)。

その一例であるが、一五八九年二月には長崎の高来《たかく》で、秀吉の宣教師追放令への対応に関する協議会が開催されている。この会議に出席した、ポルトガル人イエズス会士のアントニオ・ロペスは、「この協議会ではカスティーリャ人パードレ全員が、一人の例外も無く nemine excepto、日本には征服という手段以外に、キリスト教界を前進させる術がないので、国王陛下に日本に要塞を建設して頂き、キリスト教界を維持し続けるべきだ、との意見であった(42)」と証言している。

在日スペイン人イエズス会士たちによる、日本へのスペイン兵その他の軍事力を導入すべきである、とする姿勢は、フランシスコ会の来日を迎えて、より顕著になって行った節がある。それを裏付けるように、一五九八年二月十五日付け、長崎発のイエズス会総長クラウディオ・アクアヴィーヴァ宛て書簡の中でオルガンティーノは、コエリョとスペイン人パードレたちが、スペイン兵、フスタ船などを導入して、秀吉に対抗すべきである、との「常軌を逸した見解」であった、と記述したうえで、

> この〔日本への武力導入の〕欲望は、カスティーリャ人パードレたちの胸中からは消え去っていないようである。今や、〔関白殿の命令で〕失われたナウ船に乗っていた在日カスティーリャ人、フィリピナスの総督によって派遣された使節のほか、前述した托鉢修道会士たちが来日するにつれて、その欲望が再び新しいものになった。[43]

との自説を続けて披露している。ここにはスペイン勢力の日本進出が、心理的「後押し」となって、教団内のスペイン人イエズス会士が、対日武力行使を「執拗」に訴えていたことが曝露されている。

本章でも後に論じるところであるが、フランシスコ会の来日によって、日本イエズス会内では、スペイン人イエズス会士と、ポルトガル人イエズス会士との間での「反目」「対立」が表面化す

る。そのポルトガル人イエズス会士が、スペイン人同僚を中傷する際に持ち出したのが、スペイン人イエズス会士の対日武力導入に関する積極的な姿勢だった。(44)

この点を踏まえると、ロペスやオルガンティーノの証言の扱いには注意を要するが、クルスを筆頭とする、日本イエズス会内のスペイン人宣教師たちが、積極的に日本への武力導入を主張するようになったのは、秀吉からの迫害への正当戦争思想に基づいた断固とした対抗措置ということに加え、(45)教団内でのスペイン人同僚の増加、スペイン国王フェリペ二世によるポルトガルの併合、マニラからのフランシスコ会士の来日という大きな「援護射撃」を得ることになったからではないだろうか。

このような背景を考える時、日本布教の独占をめぐるイエズス会士とフランシスコ会士の間の抗争問題は、既得権益の防衛という即物的な側面だけではなく、双方の修道会士たちの、いわゆる「心象」という側面からも、分析と考察のメスを入れる必要があろう。

三　教団内における二つ目の不協和音――援助行為

ポルトガル人イエズス会士とイタリア人イエズス会士を中心とする、スペイン勢力を従えた托鉢修道会士の来日を「否」とする姿勢に対し、クルス、クリターナらに代表される在日スペイン人イエズス会士たちが、積極的にフランシスコ会士の来日を「是」とする姿勢にあったことは、如上のとおりである。

こうした教団内におけるスペイン人イエズス会士たちの積極発言を背景に、彼らの中には、フランシスコ会士と実際に接触し、なお且つ援助する者たちも出てくることになった。

この問題に関する代表的な史料の一例として、一五九六年一月三十一日付け、長崎発、ルイス・フロイスの、インド管区長フランシスコ・カブラル宛て書簡の一節を紹介する。

私が耳にしたところでは、托鉢修道会士たちが来日すると、イエズス会のカスティーリャ人パードレたちが、托鉢修道会士たちの日本到着を喜ぶ意を示して約束をいろいろした。……カスティーリャ人パードレたちの中には、托鉢修道会士たちを手伝いに行き、また手紙で彼らとやり取りをしている者もいた。(46)

右に訳出したフロイスの書簡には、教団内のスペイン人同僚が見せた、フロイスの立場から眺めると、イエズス会以外の修道会士の来日と布教を否とした、教団の総意を省みない、文字通りの「背信行為」が指摘されている。

その教団内のスペイン人イエズス会士は、来日した托鉢修道会士を、自分と同じ文化、歴史、国家を共有する同郷者、あえて踏み込んだ表現をするならば「もう一人の自分alter ego」として受け止めていたのであろう。だからこそ、日本「未経験」の托鉢修道会士たちに、同郷出身の「先輩」として、日本での暮らし方や日本人への接し方などを助言したことは、フロイスの記したように、十分あり得たと事実と考えられる。

さらにフロイスは、書簡によるスペイン人イエズス会士と托鉢修道会士との接触についても言及している。右に引用した一節を読む限り、書簡による儀礼的な挨拶、という印象も受けるのであるが、実際には、表面的な社会儀礼を超えたやり取りも行なわれていた節がある。なぜなら、フロイスの同じ書簡の別の箇所には、「カスティーリャ人パードレの中には、托鉢修道会士たちに書簡を認めて、来日するようにと誘惑した者がいる、と語る者が後を絶たない。(47)」という事実が、明確に記されているからである。

在日スペイン人イエズス会士の中には、ポルトガル人同僚の立場から見ると、非常に深刻な、それゆえに「許し難い」行為に走る者もいた。

先に引用した、一五九七年十月十日付け、長崎発のイエズス会総長宛て書簡の中でアントニオ・ロペスは、その具体的な行為について、次のように書き残している。

我々のカスティーリャ人パードレたちは、国民的熱情に心を揺り動かされて、件の托鉢修道会士たちに大いに味方し、可能な限り彼らを援助した。……これを著しく行なっていたのが、準管区長のパードレ・ペドロ・ゴメスだった。〔パードレ・ゴメスによると〕我々の〔グレゴリウス十三世〕小勅書は、托鉢修道会士たちを抑え込んではならない、自分は托鉢修道会士たちとの確執に巻き込まれたくない、と語った。そして、日本で失われたナウ船〔サン・フェリペ号〕

に乗って来日した者たちその他、カスティーリャ人たちに、準管区長は我々の喜捨の中から一〇〇〇ドゥカド以上も貸与したのだった(48)。

スペイン人同僚が故国愛に駆られて、スペイン統治下にあるマニラから来日した托鉢修道会士の側につき、援助行為を働いたことが記されている。

ロペスが記述している援助行為の中でも注目を引くのは、スペイン出身とはいえ、日本準管区長という最高統轄責任者の立場にあった、だからこそ、スペイン勢力と結んだフランシスコ会士の日本布教参入を阻止すべきペドロ・ゴメスが、教団への喜捨から多額の経済援助を行なっていたことである(49)。

右に訳載した書簡に見える「一〇〇〇ドゥカド」という金額であるが、ゴメスがいつ、この一〇〇〇ドゥカドを貸与したのか、ロペスの書簡からは、その正確な年代は特定され得ない。しかし、サン・フェリペ号云々、という記述があるので、一五九六年もしくは一五九七年の、どちらかのことである可能性が高い。その頃の日本イエズス会の年間支出額は、一万三〇〇〇〜一万五〇〇〇ドゥカドであるので、ゴメスが貸与した金額は、年間支出額の一割弱ということになる(50)。

さらに同じくロペスは、一五九四年十月十八日付け、長崎発のイエズス会総長宛て書簡の中で、非常に興味深い事実を報告している。

ロペスによると、信者数名が教会建築の資金として、ある額の金銭を喜捨してくれた。その喜捨は、イエズス会の財務会計を担当するプロクラドールによって、一〇〇〇ドゥカドまで増額された。ところがペドロ・ゴメスは、この一〇〇〇ドゥカドを司祭館で使ってしまった、というのである。(51)「司祭館で使ってしまった」という表現には、公的な目的ではなく、むしろ見方によっては、何らかの「私的都合」による個人的流用というニュアンスが少なからず感じられる。

仮に、一五九四年の書簡に見える、ゴメスが「使ってしまった一〇〇〇ドゥカド」が、その前年に来日したペドロ・バウティスタ一行に貸与されたものであるとするならば、ゴメスは一五九六／九七年の分も合わせて、二回、フランシスコ会にまとまった額での経済援助を施したことになる。

ペドロ・ゴメスはフランシスコ会士らに、非常に好意的な態度であったことに間違いはない。彼のそうした態度は、彼自身もスペイン人であり、フランシスコ会士への援助を通して間接的にではあっても故国へ奉仕したい、との思いがあったことは確かであろう。またイエズス会日本準管区長という立場からも、イエズス会士たちと同じように、日本人の改宗に従事するフランシスコ会士たちに、日本布教上の助言や指示を与えたとしても不思議ではない。

スペインのフィリピン総督ダスマリーニャスの名代として来日したペドロ・バウティスタが、長崎のゴメスの許を訪ねたのも、(52)そのゴメスが日本語の通訳をバウティスタ一行につけたり、日本語の文法書や辞書を与えたりしたのも、(53)故国愛と日本布教の統括的な指導者という、自分自身の立場に動かされたゴメスの行為だったのではないだろうか。だからこそバウティスタはゴメスのことを、「イエズス会のパードレたちの中で、大いに親愛の情を示してくれている人物(54)」と評するに至ったのだった。

四　教団内における三つ目の不協和音——教団内の冷戦

(一)　教団内イエズス会士の冷戦

1　スペイン人同僚への批判

スペイン勢力と結んだフランシスコ会その他、托鉢修道会士の来日を阻止することが、日本イエズス会の基本方針であったにも拘わらず、托鉢修道会士を歓迎するスペイン人イエズス会士の言動は、明らかに「背信行為」であった。

そうした教団内の「不協和音」は、ポルトガル人イエズス会士とスペイン人イエズス会士との間に「反目」をもたらした。

ポルトガル人イエズス会士の立場からすると、教団の方針に背いて托鉢修道会士の来日を促したり、彼らを援助したりするスペイン人同僚が、許し難い存在であったことは、多言を要すまい。その一端を伝えるポルトガル人イエズス会士の書簡を紹介しよう。

先にペドロ・ゴメスの経済援助について言及したアントニオ・ロペスの書簡の一節を訳出したが、その同じロペスの書簡には、「我々はこの長崎港の総督である寺澤殿から、カスティーリャ人たちとあまり関わってはならない、と忠告されていたのだが、我々のカスティーリャ人パードレたちは、カスティーリャ人たちと親しく交わり、その巻き添えをくったのである。(55)」という一文が確認される。

この書簡は、サン・フェリペ号事件とそれに続く二十六聖人殉教事件を受けて執筆されたものである。そのことを念頭にロペスは、日本イエズス会内のスペイン人同僚が、スペイン人と関係を持ったがために、教団も秀吉の迫害を被ることになった、と訴えている訳である。

秀吉による大規模迫害の原因の一端が、スペイン人同僚の言動にある、との空気が教団内に流れてしまったからには、托鉢修道会士の日本での活動をめぐる問題について、スペイン人、ポルトガル人それぞれの見解が対立することは不可避となった。事実ロペスも右に訳載した同じ書簡で「以上の事態から、我々の間に不和が生じた。すなわち、一部の者たちは、托鉢修道会士たちは日本から去るべきであって、もはや日本に来るべきではない、との考えであったが、別の者たちは反対の考えであった。(56)」と記し、教団内の反目を伝えている。

ポルトガル出身のルイス・フロイスも、一五九六年一月二十日付け、長崎発のイエズス会総長宛て書簡の中で、次のように報告している。

カスティーリャ人のパードレたちについてであるが、ポルトガル人のパードレたちは、彼らに遺憾と憤慨の情を非常に示した。一部のポルトガル人パードレたちが私に語っていたことは、この日本準管区の全てが、まさにポルトガル人のものであるのに、カスティーリャ人

パードレたちの手で統轄されねばならないのを、極めて不愉快で屈辱に思っている、ということであった。(57)

フロイスが述べている、日本準管区はポルトガル人のもの、という箇所は、本書第一章で論じた、日本がポルトガル王室のデマルカシオンに属する、ということを指している。その「ポルトガル人の征服に属する」日本が、カスティーリャ人イエズス会士の指導下に置かれているのは我慢ならない、という理屈である。フロイスは名指しこそしていないが、その念頭にあるのは、前述した準管区長ペドロ・ゴメスの存在であったことは明らかであろう。

ここにはポルトガルとスペインの政治問題が、そのまま日本イエズス会の教団内部に持ち込まれている構図が読み取れる。この点を、もう少し教会行政の実態面を事例に考えてみよう。

先述したように、イエズス会はイタリア、スペイン、ポルトガル各国のほかにも、フランスやベルギーなど、多国籍の人員から構成されていた。特に日本のイエズス会の国籍別構成員は、イタリア、スペイン、ポルトガルでほぼ独占されていたことは、本章第一節で既に指摘したとおりである。その三カ国出身者のうちで、日本の教団で多数を占め、要職を歴任した幹部宣教師はイタリア人とスペイン人であって、肝心のポルトガル人は少数派であった（表3参照）。

その具体例を、イエズス会内での最高階位である「盛式四誓願司祭 professo de quatro votos」(58)についてみると、一五八一年〜八九年までは、スペイン人の準管区長ペドロ・ゴメス一人だけであり、一五九二年の場合、イタリア人三名でポルトガル人はゼロ、フランシスコ会士が来日した一五九三年の場合、都合十二名の盛式四誓願司祭のうち、イタリア人四名、スペイン人五名、ポルトガル人三名である（表4参照）。

この事実は、日本教界と日本イエズス会がポルトガル王室の布教保護権下に置かれていたにも拘わらず、実情はポルトガル人イエズス会士が日本教界を、全面的に統轄していた訳ではなかったことを意味している(59)。

たとえば、一五五〇年〜一六一〇年を見てみると、スペイン人およびイタリア人イエズス会士が教団の幹部職を務めた期間は四十年余、総長名代の巡察師の場合は、いずれもイタリア人のヴァリニャーノとパシオである。つまり、ポルトガル人イエズス会士が、ポルトガルとイエズス会の権益を心に留めて日本教界を統轄していたのは、フランシスコ・カブラルが布教長時代の一〇年間、一五七〇年〜一五七九年のことにすぎなかったのである(60)。

如上の事実分析から判明するのは、日本イエズス会内で布教方針を立案し、教団の維持や管理、運営などに影響力を持っていたのは、イタリア人、次いでスペイン人であって、教団内の重要な地位の殆どが、ポルトガル人以外のイエズス会士によって占められていた、という事実である。

フロイスが伝えている、日本イエズス会の統轄運営に関するポルトガル人宣教師の不満は、教会行政面に顕著に見られた、言わば「ねじれ現象」を反映しているのである。

表3　ヴァリニャーノ来日以降の国籍別パードレ数

	ポルトガル	スペイン	イタリア	他	合計
1579年	11人	5人	6人	0人	22人
1581年	16人	7人	6人	0人	29人
1582年	17人	10人	6人	0人	33人
1583年	13人	9人	7人	0人	29人
1587年	18人	11人	13人	1人	43人
1588年	15人	12人	12人	0人	39人
1589年	15人	10人	10人	1人	36人
1592年	19人	13人	10人	1人	43人
1593年	27人	16人	13人	1人	57人
1603年	29人	12人	11人	2人	54人

表4　国籍別「盛式四誓願司祭」の数

	ポルトガル	スペイン	イタリア	合計
1579年	2人	0人	0人	2人
1581年	1人	0人	0人	1人
1582年	0人	1人	0人	1人
1583年	0人	1人	0人	1人
1587年	0人	1人	0人	1人
1588年	0人	1人	1人	2人
1589年	0人	1人	0人	1人
1592年	0人	5人	3人	8人
1593年	3人	5人	4人	12人
1603年	6人	6人	5人	17人
1614年	8人	5人	7人	20人

（出典　表3、4ともにJosephus Franciscus Schütte, *Monumenta Historica Japoniae I*, Romae, 1975, pp. 109-111, 123-127, 152-175, 178-179, 205-210, 217-226, 234-243, 272-274, 286-295, 306-315, 441-451.）

2　スペイン人イエズス会士の反論

もちろん、在日スペイン人イエズス会士たちも、黙って批判されているばかりではなかった。その一例をベルチョール・デ・モーラの、一五九九年二月四日付け、発信地不明、イエズス会総長宛て書簡に求めてみよう。(61)まずモーラは、

日本に身を置いているカスティーリャ人パードレたちは、少なからぬ悲嘆と苦い経験を味わう機会を持つことになった。……〔カスティーリャ人以外のイエズス会士たちは〕カスティーリャ人のパードレたちに対して激しい疑いと不信の念に陥り、彼らのことをほとんど信頼できない人物として見なした。すなわち、カスティーリャ人のパードレたちは、この日本地方をフィリピナスに引き渡して〔フィリピナスの〕カスティーリャ人の手で治めさせ、ヌエバ・エスパーニャ経由で取引をすべく尽力している、と〔カスティーリャ人以外のイエズス会士たちは〕考えたのだった。(62)

と述べ、教団内のスペイン人同僚が、ポルトガル人同僚の偏見と誤解にさらされ、肩身の狭い思いをしていることを伝えている。「こうした不信感と妄想」の理由の一端としてモーラは、「ポルトガル人たちが当然のように、このポルトガル領国の権利を余りに強く主張していること」(63)を指摘しており、ポルトガル人同僚の間で見られる、ポルトガルの国益重視の強い姿勢と論理を槍玉

に挙げている。

ポルトガル人同僚の共有する、そうした故国ポルトガルに固執する、偏狭な「権利意識」「国家主義」が、教団内の不和を招いている、とするのがモーラの考えである。

であるならば、そのような考えからは、そうした権利意識を棄て、むしろ托鉢修道会士との協調路線を重視すべきだ、との発想が生まれても不自然ではない。実際にモーラは、協調路線とは「反対の方法では、何一つとしてこの新しいキリスト教界に、結果として利益も教化も生まれ得ない。[64]」と明確に断定しているからである。

最終的にモーラは、ポルトガル王室からの援助を得た、現状の教団運営を否定するような見解を強く表明している。すなわち、

> この日本のキリスト教界とイエズス会を〔東〕インド経由で統轄し、ヌエバ・エスパーニャ経由で統轄しないのは、非常に乱暴なことであって、このような手段では、日本のキリスト教界とイエズス会は、結局のところ長続きできない。なぜなら、〔日本の〕キリスト教界もイエズス会も、数々の労苦と損害を被るだろうからである。[65]

とあるように、現状の統轄方法を「非常に乱暴なこと」として断罪し、「数々の労苦と損害」を回避するには、モーラの故国である「スペインの支配下」で日本教界を運営する必要性を強く訴

えっている。
このようなモーラの考えは、「これら〔シナと日本〕の地域の全てが、ポルトガル国王のデマルカシオンと司法権の下にあることは明白で、異論のないところである。」[(66)]とするヴァリニャーノの立場とは真っ向から対立し、ポルトガルのデマルカシオンに包摂される日本教界自体を否定するものであった。

3　ヴァリニャーノへの批判

本章で紹介したクルス、クリターナ、モーラがスペインの利益を代弁するイエズス会士であったとするならば、彼らの立場を否定し、ポルトガルの権益を代弁するヴァリニャーノこそ、彼らにとっての「抵抗勢力」の首領であった。かつてはイエズス会総長の名代たる巡察師に任じられたヴァリニャーノではあっても、スペイン人イエズス会士は臆することなく彼を批判している。その書簡を二点、訳出紹介しよう。

一つ目の書簡は、一五九六年二月二十六日付け、長崎発、クリターナのイエズス会総長アクアヴィーヴァ宛て書簡の一節で、彼は次のようにヴァリニャーノの言動を糾弾している。

他の修道会士たちが来日するのは不都合である、と断言しているパードレたちの署名した、いくつもの文書が、いかにして日本からもたらされるのか、ということを猊下は私に言われるかもしれない。申し上げよう。要するに、それは巡察師と一部のパードレたちの意見であって、彼らの眼には、昔日の迫害は他の修道会士たちの渡来が原因で起こった、と映っているのである。……しかしその文書に署名したパードレの全員が、そうした見解を有している訳ではなかった。〔それとは〕異なることを考えている者を恫喝した巡察師への畏れと服従から、自分の意思に反して署名したのであって、私が思うに、この者たちは猊下に書簡を認めて自分たちの意見を撤回するだろう。(67)

二つ目の書簡は、一五九九年二月四日付け、発信地不明、前出ベルチョール・デ・モーラの、同じくイエズス会総長アクアヴィーヴァ宛て書簡である。托鉢修道会士をめぐるポルトガル人スペイン人イエズス会士の反目という事態に伴う、ヴァリニャーノの言動について記したものである。

巡察師は、影に日なたに、ポルトガル人パードレたちを全面的に擁護した。しかしカスティーリャ人パードレたちには態度を改め、罪人として叱り、必要以上に厳格な顔を見せつけた。(68)

右の二点の書簡は、ヴァリニャーノの「威圧的」な言動について、かなり生々しく伝えてくれている。イエズス会総長の名代として、遠隔の海外布教地での問題解決のために、総長権限を付与されていた巡察師という地位にある者として、(69)ポルトガルの勢力圏にある日本へのスペイン勢力と、それに結びついたフランシスコ会等の托鉢修道会の進出を阻止せねばならなかったヴァリニャーノは、スペイン勢力の日本進出に理解を示す教団内のスペイン人イエズス会士には、ある程度、峻厳な言動を示す必要があったことだろう。

しかし、叱責されたスペイン人イエズス会士たちは、ヴァリニャーノの行為を巡察師にあるまじき「越権行為」「高圧的態度」として受け止めたと思われる。それが上記二点のクリターナとモーラの書簡中の記事に反映されることになったのではないだろうか。

4　殉教者か否かをめぐる対立

これまで考察してきた論点から浮かび上がることとは、日本イエズス会内の「冷戦」が、サン・フェリペ号事件とそれに続いた、二十六聖人殉教事件をきっかけにして、いっそう先鋭化し、且つ表面化してきた、ということである。

教団内に深刻な亀裂をもたらした、その殉教事件についても、ポルトガル人イエズス会士およびスペイン人イエズス会士たちは、礫となった殉教者二十六人の解釈をめぐって、真っ向から対立することになった。

本章で何度も引用した、一五九八年十月二十五日付け、長崎発、イエズス会総長宛て書簡の中でスペイン国籍のクリターナは、イエズス会日本司教のペドロ・マルティネス――托鉢修道会士の日本布教は絶対に認められない、とする立場をとった「強硬派」のイエズス会士として知られている――が開催した会議の場で「エスパーニャ人パードレたち、三人のポルトガル人パードレたち、それに一人のイタリア人パードレは、托鉢修道会士たちは福音の説教のために亡くなったから殉教者である。」[70]との見解を表明したのに対して、「〔その三名を除く〕ポルトガル人のパードレたちと他のパードレ一人は、托鉢修道会士たちは密偵であるなどの理由から殉教者ではない、との意見であった。」[71]ことを伝えている。

以上、本章では日本イエズス会内における、ポルトガル人イエズス会士とスペイン人イエズス会士との間の「冷戦」の諸相について見てきた。双方共に、日本布教の在り方について、自己の信念に基づいての見解の表明が、結果として教団内での反目につながってしまったことは、神の意志がそこに働いていたからなのであろうか。

しかし、ヴァリニャーノの書き残した書簡を読んでみると、必ずしも人知を超えた神の意志の働きだけが、教団内のポルトガル国籍およびスペイン国籍イエズス会士の対立をもたらしていた「動力因」であった訳ではないことが、さらにまた、この問題が日本だけに限定されたものではなかったことが理解できる。そのことを伝えてくれているのが、一五九五年十一月十日付けで、滞在先のゴアからイエズス会総長に宛てて発信されたヴァリニャーノの書簡の一節である。その

中でヴァリニャーノは、

私が今一度見出して不満に感じている四つ目の問題は、我がイエズス会士の間の悪の種子であって、それが原因で我がイエズス会士の間では、ほとんど和というものが存在していない、ということであった。この悪の種子は日ごとに成長して一切を台無しにし、当管区に数多くの弊害と不安を引き起こすまでになっている。……ポルトガル人とカスティーリャ人との間には、国境や旧来からの戦争についても、また〔王位の〕継承に関して戴いた後継者についても、この二国民は不仲だった。そのためにこの不和は我々の中にも、信仰の中にも入り込んで来ていたのである。[72]

と認めており、イエズス会創設以前に遡る、ポルトガルとスペイン両国間の、長年にわたる対立競合が「前史」となって、日本とインド両教団内での、この両国出身イエズス会士の反目がもたらされた、との解釈を総長のアクアヴィーヴァに示しているのである。

古代ローマの喜劇作家であるプーブリウス・テレンティウス・アーフェルは「人間の数だけ、様々な意見がある。quot homines, tot sententiae.」と書いている。[73] 彼がこの言葉を記した紀元前一六一年から、遠く時空間を越えて、一七〇〇年も経った日本においても、同様の事態が見られることになるとは、テレンティウス自身も想像すらしなかった、否、できなかったであろう。

注

（1） Alessandro Valignano, *Sumario de las cosas que pertenecen a la Provincia de la India Oriental y al govierno de ella* (Josephus Wicki ed., *Documenta Indica*, vol. XIII, Romae, 1975.), p. 263. 高橋裕史訳注『東インド巡察記』（東洋文庫七三四、平凡社、二〇〇五年）二九五頁。なおヴァリニャーノは、日本巡察の二年前にマラッカで、日本およびモルッカ諸島を除く諸地域の巡察に関する、同じく大部の報告書をイタリア語で完成させている。本文で引用した、スペイン語で記された『東インド巡察記』は、その内容や記述内容、章立てなどから、このマラッカで脱稿されたイタリア語による報告書をベースに執筆されたものと思われる。

（2） この間の経緯等については、高橋裕史『イエズス会の世界戦略』（選書メチエ三七二、講談社、二〇〇六年）七三～七八頁を参照されたい。

（3） Archivum Romanum Societatis Iesu, Jap. Sin. 8-I, f. 51v.

（4） この問題に関しては、今から一〇〇年以上も前のものであるとはいえ、デルプラスの次の言葉が示唆的であるので訳載する。「一人の総長の下に位階制に則って構成され、しかも教会の最高指導者が有している方針に自らも従っている修道会では、見解と行動を統一しその統一を保って行くことは非常に易しい。しかし多様な階位と国籍からなる修道会士たちの中で、そうした統一を保つのは、それほど容易なことではない。」Louis Delpace, *Le Catholicisme au Japon*, tomo II, Brussels, 1910, pp. 13-14.

（5） 本章が取り上げる問題は、斯界の第一人者高瀬弘一郎慶応義塾大学名誉教授『キリシタン時代の研究』（岩波書店、一九七七年）第一部「第二章　大航海時代とキリシタン」に触発されて論じたものである。そのため必然的に同論文と重なり合う部分は多いが、同論文では十分に取り上げられていない論点についても、本章では言及し且つ考察した。

（6）Archivum Romanum Societatis Iesu, Jap. Sin. 12-I, f. 201.

（7）クリターナは一五五〇年にスペインのアルモドバール・デル・カンポ生まれ。一五七一年にイエズス会に入会し、一五八六年に来日、江戸幕府の禁教令発布を受けてマニラに渡り、一六一四年に同地で没した。Josephus Franciscus Schütte, *Monumenta Historica Japoniae I*, Romae, 1975, p. 1163.

（8）Archivum Romanum Societatis Iesu, Jap. Sin. 13-II, f. 208.

（9）Archivum Romanum Societatis Iesu, Jap. Sin. 13-I, f. 91.

（10）Archivum Romanum Societatis Iesu, Jap. Sin. 13-II, f. 208.

（11）Archivum Romanum Societatis Iesu, Jap. Sin. 13-II, f. 278.

（12）Leo Magnino, *Pontifica Nipponica*, parte prima, Romae, 1947, pp. 16-20. Josef Franz Schütte, *Die Wirksamkeit der Päpste für Japan im ersten Jahrhundert der japanischen Kirchengeschichite* (1549-1650), Romae, 1967, pp. 16-17.

（13）フーベルト・チースリク「イエズス会における職務（三）」（『キリシタン文化研究会会報』第八年第二号、一九六五年）二三頁、前掲、高橋『イエズス会の世界戦略』五二〜五三頁。

（14）日本イエズス会が、日本を主要な三地区に分割し統轄した背景と、各布教区の特徴的な統轄の具体相については、前掲、高橋『イエズス会の世界戦略』九六〜一一三頁を参照されたい。

（15）以上は『カトリック大辞典II』（冨山房、一九四二年）四二四〜四二六頁による。

（16）姉崎正治『切支丹伝道の興廃』（姉崎正治著作集3、国書刊行会、一九七六年）二九一頁。

（17）Archivum Romanum Societatis Iesu, Jap. Sin. 13-II, f. 286.

（18）J. F. Schütte, *Monumenta Historica Japoniae I*, p. 1163.

（19）James Sylvester Cummins, *Jesuit and Friar in the Spanish Expansion to the East*, London, 1986, Cap. II, p. 33.

（20）J. S. Cummins, *Jesuit and Friar*, Cap. II, p. 35.

（21）禁教令下の日本における「組（講）」組織については、ヨゼフ・フランツ・シュッテ「元和三年（一六一七年）に於ける日本キリシタンの主な集団と民間指導者」（キリシタン文化研究会編『キリシタン研究』第四輯、一九五七年）、松田毅一「元和三年、イエズス会士コーロス徴収文書」「元和年間、ドミニコ会士コリャード徴収文書」（『近世初期日本関係南蛮史料の研究』風間書房、一九六七年）、川村信三『キリシタン信徒組織の誕生と変容』（教文館、二〇〇三年）などがある。

（22）中村質「島原の乱と鎖国」『岩講座日本歴史9　近世1』（岩波書店、一九七五年）二三一～二三三頁、海老沢有道『キリシタンの弾圧と抵抗』（雄山閣、一九八一年）一三六～一三七頁。

（23）Archivum Romanum Societatis Iesu, Jap. Sin. 13-II, ff. 286, 286v.

（24）詳細は前掲、高橋『イエズス会の世界戦略』一四六～一九五頁を参照されたい。

（25）前掲、高瀬『キリシタン時代の研究』二一八頁。

（26）前掲、高瀬『キリシタン時代の研究』二三八～二五四頁。

（27）Archivum Romanum Societatis Iesu, Jap. Sin. 13-II, f. 286v.

（28）前掲、高瀬「キリシタン時代の研究」五三三頁、Thomas Uyttenbroeck, *Early Franciscans in Japan*, Tokyo, 1958, p. 45.

（29）五野井隆史「寛永年間フランシスコ会の財物とマニラ派船について」（『日本歴史』第四三七

号）四九、五一、五三頁。

(30) 高瀬弘一郎『キリシタン時代の貿易と外交』（八木書店、二〇〇二年）九四〜九七、一〇一〜一〇五頁。

(31) 高瀬弘一郎『キリシタン時代対外関係の研究』（吉川弘文館、一九九四年）二六八、二六九、二七七頁。

(32) L. Magnino, *Pontifica Nipponica*, pp. 68-71. このパウルス五世の小勅書の規定事項に対して、イエズス会士のベラルミーノ枢機卿は、諸修道会士たちは自らの所属する修道会総長からの許可を得て初めて日本に赴くことができる、という条件を付すことを主張した。ベラルミーノ枢機卿の意図は、このような条件を設けることで、明確な職権を帯びていない修道会士や、日本布教に不適切な修道会士等が、フィリピンから日本へ大挙して押し寄せて大きな混乱が生じる事態を回避することにあった（J. F. Schütte, *Die Wirksamkeit der Päpste*, p. 14.）

(33) Archivum Romanum Societatis Iesu, Jap. Sin. 10-II, f. 275.

(34) 海老沢有道、H・チースリク、土井忠生、大塚光信校注『日本思想体系25　キリシタン書排耶書』（岩波書店、一九七〇年）四四一〜四四二頁。

(35) トマス荒木の生涯と棄教の背景、棄教後の生き方その他をめぐる諸問題については、高瀬弘一郎「転び伴天連トマス・アラキ」（前掲、『キリシタン時代対外関係の研究』）を参照されたい。

(36) Archivum Romanum Societatis Iesu, Jap. Sin. 13-II, ff. 286v-287.

(37) Archivum Romanum Societatis Iesu, Jap. Sin. 13-II, f. 287.

(38) クルスの軍事計画の背景その他の詳細については、高瀬弘一郎「キリシタン宣教師の軍事計画」（前掲、『キリシタン時代の研究』）を参照されたい。

（39）前掲、高瀬『キリシタン時代の研究』一三九～一五〇頁。

（40）日本イエズス会が、対日征服を目的としたものではなく、教団を取り巻く危機的状況を打開し、また異教徒勢力からの攻撃に抗するための自衛を目的とした武力を段階的に導入して行った経緯については、前掲、高橋『イエズス会の世界戦略』一九九～二二六頁に詳述してあるので参照されたい。

（41）高瀬弘一郎『キリシタン時代の文化と諸相』（八木書店、二〇〇一年）一六頁。

（42）一五九七年十月十日付け、長崎発のイエズス会総長宛て書。Archivum Romanum Societatis Iesu, Jap. Sin. 13-I, ff. 73-73v.

（43）Archivum Romanum Societatis Iesu, Jap. Sin. 13-I, f. 127.

（44）前掲、高瀬『キリシタン時代の文化と諸相』一六頁。

（45）高橋裕史「一フランシスコ会士によるローマ教皇の「軍事行使権」論について」（明治大学国際武器移転史研究所編『国際武器移転史』第三号、二〇一七年）一〇六～一〇七頁。

（46）Archivum Romanum Societatis Iesu, Jap. Sin. 12-II, ff. 355, 355v.

（47）Archivum Romanum Societatis Iesu, Jap. Sin. 12-II, f. 355.

（48）Archivum Romanum Societatis Iesu, Jap. Sin. 13-I, f. 73.

（49）前掲、高瀬『キリシタン時代の研究』四五頁。

（50）前掲、高瀬『キリシタン時代の研究』一九八、二一八頁。

（51）Archivum Romanum Societatis Iesu, Jap. Sin. 13-I, ff. 201v, 201.

（52）T. Uyttenbroeck, *Early Franciscans in Japan*, p. 7.

(53) Henri Bernard, *Les Iles Philippines du Grand Archipel de la Chine*, Tienstin, 1936, p. 113. Louis Delplace, *Le Catholicisme au Japon II*, Brussels, 1910, p. 24.

(54) Lorenzo Perez, *Cartas y Relaciones de Japón I*, Madrid, 1920, p. 101.

(55) 一五九七年十月十日付け、長崎発のイエズス会総長宛て書簡。Archivum Romanum Societatis Iesu, Jap. Sin. 13-I, f. 73.

(56) Archivum Romanum Societatis Iesu, Jap. Sin. 13-I, f. 73v.

(57) Archivum Romanum Societatis Iesu, Jap. Sin. 12-II, f. 347.

(58) 盛式四誓願司祭とは、清貧・貞潔・服従（従順）の三誓願に加え、特命に関してローマ教皇への絶対服従を、四つ目の誓願として立てることを認められたイエズス会司祭のことを指す。

(59) 前掲、高瀬『キリシタン時代の研究』四七〜四八頁。

(60) J. F. Schütte, *Monumenta Historica Japoniae I*, Romae 1975, p. 1143. Koichiro Takase, "Royal Patronage and the Propagation of Christianity in Japan" in *Acta Asiatica* 22, pp. 7, 10.

(61) ベルチョール・デ・モーラは一五四八年にスペインのカラバカで生まれ、一五七二年にイエズス会に入会した。日本には一五七七年に来日し、有馬セミナリオの院長や、下地区の地区長などを務めた。一五八九年に一度、マカオに渡ったが、一五九〇年に天正少年使節一行と共に再来日した。その後、幕府の発布した禁教令のためにマニラに追放され、一六一六年十月に同地で没した。J. F. Schütte, *Monumenta Historica Japoniae I*, p. 1242.

(62) Archivum Romanum Societatis Iesu, Jap. Sin. 13-II, f. 244.

(63) Archivum Romanum Societatis Iesu, Jap. Sin. 13-II, f. 244.

(64) Archivum Romanum Societatis Iesu, Jap. Sin. 13-II, f. 245.

(65) Archivum Romanum Societatis Iesu, Jap. Sin. 13-II, f. 246.

(66) 一五七六年十月三十日付けショラン発のイエズス会総長宛て書簡。Archivum Romanum Societatis Iesu, Jap. Sin. 8-I, f. 36v.

(67) 一五九九年二月二十六日付け、長崎発、イエズス会総長宛て書簡。Archivum Romanum Societatis Iesu, Jap. Sin. 13-II, ff. 278v-279. 前掲、高瀬『キリシタン時代の研究』四七頁。

(68) Archivum Romanum Societatis Iesu, Jap. Sin. 13-II, ff. 244-244v.

(69) イエズス会総長のメルキュリアンが、一五七三年九月二十四日付けで発布した、ヴァリニャーノをイエズス会東インド巡察師とする旨の任命書が残されているが、その中には、総長権限に属する管区や準管区の創設、コレジオの設置や改廃を含め、「教皇聖座が余に与え給うた、かの権限を持つ、東インド全域の我がイエズス会巡察師 visitator Societatis nostrae in universa India Orientali, cum ea auctoritate, quam nobis Apostolica Sedes concessit」という文言が確認でき、実質的にヴァリニャーノには、イエズス会総長と同等の権限が認められていたことが判明する。Josephus Wicki ed., *Documenta Indica*, vol. IX, Romae, 1966, p. 1.

(70) Archivum Romanum Societatis Iesu, Jap. Sin. 13-II, f. 208.

(71) Archivum Romanum Societatis Iesu, Jap. Sin. 13-II, f. 208v.

(72) Archivum Romanum Societatis Iesu, Jap. Sin. 12-II, f. 296.

(73) テレンティウスについては、松本仁助他編『ラテン文学を学ぶ人のために』（世界思想社、一九九二年）二九～三六頁、小林標『ローマ喜劇』（中公新書二〇一七、中央公論新社、二〇〇九年）八九～一〇四、二九一～三一八頁に詳しい。

終　章　江戸時代における抗争の推移

本書では豊臣政権末期における、イエズス会とフランシスコ会との間に見られた、日本布教の独占と、その布教の在り方および世俗権力との関係をめぐる論争について、その「前史」とも言うべき、マニラに根拠地を持つスペイン勢力とフランシスコ会の東洋進出、特に後者の日本布教志向から説き起こし、日本における布教方法、経済活動、軍事活動を具体的な事例として取り上げ、また、この論争が当時の日本イエズス会内にもたらした影響についても記してきた。この終章では、江戸時代に入ってからの、日本布教をめぐるイエズス会とフランシスコ会の抗争の主要な推移を概観しておこう。

イエズス会とフランシスコ会、この両修道会の抗争から四百数十年後の現在に身を置く我々から見ても、日本布教をめぐる、この二大修道会間の確執は、どちらの言い分の方が、より説得力があり、より広範な支持を得るものであるのか、俄かには断定し難い。それだけ、この問題の根は深く、難しい要因と原理が内在しているからであろう。

数十年ほどの時間差はあるが、ほぼ同じ頃のヨーロッパにおけるキリスト教をめぐる問題に目を転じてみると、ルターが狼煙を上げた宗教改革、それに端を発した、フランスにおけるユグノー戦争などがある。

このうち、ユグノー戦争の場合、その対立の図式や構図は、カトリックとプロテスタントという「宗派対立」にあり、対立軸は比較的明瞭と言えば明瞭かもしれない。しかし本書で扱ったイエズス会とフランシスコ会の抗争は、創設時代の相違こそあれ、異なる宗派対立ではなく、カトリックという「同宗派」間での対立だけに、問題の根はいっそう深く複雑な様相を呈している。

イエズス会は「対抗宗教改革」の最中の、一五三四年に創設され、一五四〇年に認可された修道会である。一方のフランシスコ会は、イエズス会に先立つこと凡そ三〇〇余年、一二〇九年に成立した。

イエズス会は、清貧・貞潔・従順という、中世以来のカトリック修道会が共有する伝統的修道理念を引き継いでいる反面、大航海時代という、ヨーロッパが東西両インドの非ヨーロッパ圏に向かって外に「膨張」する、フランシスコ会の創設者である聖フランチェスコには想像もできなかった、言わば「新しい時代」と「新しい環境」の中で、そしてまた、ヨーロッパとは異なる文化と社会を有する地域で、宣教改宗活動に従事しなければならなかった。

そのためには、中世起源の修道会が墨守していた理念や思考方法を批判的に克服し、時には

「異端児」との批判に曝されようとも、斬新で革新的な方法で教勢を拡大し、「神の御言葉 verba Dei」を「全ての被造物」に宣べ伝えねばならなかった。この点はヴァリニャーノがいみじくも、自らまとめた広範な巡察報告書である『東インド巡察記』の冒頭で、

この東インド管区は、風土、人種はもとより、その宗教、習慣、行動様式、知力、ついには我がイエズス会員たちが当管区に有している数々の聖務、カーサ、レジデンシア、生活様式にいたるまで、ヨーロッパの他のあらゆる管区とは著しく異なっている。そのため、これら〔東インド〕の地方の経験がない者たちの心の中に、奇異の念を容易に生じさせる可能性がある。したがって、〔東〕インドでは全く適切に為されていることが、ヨーロッパでは、余り適切ではない、と判断されてしまうことがしばしば起こり得るのである(1)。

と明確に断言しているところからも明らかなのである。

この考え方に立脚して日本イエズス会は、マカオ＝長崎間の生糸貿易（これはローマ教皇とポルトガル国王から認可されたものであった）を筆頭に様々な経済活動を展開し、その収益を教団の活動資金に編入し、また長崎には武器諸他の軍需物資を配備して自衛を目的とした軍事力を固め、有力キリスト教徒領主には、軍需物資のほかにも軍資金を融通しもした。

これらの行為は、ヴァリニャーノの言葉を借りると、在日イエズス会士たちには「全く適切に

為されていること」だったのであろう。しかし、彼らと対峙した在日フランシスコ会士たちが、それを「奇異」で「適切ではない」と断じたことは、本書の第三章以下で見てきたとおりである。

言うまでもなくフランシスコ会は、ドミニコ会、アウグスティノ会、カルメル会と共に「托鉢修道会Ordines Mendicantes」の一角を構成する修道会であり、キリスト教史上に果たした役割には、極めて巨大なものがあったことは、ここに贅言を費やすまでもない。

この托鉢修道会について、聖トマス・アクィナスの研究者である山本芳久氏は、「都市において盛んになっていた様々な異端的宗教活動に対抗して、キリスト教の正統的な教えを「説教」を通じて伝達することを目的としていた。」と言及され、それに続けて、次のような一文を記しておられる。

大土地所有者となって元来の精神を失いかけていた従来型の大修道会に対抗してキリスト教の原点に立ち戻るという点においては、「異端」とされた諸宗教運動と共通点を有していた。……清貧のなかで神の真理を探究し説教する動的な集団というのは、イエスとその弟子たちの集団をモデルとしたものであり、キリスト教の原点回帰の運動の一つであった。(2)

この山本氏の指摘は、托鉢修道会が成立した十三世紀ヨーロッパのキリスト教についてのものであるので、山本氏による問題提起を、本書がテーマとして設定した、十六世紀末の日本でのキリスト教布教の歴史的環境と歴史的条件に、そのまま充当すべきではない。

とはいえ、右の山本氏の発言で注目すべき要点は、引用文中の末尾に見られる「キリスト教の原点」に「回帰」する、という部分である。

キリスト教の原点に回帰すること、それは何も所有せず、ひたすら悔い改めと、神の愛への絶対的な信頼とを説いた、救世主イエスの生き方、人生につき従うこと、それはまさに「キリストに倣いてimitatio Christi」生きることである。その過程において「謙譲と清貧を模範とすること、受難の苦しみを共有すること、そしてついにはキリストと一体化すること、それは、修道士や修道女たちにとって、生きる活力と喜びのこのうえない源泉となる(3)」ものであった。

周知のように、フランシスコ会の基本理念は、イエス・キリストの生涯を範とし、修道会としても、またフランシスコ会士個々人としても、何であれ、私有財産を一切放棄し、居住する家屋も食べ物すらも持たず、人々からの施しのみに頼りつつ、清貧と禁欲を理念として、神の国の到来と悔い改めを説くことに存していた。

ところが、教団の発展、都市部での宣教活動が拡大すると、聖フランチェスコの唱えたそのような理念は徐々に忘れ去られて空洞化し、私有財産の問題も、その「所有」と「保有」を区別化したうえで、清貧は財産所有権の放棄を意味するようになり、フランシスコ会には、同会の財産の所有権を持つ教皇座の財産を使用することが認められることになった(4)。

こうした清貧理念の緩和化、否、「弛緩」化は、聖フランチェスコに対する強い思慕の念を抱く人々の離反を招くことになった。この結果、十三世紀後半になると、イタリア北部およびフランス南部のフランシスコ会の少数派が、清貧理念の厳格な墨守と実践を唱道するようになった。これを「スピリトゥアル主義」という。

言わゆる「教会大分裂」の時代になると、分裂した教皇がフランシスコ会内の、自分を支持する勢力を取り込んだりしたため、フランシスコ会の腐敗は進行し、修道理念は前代にもまして弛緩してしまった。

そのためフランシスコ会にあっては、十四〜十五世紀にかけて、教団内部の修道理念の弛緩に終止符を打ち、創設者である聖フランチェスコが定めた会則の厳格な墨守を強く主張する運動が発生した。このような改革を訴える運動を「オプセルヴァンティス派」という。

この改革運動は継続的に行われてフランシスコ会内の主流派となり、十六世紀になると、イタリアではレフォルマーティ派、フランスではレコレ派、スペインではアルカンタラ派などの改革運動が生じることになった。

本書で取り上げた日本フランシスコ会の構成会士たちが、改革派に多く所属していたものかどうかは、詳らかにし得なかったが、彼らの多くが、自らの帰属先であるフランシスコ会の起源その他の歴史について、無知であったとは考えにくい。

仮に在日フランシスコ会士たちの多くが、フランチェスコの精神に立ち返る改革派の思想に共鳴していたのであれば、ヨーロッパにおける、中世以来の布教「常識」あるいは布教「伝統」の観点からは、考えられないような在日イエズス会士たちによる経済活動・軍事活動、そして対日文化適応の推進は、イエスの精神、延いてはキリスト教の原点の在り方とは「程遠い」行為の数々であったに違いない。

在日フランシスコ会士たちによる日本イエズス会に向けられた批判は、単にヨーロッパでの布教方法とは異なっているという、表層的な問題から行なわれたものだけではなく、イエスの生き方に基づいた、キリスト教の原点への回帰という、深層部の問題をも内包し射程に入れたうえで行なわれたものでもあったことにも留意しなければならない。

しかし、日本イエズス会批判の急先鋒であったフランシスコ会も、創設者である聖フランチェスコの理念と精神を、完全に墨守且つ実践し続け得ていた訳ではなかったことは、先述したとおりである。加えて、日本フランシスコ会が日本イエズス会の協力を得て貿易活動を行ない、またローマ教皇の軍事行使権を論拠に、スペイン国王による軍事活動を正当化していた事実は(5)、在日フランシスコ会士による日本イエズス会批判が、ともすれば、「批判のための批判」に堕する側面をも内包し、この両修道会の論争が、出口の見えない「不毛な議論」に陥っていたことを意味するものであろう。

スペイン人同僚の排除

本書第七章で取り上げた、日本イエズス会内の、ポルトガル国籍とスペイン国籍の宣教師を中心とした対立問題は、スペイン人同僚のポルトガル勢力圏からの「締め出し」という現象にまで発展した。一五九六年一月二十日付けでルイス・フロイスは、ローマのイエズス会総長宛ての書簡において「ここ何年かは、日本にカスティーリャ人パードレが派遣されない方が、日本の諸地域のイエズス会全体の利益にとって、非常に都合が良い。(6)」と提言している。

このような考えを持っていたのは、フロイスにとどまらず、同じポルトガル人イエズス会士のアントニオ・ロペスも、「総長猊下は、適切な統轄能力を有する人員を、この日本〔準〕管区に供給されるのが良い。その人員たちがポルトガル人であれば、その方がもっと好都合である。(7)」と書き残している。

これらの記録を見ていると、日本イエズス会内で繰り広げられた、スペイン人イエズス会士とポルトガル人イエズス会士との間の「冷戦」が、いかに根深く深刻なものであったかが思い知らされる。

四つ巴の日本布教

十六世紀の秀吉政権の末期に進出したフランシスコ会につづいて、ドミニコ会とアウグスティノ会も一六〇二年に来日し、日本布教に従事し出した。

フランシスコ会士は江戸と上方を中心に活動を展開して、一六〇八年頃には長崎に教会と修道院を建設し、さらに一六一二年には、遣外管区長とも称された、フランシスコ会日本布教長も長崎に常駐して、日本での布教活動の陣頭指揮にあたった。

ドミニコ会士はしばらく薩摩で布教をしていたが、大村、平戸、佐賀、上方などでも布教を行なうようになった。またドミニコ会士は、一六〇二年の薩摩上陸後はしばらくの間、スペイン船貿易への志向が強かった島津家久の保護も受けていた。しかし家久は思惑通りにスペイン船が領内に入港しなかったために、それまでの保護政策を転換してドミニコ会士を薩摩から追放し、それを受けてドミニコ会の管区長代理フランシスコ・デ・モラレスは、同会の拠点を長崎に移した。

アウグスティノ会は、他の三修道会の中で教団規模が一番小さかったが、日本布教の最高責任者に任じられたエルナンド・デ・サン・ホセが、一六一二年に長崎に進出して宣教改宗活動を推進した。このアウグスティノ会とイエズス会との関係は、他の二つの托鉢修道会の場合とくらべて良好であった(8)。

このように、十七世紀の日本には、ヨーロッパのキリスト教史に様々な彩を添えた四修道会が、四つ巴の状態で存在して互いに鎬を削っていた訳である。

四修道会の拠点となった長崎

かくて長崎は、イエズス会に加えて、托鉢修道会と総称されているフランシスコ会、ドミニコ会、アウグスティノ会の三修道会の日本布教の拠点にもなることになった。言うまでもなく、イエズス会以外の三修道会は、スペイン王室を後ろ楯としていた訳で、ことにフランシスコ会とドミニコ会は、ポルトガル王室を後ろ楯にするイエズス会とは、前代以上に鋭く対立の様相を示しつつあった。

この四修道会は、一六一三年に日本全国を対象とした禁教令が発布されると、マニラやマカオへと退去して、日本から撤退せざるを得なくなる訳であるが、その直前の托鉢修道会の勢力分布を、イエズス会のペドロ・モレホンが伝えている。

モレホンの『日本における諸修道会間の担当地域の区分と、各修道会が所有したカーサについて』という記録によると、禁教令発布の頃の日本において、フランシスコ会は司祭九名、平修道士四～五名、司祭館と駐在所が合わせて八棟、ドミニコ会は司祭九名、駐在所三棟、アウグスティノ会は司祭三名、駐在所三棟を抱えていた(9)。

この三托鉢修道会の中では、フランシスコ会が最も日本での勢力を有していた。残りの二托鉢修道会に比べて、日本での活動が早かったフランシスコ会は、東日本を中心に教勢を伸展させることになった。九州や京都を中心とする西日本には、イエズス会の勢力が強固であり、また徳川家康がヌエバ・エスパーニャとの通商に乗り気であったことを考え合わせれば、フランシスコ会が東日本に眼をつけたのは、自然の理というものであろう。

このような日本をめぐるイエズス会とフランシスコ会およびドミニコ会との「三つ巴」の確執は、時間の経過とともに、ますます混迷の度を深めた。その端的な一例が、イエズス会が選出した日本司教ルイス・セルケイラ亡き後の、後継司教の選出の是非をめぐる「長崎教会分裂」、俗に言うところの「長崎シスマ」である。

長崎シスマの発端

近世日本キリスト教史上に名高い「長崎シスマ Schisma Nagasakiensis」の発端は、先述したように、イエズス会から選出された日本司教ルイス・セルケイラの死去であった。ルイス・セルケイラは、実質的な初代日本司教として、一五九八年五月に長崎に着任した。しかしフランシスコ会はセルケイラを司教とは認めず、ルイス・ソテロが来日すると、ソテロは日本でのフランシスコ会の劣勢を挽回するために、仙台に司教区を設け、長崎のイエズス会司教と併せて、この両司教の上に大司教を置くことを教皇庁に訴えた。

当然、日本イエズス会はフランシスコ会の東北司教区の設置に猛反発し、ジェロニモ・デ・アンジェリスは、イエズス会総長に宛てて「フライ・ルイス・ソテロは、日本司教となるために破廉恥な計画を考えついた。」として、支倉常長を正使とした慶長遣欧使節は、ソテロが自ら司教位に就きたいがために画策したものだ、と記したあとに続けて、

それゆえ、私は猊下にお願いする。この使節の真相を教皇聖下〔パウルス五世〕と国王陛下〔フェリペ三世〕にお伝えして、ルソネス経由で来日する司教や、同経由で来日するカスティーリャ人司教が通る門戸を閉ざして頂きたい。その門戸があると、当日本のキリスト教

界は崩壊するだろうし、平和も安息も決して訪れないだろうからである(10)。
と訴えている。

こうして、幕府による禁教令発布によって、国内のキリスト教情勢が深刻な打撃を受け、イエズス会の長崎司教区の存立が脅かされつつあった時に、司教として人望を集めていたルイス・セルケイラが、一六一四年二月十六日に死亡したのである(11)。

長崎シスマの発生

「長崎シスマ」は、既述のように、セルケイラの死去に伴う空位司教の座をめぐって生じた、イエズス会と托鉢修道会の抗争である。

セルケイラは日本司教在任中、自分を補助する補佐司教の任命を拒否していた。セルケイラが、補佐司教の任命は現役の日本司教、すなわちセルケイラ自身の死後に行うべきであり、それまではインドで待機すべきである、との意向を有していたからであった。そのため、実際にセルケイラが死亡すると、その後継司教の任命が非常に困難となった。

一般にカトリック教会では、新司教の任命までの空位司教区は、司教座聖堂参事会が管理する慣わしであったが、それはヨーロッパでの話であって、言うまでもなく、当時の長崎にはそのような組織は存在していなかった。だからと言って、日本をいつまでも司教不在のままにしておく訳には行かなかった。

そこで、七名の教区付司祭たちが、一六一四年二月二十二日に司教区管理者を選挙した結果、当時のイエズス会日本管区長ヴァレンティン・カルヴァーリョが、司教代理兼司教区管理者として選出された。カルヴァーリョは選挙結果をゴア大司教区と教皇庁に報告して承認を求め、併せて新司教の任命も依頼した。

しかしフランシスコ会とドミニコ会は、先の選挙結果に異議を唱えてカルヴァーリョ選出の無効性と、それを理由にした、カルヴァーリョの司教代理辞退を強く要求する公正証書を、一六一四年十月二十一日付けで作成し、日本司教区をマニラ大司教区の属司教区に移す運動を始めた。そしてカルヴァーリョに代わって、ドミニコ会のフランシスコ・デ・モラレスを代理司教に推戴したのである。

ここに日本教界は、イエズス会の司教代理とフランシスコ会の司教代理との二派に分裂することになった。これを「長崎シスマ」という。

長崎シスマの終焉

右に記したフランシスコ会とドミニコ会の態度に、イエズス会のカルヴァーリョは反発し、猛然と巻き返しに打って出た。カルヴァーリョは禁教令発布の翌一六一四年十二月十八日付けで、教皇のパウルス五世に宛てて、日本司教区における管理権を自分に正規に付与されるよう、請願書を送った。結局、ドミニコ会はモラレスに司教代理職の辞退をすすめ、モラレスもこれを承諾したので、代理司教位をめぐるイエズス会と托鉢修道会の悶着はどうにか終息した。

日本司教区の最高統括者である司教が不在の時に、日本がマニラ大司教区の下部組織に編入されることは、日本イエズス会にしてみると、絶対にこれを回避し阻止せねばならない事案であった。つまり、日本におけるイエズス会の裁治権と教会管轄権を保持することが、在日イエズス会士たちに課された使命だったと言えよう(12)。

実質的に初代日本司教として長崎に着任したルイス・セルケイラは、一六一〇年三月五日付けで、時の教皇パウルス五世に宛てた書簡において、フィリピンから渡来する托鉢修道会士らは、日本での宣教改宗活動および管轄区域の配属では、日本司教である自分に従うことその他、三つの条件を書き残している(13)。

ここまで記してきた長崎シスマの背景を視野に入れて、右のセルケイラ書簡の内容を考えてみると、彼の訴えは日本司教の権限をめぐって、当時のイエズス会が直面していた問題が、いかに深刻且つ重大なものであったか、ということを如実に示していると言えよう。

長崎行政の分裂

イエズス会と托鉢修道会との確執は、右に記した司教増置問題だけではなく、長崎の行政運営にも及ぶことになった。

周知のように、長崎は一五七〇年の開港を機に発展したが、住民の増加と共に最初に形成された六町と、それに隣接して形成された十八町を合わせて「内町」と称して、町年寄がこれを支配管轄した。一方、それら内町の外側に形成された町々が「外町」で、こちらは代官が支配し管轄した。幕府を開いた家康は、キリスト教徒の村山当安に長崎外町を、そして同じくキリスト教徒の高木・高島・後藤・町田の四年寄に長崎内町の行政を担当させた。

長崎内町および外町に対する家康の措置は、イエズス会関係者に限定して長崎行政を委任したものであり、長崎の外町を担当させられた村山当安は、イエズス会から洗礼を受けた人物であった。しかしその村山当安は、一六〇五～一六〇七年の間にイエズス会と袂を分かち、ドミニコ会の長崎進出に及んで、その大支援者となってイエズス会と対決することになったのである(14)。

この結果、ドミニコ会やフランシスコ会などの托鉢修道会は、主に長崎外町に浸透して外町の信者を管轄し、イエズス会は長崎内町を中心に勢力を伸ばし、内町の信者を管轄することになった。このように、イエズス会と托鉢修道会の確執は、修道会間の問題にとどまらず、長崎の行政にも暗く深刻な影を落とすことになったのである(15)。

この長崎内町＝ドミニコ会・フランシスコ会と、外町＝イエズス会の対立が、先に取り上げた、ルイス・セルケイラ亡き後の司教代理をめぐる長崎シスマの伏線として存在していたのである。

禁教令下の人事問題

如上のように、日本では四修道会が並存して競合し、しかもイエズス会が長年にわたって、自らの地歩の基盤としてきた長崎にも托鉢修道会士たちが進出し、長崎内町および外町の行政にしても、子飼いの村山当安の離反によって、フランシスコ会とドミニコ会が侵食することになった。つまり、一五四九年のザビエルの来日による開教以降展開してきた、イエズス会による日本教界の「一修道会独占」は、事実上、崩れてしまっていた訳である。

そのような状況に置かれていたイエズス会としては、これ以上の傷口の拡大と悪化は、何としてでも避けねばならなかった筈である。そのためには、少なくとも日本イエズス会の指導的地位を、ポルトガル出身のイエズス会士が独占しなければならない。しかし、実際に蓋を開けてみると、実情はそのような、青写真通りではなかったことを、ポルトガル人イエズス会士のフランシスコ・ヴィエイラが、一六一八年九月三十日付け、日本発のイエズス会総長宛て書簡の中で、赤裸々に伝えてくれている。

私は統轄面での不公平 desigualidad do governo にわざわざ言及する気持ちはない。その不公平とは、この三十年にわたって巡察師や準管区長は全員が、他国の出身者だった。加えて直接の上長たち superiores immediatos の大部分も他国人だった[16]。

一読して明らかなように、日本教界の指導的地位とその役職から、ポルトガル人イエズス会士が排除されていた、ということである。[17]その理由としてヴィエイラは「それは、主にポルトガル人であった、ということが故に、〔日本教界の〕統轄に参加することが、全面的に許されなかったのである。[18]」と指摘している。

日本残留司祭の条件

しかし、ヴィエイラが指弾した、教団内の統轄面における不公平な人事の処遇に対する「意趣返し」ではないであろうが、禁教令の発布を受けての日本国内残留イエズス会士の選抜では、ポルトガル出身イエズス会士が優遇された、という事実が判明している。

禁教令発布当時の日本には、一一五人のイエズス会士が居留していたが、そのうち八十八人がマカオとマニラに追放され、二十七人が日本に残留あるいは潜伏して、残された日本人信者の世話や宣教改宗活動に従事した。[19]

その残留・潜伏の任に当たらせるイエズス会士には、四十歳前後の働き盛りの年齢の者であること、日本語が良くできること、頑強な肉体を持ち健康であること、肥満体ではなく機敏な動作ができること、などの条件が求められていた。[20]

殉教の栄光に向かって

そして注目すべきなのは、右に記した日本残留・潜伏イエズス会士の人選に当った人物こそ、当時の日本管区長でポルトガル出身のヴァレンティン・カルヴァーリョであった、ということである。そのカルヴァーリョによる人選の結果、二七名が選ばれた。その内訳について記すと、パードレ十八名についてはポルトガル人七名、イタリア人五名、日本人四名、スペイン人二名であった。また一六一五〜一六二一年までの潜入パードレ二十一名のうち、ポルトガル人は十二名、イタリア人は五名、日本人は四名であって、スペイン人は皆無である。(21)

このデータを見る限り、禁教令下の日本での潜伏や残留に関しては、圧倒的にポルトガル人イエズス会士が「優位」にあったと言える。

禁教令下の日本で潜伏が発覚して捉えられた場合、宣教師たちが過酷な拷問を受けて棄教を迫られ、それでも棄教しなければ、残虐且つ非道な方法で死に至らされたことは、この時代の日本キリスト教史をひもとけば、数々の事例が見られるので、ここに改めて説明するまでもない。

肉体の苦痛と死への恐怖に屈せず、あくまでも信仰に殉じて命を犠牲にすること、それが「殉教」である。つまり、カルヴァーリョの判断の結果、教団内での人事や役職等で「不遇」を強いられていたポルトガル人イエズス会士たちは、スペイン人およびイタリア人同僚に先んじて、禁教令下の日本で「殉教の栄光gloria martyrii」を勝ち得る立場に立たされたのである。

ローマ教皇の姿勢

イエズス会とフランシスコ会を中心とする托鉢修道会との確執問題が、それらの修道会による日本布教に様々な影響や問題を与えていたことは、本書の第三章以下で論じてきたとおりである。では、この修道会間の抗争問題に対して、時のローマ教皇たちはどのように対応していたのだろうか。

この対立問題の一要因となったのが、イエズス会からの働きかけによって一五八五年に発布された、グレゴリウス十三世の小勅書「*Ex pastorali officio*」と、その翌一五八六年に発布された、フランシスコ会出身のローマ教皇シクストゥス五世の小勅書「*Dum ad uberes fructus*」であったことは、本書の第二章で指摘した。以下、この両勅書以降に発布された教皇勅書の規定内容を概略して、右に掲げた問題に対する回答としよう。

シクストゥス五世の小勅書発布から十四年経った、一六〇〇年十二月十二日付けで、教皇クレメンス八世は小勅書「*Onerosa pastoralis*」を発布した。この勅書において同教皇は、修道会所属の宣教師たちは、中国や日本へ赴く場合、ポルトガルからゴアを経由して赴くこと、西インドやフィリピン経由での日本布教は禁止する旨を命じた(22)。クレメンス八世が発布したこの小勅書は、「東インド」経由という条件付きでの日本入国を認めることで、実質的には、引き続きグレゴリウス十三世小勅書の規定の有効性を確認し、イエズス会の日本布教の権利を認めたものと言える。

ローマ教皇ウルバヌス八世の肖像
（出典　Wikimedia Commons）

対立を解消させた二つの教皇勅書

日本布教を熱望するフランシスコ会等の托鉢修道会の願望は、一六〇八年六月十一日付け、教皇パウルス五世の小勅書「*Sedis Apostolicae*」によって実現の運びとなる。この小勅書はグレゴリウス十三世、クレメンス八世の両小勅書の規定内容を否とし、渡航経由の如何を問わずに、つまり日本への渡航経由の条件や制限を撤廃して、スペイン系托鉢修道会が日本に渡って布教を行なうことを認可したのである(23)。その意味でこのパウルス五世勅書が、日本布教を軸に展開されたイエズス会と托鉢修道会の確執と抗争に与えた意義は極めて大きいものがある。

そして一六三三年二月二十二日付け、教皇ウルバヌス八世の大勅書「*Ex debito pastoralis officii*」の発布を見ることによって、全カトリック修道会の宣教師たちに対して、いかなる経由であっても日本に赴くことが保障された(24)。ここに日本布教への参入に関する法的正当性と権利の有無を対立軸としたイエズス会と托鉢修道会との権利闘争は、教皇裁定によって、いちおう法上の解決を見ることとなったのである。

布教聖省の開設

十七世紀になるとローマ教皇庁は、スペイン、ポルトガルに依存してきた、これまでの海外におけるカトリック布教の在り方を軌道修正する。その背景には、上記両国の国力衰退という事情もあったが、それ以上に、世俗の政治権力を介在させた布教活動によって、本来の福音宣布という行為が蔑ろにされ、宣教師たちが、布教を援助し保護している世俗の国家利害や国益を視野に入れた活動に制約され、ともすれば、それに著しく偏った活動をせざるを得なくなる、という弊害の方が大きかったからである。

教皇庁がこのような問題意識に目覚めたのは、やはり極東での日本布教をめぐるイエズス会と托鉢修道会との深刻な抗争が、その背後に、前者はポルトガル、後者はスペインという、大航海時代の海外布教を良くも悪しくも牽引してきた、当時の世俗を代表する国家と密接につながっていたからだった。

そこで海外でのカトリック布教を、スペインおよびポルトガルという、世俗国家の強力な支配的影響下から切り離し、教皇庁のイニシアティブのもとに海外布教を立て直して軌道修正すべく、一六二二年、教皇庁内に海外布教に関わる問題全般を専管する「布教聖省Sacra Congregatio de Propaganda Fide」が設置された。そして初代書記官にフランチェスコ・インゴリが任命され、インゴリはその後二十七年間にわたって、東西両インドでの布教における、世俗国家の影響断ち切りのために、辣腕をふるうことになる(25)。

見えざる大きな力

時あたかも、国際法の学説においても、戦争開始の構成要件から宗教的要因を切り離すべく、フーゴ・グロティウスが『戦争と平和の法について *De jure belli ac pacis.*』の完成に邁進している時代でもあった。

聖なる世界では俗界との決別を、俗なる世界では聖界との決別を、それぞれに志向し出していたのは、単なる偶然などではなく、大きな見えざる力が背後に働いていたからなのだろうか。

大航海時代という「旧時代」のカトリック布教の在り方がもはや通用せず、近代国家という「新時代」の論理と枠組みの中で、カトリック布教が再構成される時代の転換点にあったこと。それが布教聖省の設立であり、また「パリ外国宣教会Société des Missions Étrangères de Paris」の設立でもあった。

ファビアン不干斎の決意

以上、見てきたように、十七世紀になってからも、イエズス会とフランシスコ会を中心とする諸修道会間の抗争は収まる気配がなく、前代同様、中傷合戦はとどまるところを知らなかった。

特に幕府の「禁教令」の発布とその実施は、日本のカトリック勢力に甚大な打撃を与えた分だけ、イエズス会とフランシスコ会の確執という大きな炎に、大量の油を注ぐことになった。フランシスコ会は禁教令発布の原因をイエズス会による、恥も外聞も無い世俗的活動にあるとし、イエズス会は、自らの正当性を主張し、セルケイラ亡き後の長崎シスマの混乱の非こそ、フランシスコ会とドミニコ会の日本教界に対する野心にある、と互いに健筆を振るって非難しあった。

この中傷合戦を今に伝えているのが、『聖書』や教父たちの論著を縦横に引用し、膨大なエネルギーと労力を注いで作成された、フランシスコ会士フライ・セバスティアン・デ・サン・ペドロの二点の反イエズス会文書と、それに抗するべく執筆された、イエズス会日本管区長ヴァレンティン・カルヴァーリョ渾身の大作『弁駁書』である(26)。


終章を締めくくるにあたって、元イエズス会日本人修道士であった、ファビアン不干斎の言葉に、今一度、耳を傾けてみよう。これから引用するものは、本書第一章の終わりの部分で引用したのと同じ箇所である。同一箇所の再引用は不要である、とのお叱りを受けるかもしれないが、当時の教団内に身を置き、その実情を自ら実見していたファビアンの告発は、やはり本書で扱ったテーマを考えるうえでの「出発点」をなしているからでもある。

彼が信仰を棄てて教団を去った理由については、女性問題その他、様々なことが指摘されているが、少なくとも、世俗国家の影響から脱却し切れなかった教団の体質や姿勢も、大きな原因であったことは否めない。

そのファビアン不干斎が、棄教後の一六二〇年に幕府に提出した『破提宇子』の一節として認めた文言である。

サテ慢心ハ諸悪ノ根源、謙《ヘリクダル》ハ諸善ノ礎ナレバ、謙ルヲ本トセヨト人ニハ勤むれども、性得ノ国習ヒカ、彼等ガ高慢ニハ天魔モ及ブベカラズ。此高慢故ニ、他ノ門派ノ伴天連ト威勢争ヒニテ喧嘩口論ニ及ブコト、世俗モソコノケニテ見苦シキ事、御推量ノ外と思召セ。(27)

繰り返すことになるが、ファビアンは修道会間の確執を目の当たりにして、何を思い、何を考えて、十字架をはずすことにしたのだろうか。そしてまたファビアンは、十字架のもとを去るとき、ためらうことなく、毅然として背を向けたのだろうか、それとも、後ろ髪引かれる思いで静かに背を向けたのであろうか。

このファビアンの発言で注目に値する箇所は、日本布教をめぐるイエズス会とフランシスコ会による確執と論争が、両修道会士たちの「高慢さ」にある、と指摘していることである。高慢であるということは、自己の存在が他者よりも優れているとし、自分以外の存在が優勢になることを嫌悪し、容認できない心の在り方を意味するものである。

この点を考えるうえで示唆的なのが、ヴァリニャーノが、第一次日本巡察のために来日して一年余が経った、一五八〇年十月二十七日付で、豊後の臼杵《うすき》から、ローマのイエズス会総長に書き送った書簡である。

同書簡は、当時の日本全体の布教長Superior universal de Japónの地位にあった、フランシスコ・カブラルによる、日本教界および教団に対する統轄の在り方の問題点を詳細に論じたもので、そ

のカブラル統轄がもたらしていた、三つ目の弊害についてヴァリニャーノは、

第三に、思考と行動の面で我々ヨーロッパ人と日本人イルマンとの間に、非常に深刻な不和と対立 desunión y aversión があったことである。というのも、実際に我々全員の間には、日本人イルマンは抑えつけられねばならず、彼らを厳しく扱い、あらゆる点で我々ヨーロッパ人とは、非常に異なった扱いをしなければならない、という考えがはびこっていたからである。そのため、日本人イルマンは、イルマンというよりも、むしろ我々の下男のようであった。このような待遇と相違の在り方から、彼らと我々との間に極めて深刻な不和と対立とが生じたのであった(28)。

と言及している。ここには明白に、日本人イルマンよりも、ヨーロッパ人イエズス会士たちの方が「上位」を、また「優位」を占めなければならない、という思想が明示されている。このような論理と価値観がはびこった結果、日本人イルマンに対して、更なる差別的措置と思考がカブラル統轄下の日本イエズス会内部で見られたことを、上記ヴァリニャーノの書簡は明らかにしている。すなわち、

第五に、我々の間にはさらに別の考えがはびこっていた。それは、日本人イルマンには何一

つとして学問を絶対に教えてはならず、彼らは異教徒に対する説教師や教師であるべきであって、学問を身につけたり知ったりしてはならない、という考えであった。というのも、日本人イルマンが学習すれば、後になって我々のことを軽視するようになり、したいことを行ない、イエズス会の中で主人のようになるだろう、と思われたからだった。(29)

右に訳出したヴァリニャーノ書簡の一節の要点は、日本人イルマンへの学問教授の拒否、日本人イルマンが教団内で主流派となることへの嫌悪、この二点につきる。この事実は、日本イエズス会の「内部」という、言わば、同じ「仲間」に向けられた、排他性と非寛容性の行為である。日本人イルマンへの差別的処遇と学問教授の拒否は、教団が将来の日本のキリスト教世界のために推し進めようとしていた、日本人聖職者の養成計画をも、同様の理由から放擲してしまうことになる。(30)

同じ仲間内に対してさえ、このようなスタンスを取っていたのであるならば、ましてや利害を異にし、教団とポルトガルの国益を著しく害する可能性のある、スペイン王室と結びついたフランシスコ会をはじめとする托鉢修道会に対して、スペイン人同僚を別にすると、当時の日本イエズス会が、他修道会との日本での布教活動の共有や共存を認めず、日本という布教地からの他修道会の排除を強く主張したとしても、それは何ら不思議なことではあるまい。ここにも、日本人イルマンの場合と同じような、自己優先と、その裏返しとしての他者否定の構図を読み取ることができるのではないだろうか。

ラテン語に、次のような格言がある（出典未詳）。

Auget largiendo. 惜しみなく与えることで、増大する。

往時の日本で「神の栄光のためにad glorima Dei」宣教改宗活動に従事していた多くの修道会士たちが、寛大さと寛容さを、惜しむことなく互いに、また他者に示していたならば、ファビアンに「他ノ門派ノ伴天連ト威勢争ヒニテ喧嘩口論ニ及ブコト、世俗モソコノケニテ見苦シキ事」とまで批判される事態を、少しでも回避できていたのでないだろうか。

注

（1）Alessandro Valignano, *Sumario de las cosas que pertenecen a la Provincia de la India Oriental y al govierno de ella*（Josephus Wicki ed., *Documenta Indica*, vol. XIII, Romae, 1975.）, pp. 139-140. 高橋裕史訳注『東インド巡察記』（東洋文庫七三四、平凡社、二〇〇五年）一九頁。

（2）山本芳久『トマス・アクィナス』（岩波新書新赤版一六九一、岩波書店、二〇一七年）三、四頁。

（3）岡田温司『キリストの身体』（中公新書一九九八、中央公論新社、二〇〇九年）一六八頁。

（4）小田内隆『異端者たちの中世ヨーロッパ』（日本放送協会出版会、二〇一〇年）二〇四～二〇九頁。

（5）この問題については、高橋裕史「一フランシスコ会士によるローマ教皇の「軍事行使権」論について」（明治大学国際武器移転史研究所編『国際武器移転史』第三号、二〇一七年）の中で詳述してあるので参照されたい。

（6）Archivum Romanum Societatis Iesu, Jap. Sin. 12-II, f. 347v.

（7）Archivum Romanum Societatis Iesu, Jap. Sin. 13-I, f. 73v.

（8）高瀬弘一郎『キリシタンの世紀』（岩波書店、一九九三年）一七六～一七七頁。

（9）Pedro Morejon, *Acerca de la división de las provincias entre las Religiones en Japón, y casas que cada una tuvo en Japón*(Josephus Franciscus Schütte ed., *Monumenta Historica Japoniae I*, Romae, 1975.), pp. 760-763.

（10）一六一九年十一月三十日付け、日本発の書簡。Archivum Romanum Societatis Iesu, Jap. Sin. 34, f. 31v.

（11）J. F. Schütte, *Monumenta Historica Japoniae I*, p. 1152.

（12）以上の記述に際しては、岡本良知「十七世紀に於ける日本司教増置問題」（『史学』第二三巻第四号、一九四九年）三四頁、フーベルト・チースリク「キリシタン時代における司教問題」（キリシタン文化研究会編『キリシタン研究』第九輯、一九六四年）四二六～四二九頁、同氏『キリシタン時代の邦人司祭』（キリシタン文化研究会、一九八一年）二二二～二二四、二二七～二三〇頁、前掲、高瀬『キリシタンの世紀』一八一～一八三頁、J. F. Schütte, *Monumenta*

（13）*Historica Japoniae I*, pp. 740-741, 1149, 1152, 1242. の諸研究を参照した。
高瀬弘一郎訳注『イエズス会と日本　一』（大航海時代第Ⅱ期6、岩波書店、一九八一年）三七八～三七九頁。

（14）この問題における村山当安については、ホセ・ルイス・アルバレス・タラドリス（佐久間正訳）「村山当安（1562-1619）に関するヨーロッパの史料」一～三（『日本歴史』第二三五、第二四五、第二五六号、一九六七年、一九六八年、一九六九年）を参照されたい。また、本文で言及した長崎の内町と外町の行政問題については、高瀬弘一郎「長崎代官村山当安をめぐる一つの出来事」（『日本歴史』第四三三号、一九八四年）、結城了悟「長崎外町と浦上の換地問題について」（『キリスト教史学』第一六集、一九六五年）、同氏「長崎外町の問題」（『長崎談叢』第六八輯、一九八四年）、同氏「長崎外町土地交換問題」（『長崎談叢』第六九輯、一九八四年）などを参照されたい。

（15）前掲、高瀬『キリシタンの世紀』一七二～一七三、一七八～一八〇頁。

（16）Archivum Romanum Societatis Iesu, Jap. Sin. 17, f. 168v.

（17）高瀬弘一郎「キリシタン時代の研究」（岩波書店、一九七七年）四八～五〇頁。

（18）Archivum Romanum Societatis Iesu, Jap. Sin. 17, f. 168v.

（19）J. F. Schütte, *Monumenta Historica Japoniae I*, p. 345.

（20）五野井隆史『徳川初期キリシタン史研究』（吉川弘文館、一九八三年）一七三～一七五頁。

（21）前掲、五野井『徳川初期キリシタン史研究』一六〇、一七二頁。

（22）Leo Magnino, *Pontifica Nipponica*, parte prima, Romae, 1947, pp. 62-67.

（23）L. Magnino, *Pontifica Nipponica*, pp. 68-71.

(24) L. Magnino, *Pontifica Nipponica*, pp. 159-164.

(25) 前掲、高瀬『キリシタンの世紀』一八五〜一八九頁。

(26) この両文書の全文は、高瀬弘一郎・岸野久訳注『イエズス会と日本 二』(大航海時代叢書第II期7、岩波書店、一九八八年)二六五〜二八一、二八二〜三四八、四三一〜七一六頁に収載されている。

(27) 海老沢有道、H・チースリク、土井忠生、大塚光信校注『日本思想体系25 キリシタン書・排耶書』(岩波書店、一九七〇年)四四三頁。

(28) Archivum Romanum Societatis Iesu, Jap. Sin. 8-I, ff. 298-298v.

(29) Archivum Romanum Societatis Iesu, Jap. Sin. 8-I, f. 298v.

(30) この問題については、高橋裕史「キリシタン教会と邦人聖職者問題」(社会文化史学会編『社会文化史学』第二二号、一九八六年)を参照して頂きたい。

あとがき

豊臣政権期の日本布教とそれに付随する様々な問題をめぐる、イエズス会とフランシスコ会の、いわゆる修道会間「抗争」をテーマとした本書は、色々な意味で感慨深いものがある。

一つ目の感慨は、私がこの分野のことを、もっと知りたい、研究したい、との思いを強く有するに至った「きっかけ」が、棋界の世界的権威として金字塔の業績を打ち立てられた、Charles Ralph Boxer（1904～2000）の代表作の一つ、『The Christian Century in Japan 1549-1650.』との出会いである。学部三年時に、偶々、新宿の紀伊國屋書店でこの大部の書籍を見つけ、当時の私にとっては大枚を投じて購入し、むさぼるように三日間で読みあげたことを、昨日のことのように覚えている。国内史料を中心とした日本史の研究に、どこか物足りなさや息苦しさを感じていたので、南欧の膨大な古文書を駆使して、ヨーロッパの外への膨張の文脈から、織豊政権期から鎖国までの日本史を再構成した、この著作に強い衝撃を受けたことは忘れられない。特に「IV Jesuits and

Friars」は、私が身のほど知らずにこの分野に首を突っ込むことになった、ある意味では、自分の人生の方向性を定めた大きな要因の一つである。あれから三十年以上が経過して、この度の拙著を刊行したことに、深い感慨を覚えざるを得ない。

二つ目の感慨は、平成最後の年に、本書を刊行できたことである。予定では昨年末頃には、店頭の新刊書の一角を占める筈であったが、諸種の事情から遅延し、平成三十一年に繰り越すことになった。私にとって四冊目の著作が、平成という時代、その三十一年目に出版の運びとなったことは、本書執筆のあれこれと思い重ねると、これもまた深い感慨を覚えざるを得ない。

三つ目の感慨は……これ以上書くと、お叱りを受けること間違いないので、上の二つの感慨にとどめておこう。

本書の「序章」でも記したことだが、日本布教をめぐるイエズス会とフランシスコ会の確執と抗争は、その論争に終着駅が見えないほど深く、そして大きく、複雑である。本書で取り上げた豊臣政権期における、この両修道会間の争点は、全体の大枠を示しているとは思うが、各論をもっと掘り下げると、さらに深刻な、しかし興味深い論点が立ち現れてくるものと思う。口幅ったいことを記すのを許して頂けるならば、本書がそのための「叩き台」、あるいは「出発点」となるならば、本当に著者冥利に尽きるところである。

冒頭にも記したように、本書はたとえるならば私が学部三年の頃に出会った、いわば「初恋の人」が忘れられずに、女々しく、ずるずると、今日まで引っ張ってしまい、と言って、その間、別に何をするでもなく、心の中に置き続け、ようやく「結婚」を決心して、二人そろって世間様に顔見せをした、というようなものである。そんな経緯がきっかけの一つとなって、多忙を極める職場の時間の合間を縫って、こつこつと書き進めたものである。また、私の人生にとって、極めて由々しき事態が発生し、その災いを少しでも軽減させねばならなかったことも、今一つの、執筆の強いきっかけとなった。

そのような私の公私の事情と立場に、深い理解と憐憫の情を垂れて下さった、元同僚であり、現在、北海道大学で教育研究の任に従事されている、蓑島栄紀氏が、勉誠出版の編集者でいらっしゃる、黒古麻己氏に本書の出版を持ちかけて下さった。蓑島氏には、これまでも色々な形でお世話になり、人生の開拓が思うにまかせずにいた時には、暖かいお励ましの言葉をかけて下さった。本当に有り難く、改めて御礼申し上げるばかりである。

また本書の編集を担当して下さった黒古氏には、時に埒が明かず、手間の多いメールでのやり取りにも拘わらず、的確なアドバイスを頂き、また初校、再校の段階では、私の細かい書き足しにもお応え下さり、読みやすい紙面にして頂いた。こちらからのメールへのご返信では、いかにも「書くことが好き！」ということを髣髴とさせるような、文言や話題の提供もあり、有能な「編集者」にして「書き手」であることを、私の独断で認識させてもらっている。機会とご縁があれば、またご一緒させて頂きたいと思う（ご迷惑でしょうか…）。

月並みな言い方しか出来ない自分がもどかしい限りなのだが、このお二人に出会えたことは本当に嬉しく、また、有り難く、お二人からの御温情と御厚情を大切にして参りたいと思う。
最後に一言。公私にわたって私の人生を支えて下さり、現在の私の存在を可能にして下さった、大切な大恩人の一人である、浜林正夫先生（一橋大学名誉教授）が、昨年の五月十九日に、享年九十二歳で逝去された。拙著『イエズス会の世界戦略』同様、今回も、本書の書評をお願いしようと考えていたのであるが、それは、永久に不可能となってしまった。本書の完成を心待ちにして下さっていたのに、先生のご生前に刊行し、贈呈することができなかったことは、悔やんでも悔やみきれない。浜林先生、どうか、お許しください。

高橋裕史

平成三十一年一月二十一日

イエズス会日本布教関係年表

一五三四年	パリのモン・マルトルの丘で、イグナティウス・デ・ロヨラ、フランシスコ・ザビエルらが、イエズス会の創設を宣言。
一五四〇年	ローマ教皇パウルス三世が「*Regimini militantis ecclesiae*」を発布し、イエズス会を公認。
一五四一年	イグナティウス・デ・ロヨラが、初代イエズス会総長に選出される。 ザビエル、ミセル・パウロ、フランシスコ・マンシーリャスの一行が、リスボンを発ってインドに向かう。
一五四七年	ザビエル、マラッカで日本人アンジローに出会い、日本情報を聞き出す。
一五四九年	ザビエル、アンジローらが鹿児島に上陸する。
一五五一年	ザビエル、中国布教のために日本を離れる。
一五六二年	大村純忠がイエズス会士、ポルトガル船のために横瀬浦を開港し、自らも洗礼を受ける。
一五七〇年	大村純忠が長崎を開港し、以後、長崎がポルトガル船の定航地、イエズス会の布教拠点となる。 フランシスコ・カブラルが日本布教長に就任。
一五七三年	アレッサンドロ・ヴァリニャーノがイエズス会東インド巡察師に任命される。
一五七八年	大友宗麟が洗礼を受ける。 ヴァリニャーノがマカオで、対日生糸貿易のために「アルマサン契約」の締結に成功する。
一五七九年	ヴァリニャーノが第一次日本巡察のために来日。

一五八〇年	ヴァリニャーノ、『日本布教長規則』『東インド巡察記』を脱稿、第一回日本イエズス会全体協議会を開催。また路線対立が主な原因となって、カブラルを日本布教長の職から解任。
	大村純忠が日本イエズス会に長崎と茂木を寄進。
一五八一年	安土にセミナリオ、臼杵に修練院、府内にコレジオが開設される。イエズス会日本布教区が日本準管区に昇格し、ガスパル・コエリョが初代日本準管区長に就任する。
一五八二年	ヴァリニャーノ、天正少年使節を伴って長崎を出帆し、ローマに向かう。
一五八七年	豊臣秀吉が「宣教師追放令」を発布。
一五八九年	有馬で「高来協議会」が開催され、宣教師追放令への対応策などが審議される。
一五九〇年	ヴァリニャーノが第二次日本巡察のために来日。また第二回日本イエズス会全体協議会を開催する。
	コエリョが日本準管区長職を解かれ、ペドロ・ゴメスが第二代日本準管区長に就任する。
一六〇三年	徳川家康に征夷大将軍が宣下され、江戸幕府が開幕される。
一六一〇年	マードレ・デ・デウス号事件が起こる。
一六一二年	岡本大八事件が起こり、これが原因で、幕府が直轄領にキリスト教禁令を発布。
一六一三年	全国を対象にキリスト教禁令が発布され、宣教師、日本人信者らをマカオ、マニラ等に追放し、教会その他の教団関係諸施設を破却。

フランシスコ会来日関係年表

一五六五年	ミゲル・ロペス・デ・レガスピが、セブー島の陥落に成功し、初代フィリピン総督に就任。
	レガスピ一行と共に、アウグスティノ会士もセブー島に来島。
一五七二年	アウグスティノ会がサン・グレゴリオ・デ・ヘスス管区を開設。
一五七四年	フェリペ二世が勅令を発布し、スペイン人によるフィリピン人の奴隷化を禁止。
一五七五年	マニラが占領され、スペインの東洋進出の拠点となる。
一五七七年	フランシスコ会士がマニラに上陸。
一五七九年	フランシスコ会のペドロ・デ・アルファロ、ファアン・バウティスタ、ペドロ・デ・ビリャロエルらがマカオに上陸。
一五八一年	ドミニコ会のドミンゴ・デ・サラサールが初代マニラ司教として着任する。
一五八四年	アウグスティノ会のパブロ・ロドリーゲス、フランシスコ会のファアン・ポーブレ、ディエゴ・ベルナールらが、暴風雨に遭い肥前の平戸に入港。
一五九一年	フランシスコ会がサン・グレゴリオ・マグノ管区を開設。
	豊臣秀吉、原田孫七郎を派遣してフィリピンのスペイン総督ダスマリーニャスに入貢を求める。

一五九二年	ドミニコ会がサン・ロザリオ管区を開設。 原田孫七郎、秀吉から託された国書を、総督のダスマリーニャスに渡す。ダスマリーニャス、日本側の事情を調査することを口実にドミニコ会のフアン・コーボを使節として派遣。 ・コーボらは同年の六月に京泊を経て、秀吉の滞在していた名護屋に入る。また、名護屋のキリスト教徒たちとも交わり、彼らからの依頼を受けて、ペドロ・バウティスタ、フアン・ポーブレら十名のフランシスコ会士の日本派遣をダスマリーニャスに要請した。 ・コーボはさらに強硬な入貢を求める秀吉の国書を携えて、原田喜右衛門を使者として同行させ、同年八月、マニラに赴いた。
一五九三年	総督のダスマリーニャスは、フランシスコ会士のペドロ・バウティスタをフィリピン側の正式な外交使節として派遣。 ・バウティスタ一行は同年五月末にマニラを発ち、六月に平戸に入港。 ・バウティスタらは、京都の有様を母国のスペインに知らせたい、と秀吉に申し入れて許可されたので早速入洛し、京都で公然と布教活動を始めた。
一五九六年	マニラからアカプルコに向かったスペイン船サン・フェリペ号が土佐の浦戸に漂着。 ・航海士が、スペインの海外領土は、先に宣教師を派遣して人民を懐柔した後で兵士を派遣して武力征服して獲得したもの、と発言。
一五九七年	フランシスコ会士、イエズス会士、日本人信者ら二十六人が長崎西坂で磔に処せられる。

教皇勅書等関係年表

一四五五年	ローマ教皇ニコラウス五世が大勅書「*Romanus pontifex*」を発布。
一四五六年	ローマ教皇カリストゥス三世が大勅書「*Inter caetera*」を発布。 ・この両勅書によって、ポルトガル国王がアフリカからインドに至る地域を領有し、独占的に航海・貿易・キリスト教布教を進めることが認められる。
一四七九年	ポルトガルおよびスペインとの間で「アルカソヴァス条約」が締結される。 ・カナリア諸島をスペイン国王の領有とし、ポルトガル人がこれまでに発見した、カナリア諸島以南の島嶼や陸地、またその方面で将来発見される地をポルトガル領とすることが決められた。
一四八一年	ローマ教皇シクストゥス四世が大勅書「*Aeterni rebis*」を発布。 ・ニコラウス五世の大勅書「*Romanus pontifex*」と、カリストゥス三世の大勅書「*Inter caetera.*」が定めている内容とその効力が再確認された。
一四九三年	五月から九月にかけてローマ教皇アレクサンデル六世が五通の大勅書 *Bulas Alejandrinas* を発布。 ・アゾーレス諸島とヴェルデ岬諸島の西沖合一〇〇レグアの経線を基準に、そこから西と南に発見される陸地と島嶼をスペイン国王の領有とすることが定められた。

一四九四年	ポルトガルおよびスペインとの間で「トルデシーリャス条約」が締結される。 ・アフリカの西沖合に位置するヴェルデ岬諸島の西沖、三七〇レグアを通る経線の東側をポルトガル領、西側をスペイン領と規定し、それらの領域内であれば両国は、自力でもって軍事的征服を行って異教の地を植民地とし、カトリック布教も実施することが認められた。
一五二九年	ポルトガルおよびスペインとの間で「アルカソヴァス条約」が締結される。 ・ポルトガルは、莫大な補償金と引き換えに、モルッカ諸島をスペインから譲り受け、同諸島からスペイン勢力を一掃した。
一五七五年	ローマ教皇グレゴリウス十三世が大勅書「*Super specula militantis Ecclesiae*」を発布。 ・マカオ司教区の設置を認可し、このマカオ司教区の担当地域に日本が含まれることを明言した。
一五八五年	ローマ教皇グレゴリウス十三世が小勅書「*Ex pastorali officio*」を発布。 ・イエズス会以外の修道会士が、日本に渡って日本布教に参入することを破門罪をもって厳禁し、イエズス会による日本布教の独占を公認する。
一五八六年	ローマ教皇シクストゥス五世が小勅書「*Dum ad uberes fructus*」を発布。 ・フランシスコ会のフィリピン管区設立に関連して、同会所属の宣教師らが日本、中国、インドシナなどで布教を行なえる環境を整える。

一六〇〇年	ローマ教皇クレメンス八世が小勅書「*Onerosa pastoralis*」を発布。 ・修道会所属の宣教師たちが中国や日本へ赴く場合は、ポルトガルから東インドを経由して赴くこと、西インドやフィリピンで経由での日本布教は禁止する旨を命じる。
一六〇八年	ローマ教皇パウルス五世が小勅書「*Sedis Apostolicae*」を発布。
	・グレゴリウス十三世、クレメンス八世の両小勅書の規定内容を否とし、また日本への渡航経由の条件や制限を撤廃して、スペイン系托鉢修道会が日本に渡って布教を行なうことを認可。
一六二二年	教皇庁内に「布教聖省Sacra Congregatio de Propaganda Fide」を設置。 ・海外布教全般を専管し、初代書記官にフランチェスコ・インゴリを任命した。
一六三三年	ローマ教皇ウルバヌス八世が大勅書「*Ex debito pastoralis officii*」を発布。 ・全カトリック修道会の宣教師たちに、いかなる経由であっても日本に赴くことが保障される。

索　引

・本索引は人名索引、事項索引よりなる。
・項目は五十音順、アルファベット順に配列した。
・全頁にわたって頻出する人名(アレッサンドロ・ヴァリニャーノ、ガスパル・コエリョ、フランシスコ・ザビエル、豊臣秀吉)および、事項(キリスト教、イエズス会、フランシスコ会、托鉢修道会、スペイン、ポルトガル、マニラ、マカオ、フィリピン、長崎)については割愛した。

人名索引

【あ】

【か】

事項索引

【た】

【な】

【は】

【ま】

【や・ら】

【D～R】

【著者プロフィール】

高橋裕史（たかはし・ひろふみ）

北海道生まれ。中央大学大学院人文科学研究科日本史学専攻博士後期課程単位修得。

帝京大学外国語学部教授。

研究領域は、16～17世紀のイエズス会の世俗活動、兵器産業武器移転の歴史。近年ではラテン語の普及にも力を入れている。

主な著書に『イエズス会の世界戦略』（講談社メチエ、2006年）、『武器・十字架と戦国日本』（洋泉社、2012年）、訳書にはヴァリニャーノ『東インド巡察記』（平凡社、2005年）などがある。

戦国日本《せんごくにほん》のキリシタン布教論争《ふきょうろんそう》

2019年4月25日　初版発行

著　者　高橋裕史
発行者　池嶋洋次
発行所　勉誠出版 株式会社
〒101-0051　東京都千代田区神田神保町3-10-2
TEL：(03)5215-9021(代)　FAX：(03)5215-9025
〈出版詳細情報〉http://bensei.jp/

印刷・製本　中央精版印刷
組版　トム・プライズ
ISBN 978-4-585-22236-1 C3020

乱丁・落丁本はお取り替えいたします。定価はカバーに表示してあります。

描かれたザビエルと戦国日本
西欧画家のアジア認識

「ザビエルの生涯」連作油彩画全二十点をフルカラーで公開し、詳細に解説。ザビエルの布教活動の実態、大内氏・大友氏ら大名への影響を考察した論考を収める。

鹿毛敏夫 編・本体二八〇〇円（＋税）

戦国大名の海外交易

肥後相良氏、周防大内氏、豊後大友氏ら戦国大名のダイナミックな交易活動の実態に焦点を当て、大名領国の「海洋性」と「経済力」を明らかにする。

鹿毛敏夫 著・本体八五〇〇円（＋税）

大内と大友
中世西日本の二大大名

文献史学・考古学・分析化学・対外交流史等の観点から大内氏・大友氏を多面的に比較することにより、その歴史的特質を明らかにする。

鹿毛敏夫 編・本体九五〇〇円（＋税）

アジアのなかの博多湾と箱崎

多面的・重層的な都市である「箱崎」を中心に、日本およびアジアの結節点である博多湾およびその沿岸地域の歴史的展開と特質を探る。

九州史学研究会 編・本体二八〇〇円（＋税）

東アジアのなかの建長寺
宗教・政治・文化が交叉する禅の聖地

北条得宗家による宗教政策の中枢として、幕府と禅僧の関係の基盤を築いた建長寺。日本と東アジアを結ぶ「禅」という紐帯の歴史的意義を明らかにする。

村井章介 編・本体三五〇〇円（＋税）

日明関係史研究入門
アジアのなかの遣明船

外交、貿易、宗教、文化交流など、様々な視角・論点へと波及する「遣明船」をキーワードに、十四〜十六世紀のアジアにおける国際関係の実態を炙り出す。

村井章介 編集代表／橋本雄・伊藤幸司・須田牧子・関周一 編・本体三八〇〇円（＋税）

中華幻想
唐物と外交の室町時代史

唐物に当時の《中華》イメージを探り、外交の現場から幕府の対外観をあぶり出す。言説・伝説、文化史や美術史の成果なども取り入れた、新しい対外関係史。

橋本雄 著・本体二八〇〇円（＋税）

「倭寇図巻」「抗倭図巻」をよむ

赤外線撮影による文字の解読、隣接する各種絵画資料・文献資料の分析などの多角的視点から、倭寇図巻の成立、倭寇をめぐるイメージの歴史的展開に迫る画期的成果。

須田牧子 編・本体七〇〇〇円（＋税）

新編森克己著作集 全五巻

日宋文化交流史の泰斗、森克己の研究業績を一望する待望の全集。全巻索引、地図、初出一覧などの資料のほか、第一線の研究者による詳細な解説を付す。

新編森克己著作集編集委員会 編
各巻本体一〇〇〇〇円（＋税）

石井正敏著作集 全四巻

日本そして東アジアの対外関係史を精緻かつダイナミックに描きだした石井正敏。その歴史を見通す視点、それを支える史料との対話のあり方を伝える珠玉の論文を集成。

石井正敏 著／荒野泰典・川越泰博・鈴木靖民・村井章介 編集主幹・各巻本体一〇〇〇〇円（＋税）

前近代の日本と東アジア
石井正敏の歴史学

対外関係史を軸に、大きな業績を残した歴史学者・石井正敏。彼の学問の位置、その継承と展開について第一線の研究者が多角的に論じる。

荒野泰典・川越泰博・鈴木靖民・村井章介 編
本体二四〇〇円（＋税）

日本中世史入門
論文を書こう

歴史学の基本である論文執筆のためのメソッドと観点を日本中世史研究の最新の知見とともにわかりやすく紹介、歴史を学び、考えることの醍醐味を伝授する。

秋山哲雄・田中大喜・野口華世 編・本体二七〇〇円（＋税）

長崎・東西文化交渉史の舞台《ステージ》
ポルトガル時代　オランダ時代

若木太一　編・本体四〇〇〇〇円（＋税）

西の果て、長崎。江戸より遠く離れたこの辺境の地に、徳川幕府は東西交流の舞台を設けた。その舞台を流れる時間は、ポルトガル時代、オランダ時代そして明・清交代期というもう一つの歴史年表で描かれるべき時空であった——。江戸と中国、朝鮮と琉球をつなぐ円の中心に位置し、東シナ海における当時の国際交流の中心地であった長崎という「場」に着目、人・モノ・文化の結節点において紡がれた歴史・文化の諸相を描き出す。

長崎・東西文化交渉史の舞台《ステージ》
明・清時代の長崎　支配の構図と文化の諸相

若木太一　編・本体六〇〇〇〇円（＋税）

「近世化」論と日本
「東アジア」の捉え方をめぐって

清水光明　編・本体二八〇〇〇円（＋税）

諸学問領域から「日本」そして「近世化」を論究することで、従来の世界史の枠組みや歴史叙述のあり方を捉えなおし、東アジア世界の様態や変容を描き出す画期的論集。

東インド会社とアジアの海賊

東洋文庫　編・本体二八〇〇〇円（＋税）

東インド会社と現地の海賊たちは善と悪という単純な図式では表せない関係にあった。その攻防と活動実態を明らかにする。

聖地と聖人の東西
起源はいかに語られるか

世界各地に遍在する聖地・聖人にまつわる言説。〈語りえないもの〉を語り、更新する心性とは何か。宗教における根源的な問いへの比較縁起学からのアプローチ。

藤巻和宏 編・本体九八〇〇円（＋税）

宣教師たちの東アジア
日本と中国の近代化とプロテスタント伝道書

近代国家樹立を志向するアジアに対して、宣教師たちが用いたキリスト教伝道書および、漢訳西洋科学書を考察。近代科学主義と、アジア世界の邂逅を検討する。

中村聡 著・本体四八〇〇円（＋税）

日出づる国と日沈まぬ国
日本・スペイン交流の400年

隠れキリシタン資料をはじめとする諸資料より多方面にもたらされた影響を見出し、天皇制と君主制の歴史的推移を比較し、越境する人類史展望の可能性を探る。

上川通夫・川畑博昭 編・本体七五〇〇円（＋税）

吉利支丹抄物
隠れキリシタンの布教用ノート
影印・翻刻・現代語訳

十六世紀の終わりごろ、宣教師と日本人信者により著されたと目され、異文化接触の実際を伝える貴重資料の全篇を影印・翻刻。現代語訳と解説を附した決定版。

大塚英二 編・本体一〇〇〇〇円（＋税）